◆図説

DON BROWN

ドン・ブラウンと昭和の日本

コレクションで見る戦時・占領政策

横浜国際関係史研究会・
横浜開港資料館 編

有隣堂

【協力者・機関一覧】（五十音順・アルファベット順　敬称略）

◆資料提供者・機関
浅野泰子
陸奥祥子

安芸市立歴史民俗資料館
外務省外交史料館
金沢文圃閣
国立国会図書館
新聞ライブラリー
生活クラブ生活協同組合
横浜都市発展記念館

［アメリカ］
John M. Maki

American Heritage Center, University of Wyoming
Archives Service Center, University of Pittsburgh
Houghton Library, Harvard University
Library of Congress
National Archives and Records Administration

◆調査研究協力者・機関
大山瑞代
鬼木洋一
向後英紀
小玉敏子
小林さやか
小林和香
笹本征男
谷川建司
三浦太郎
横山學
米沢和一郎

日本アジア協会
ブレークモア法律事務所
ポール・ラッシュ記念センター
横浜市史資料室

Compel Radomir
Vivienne Kenrick

［アメリカ］
野口幸生
Marianne Kasica
Griffith Way

◆インタビュー
浅野泰子
伊藤和子
井上佑子
カード新井甫子
倉橋澄子
栗田勝行
齋藤襄治
中村妙子
陸奥陽之助（故人）
森安由貴子

［アメリカ］
Beate Sirota Gordon
John M. Maki

［イギリス］
Michael Benson

【凡例】

1　資料の所蔵機関は図版解説の末尾に記した。記載がない資料は横浜開港資料館所蔵。おもにドン・ブラウン・コレクションから。
2　図版解説に記した所蔵先の内、アメリカの所蔵機関は以下のように略記した。
　・American Heritage Center, University of Wyoming→AHC, UW
　　（アメリカ、ワイオミング大学アメリカン・ヘリテイジ・センター）
　・Archives Service Center, University of Pittsburgh→ASC, UPitt
　　（アメリカ、ピッツバーグ大学アーカイヴズ・サーヴィス・センター）
　・Houghton Library, Harvard University→HL, HU
　　（ハーヴァード大学ホートン図書館）
　・Library of Congress, Prints & Photographs Division, FSA-OWI Collection→LC
　　（アメリカ議会図書館プリント・写真課所蔵OWIモノクロ写真コレクション）
　・National Archives and Records Administration, RG208: Office of War Information→NARA
　　（アメリカ国立公文書館蔵OWI文書）
3　図版資料中には、今日では不適当な表現もあるが、当時の状況を理解するため、あえてそのまま掲載した。

【執筆者一覧】（五十音順）

赤澤　史朗（あかざわ　しろう）　立命館大学教授
天川　晃（あまかわ　あきら）　放送大学教授
今井　清一（いまい　せいいち）　横浜市立大学名誉教授
枝松　栄（えだまつ　さかえ）　元国立国会図書館職員
大西比呂志（おおにし　ひろし）　フェリス女学院大学助教授
北河　賢三（きたがわ　けんぞう）　早稲田大学教授
吉良　芳恵（きら　よしえ）　日本女子大学教授
寺嵜　弘康（てらさき　ひろやす）　神奈川県立歴史博物館主任学芸員
中武香奈美（なかたけ　かなみ）　横浜開港資料館調査研究員
山極　晃（やまぎわ　あきら）　横浜市立大学名誉教授
山本　礼子（やまもと　れいこ）　明星大学非常勤講師

はじめに

　ドン・ブラウン(Donald Beckman Brown 1905-80)は、1930(昭和5)年に来日して英字新聞『ジャパン・アドヴァタイザー』の記者として活躍しました。日米戦争時はアメリカ戦時情報局(OWI)で対日宣伝ビラの作成に携わり、戦後はGHQ民間情報教育局(CIE)で日本の民主化を推進し、1980(昭和55)年に日本で没するまで約半世紀にわたって日本と密接な関係をもち続けました。この間、書籍や雑誌などの収集にもつとめ、書籍約1万点と新聞・雑誌約800タイトル、および文書類約600件からなる日本関係コレクションを残しました。

　ドン・ブラウン・コレクションを入手した横浜開港資料館では、コレクションの文書類の多くが占領期の資料であったため、1999(平成11)年度より横浜国際関係史研究会(代表は北河賢三早稲田大学教授)の協力を得て、コレクションとドン・ブラウンについての総合的な研究を進めてきました。

　本書はこれまでの成果をまとめたもので、コレクションを中心に約500点の資料を厳選して収録し、戦前・戦中・戦後の日本とふかい関わりをもったブラウンの軌跡を紹介しました。

　同研究会をはじめとして、本書の刊行にあたりご協力くださった内外の多くの方々や関係諸機関にたいして厚くお礼を申し上げます。

　今年は戦後60年という日本にとって大きな節目の年にあたりますが、本書をとおして、ドン・ブラウンが見つめつづけた昭和の日本の姿を振り返っていただければ幸いです。

　平成17年7月

横浜開港資料館長
太田和彦

刊行にあたって

　横浜開港資料館に所蔵されているドン・ブラウン・コレクションのうち、すでに整理が進んでいる書籍および新聞・雑誌以外の文書類(ビラ・写真などを含む)の多くは、ドン・ブラウン(1905～1980)が活動した時代の資料であり、それらを検討することが次の課題であった。そこで横浜開港資料館では、日本現代史・占領史の研究者に文書類の検討を中心とする研究を委託することとした。1999年に横浜国際関係史研究会(通称ドン・ブラウン研究会)が委託をうけ、以来、2005年3月まで調査・研究を重ねてきた。

　研究会のメンバーは、赤澤史朗・天川晃・今井清一・枝松栄・大西比呂志・吉良芳恵・寺嵜弘康・山極晃・山本礼子の諸氏および北河賢三である。また横浜開港資料館からは同コレクションを担当している中武香奈美氏の協力を得た。こうした経緯から、研究会は横浜開港資料館が主催した平成15年度第4回企画展示「ある知日家アメリカ人と昭和の日本―ドン・ブラウン文庫1万点の世界」、および今回の平成17年度第2回企画展示「ドン・ブラウンと戦後の日本―知日派ジャーナリストのコレクションから」に協力するとともに、本書の編集に当たり、メンバーは解説の一部やコラムなどの執筆を担当した。

　研究会では最初に、ブラウン文書の記述を中核にして、同時代の関係者がブラウンに言及した文章や、研究書・論文などのブラウンに関する記述でこれを補い、「ドン・ブラウン年譜」を作成した。そして、その後の調査で得られた情報でこれを補訂し、年譜の改訂を重ねた。また、これを手がかりとして、各時期の関連事項・人物についての資料調査をおこなうこととした。ブラウンの生涯と事績については、本書の解説ならびに年譜を参照していただきたい。

　研究会では、ブラウン文書の日記・書簡・ビラ・写真などの分析を進めるとともに、ブラウンと彼が所属した組織・関係のあった人物について調査するために、アメリカと日本の公文書館・図書館・資料館などで資料の調査・収集をおこなった。また、ブラウンと接触のあった人、同じ組織に所属していた人に連絡を取り、インタビューをおこなった。インタビューからは、ブラウンの人となりについて、従来の指摘・受け止め方とは異なった側面を窺い知ることができた。その一部は「ブラウンの横顔」として本書の中で紹介している。さらに、ブラウンが所属したOWI(戦時情報局)やCIE(民間情報教育局)などに関する研究をされている人を随時招いて、ブラウンと関連づけた報告をお願いした。快くインタビューに答えてくださった方々、ゲスト・スピーカーとして貴重な報告をしていただい

た方々に心よりお礼申し上げたい。

　ところで、ブラウンは情報へのかかわりを通じて戦前・戦中・戦後の日本とかかわってきた人物であり、しかも各時期によって異なる「3つの顔」をもっていたといえるだろう。その第1は、1930年の初来日から1940年に帰国するまでの『ジャパン・アドヴァタイザー』記者の時代。第2は、帰国後UP記者を経て1942年OWIに入局、1945年までの対日心理戦に携わった時代。第3は、1945年末に再来日してから1952年の占領終了までのCIE情報課時代。「3つの顔」は相互に密接な関係にあったと考えられ、とくにOWI時代に日本人向け宣伝ビラの作成や対日映画政策の原案作成に携わったことは、戦後のCIE情報課での活動に直結している。さらに、ブラウンは対日政策に携わった実務家であるばかりでなく、知日家知識人としての面を併せもっており、そのことは晩年にまでおよぶ日本アジア協会での活動にも見て取ることができる。

　ジャーナリスト時代のブラウンについては、これまでほとんど知られておらず、なお解明すべき点が少なくないが、ブラウンの日記や同僚のジャーナリストたちの著した文章などから、1930年代の外国人ジャーナリストの日本認識を窺うことができ、また、日記や外務省資料などから日本側の対応・認識もわかる。OWI時代については、ブラウンが作成にかかわったと思われる宣伝ビラの特徴や、在米日本人をはじめとする多彩なスタッフの動向を知ることができる。

　ブラウン文書の大半はCIE情報課時代のものであるが、研究会ではその分析をおこなうとともに、情報課関係の報告書類やブラウンが深くかかわった用紙統制に関する資料などを検討した。それらを通じて、情報課の性格ならびにブラウンの一貫した姿勢と役割が、かなりの程度明らかにされた。

　以上のような調査・研究の成果の一端は、紙幅は限られているものの、本書に反映されている。本書が、戦前・戦中・戦後の時代についての考察を深める一助となることを願っている。

2005年7月

横浜国際関係史研究会代表
北河賢三

【目次】

はじめに　（横浜開港資料館長）
刊行にあたって　北河賢三

口　絵

第一部　国際ジャーナリスト──戦前期（1905〜1940）…………17

1　ジャーナリストとしての萌芽………18
　◇コラム「ピッツバーグ大学に学ぶ」枝松　栄…………21
2　1930年代の日本　寺崎弘康…………22
3　初来日──『ジャパン・アドヴァタイザー』入社…………24
4　アメリカ主要紙の特派員として…………28
5　外務省情報部からの情報収集…………30
　◇コラム「ブラウンのニュースソース」　吉良芳恵…………33
　◇コラム「ドン・ブラウンと横山雄偉」　大西比呂志…………33
6　ジャーナリスト仲間…………34
　◇コラム「外国人記者の日本政治論 ─ W・フライシャー、バイアス、ゾルゲ」　今井清一…………37
7　駐日アメリカ大使館と『ジャパン・アドヴァタイザー』…………38
　◇コラム「駐日アメリカ大使館と『ジャパン・アドヴァタイザー』」　天川　晃…………41
8　帰国──『ジャパン・アドヴァタイザー』の終焉…………42

第二部　アメリカ戦時情報局員──戦時下（1941〜1945）…………45

1　日米開戦…………46
2　日本関係図書の出版 ─ 日本・日本人論、日本語辞書…………48
3　戦時情報局入局 ─ 対日心理戦…………50
　戦時情報局ニューヨーク支部に入局─50／
　ビラ作成から撒布まで（中国・ビルマ・インド戦線の例）─51／
　宣伝ビラ担当─52／関わった宣伝ビラ─54
4　戦時情報局の日本関係スタッフ…………56
5　アメリカの宣伝ビラ…………58
　日本兵向け─58／日本国民向け─63／アジアの他国民向け─64
　◇コラム「ブラウンと対日宣伝ビラ」　山極　晃…………67
6　日本の宣伝ビラ…………68
7　アジア太平洋戦争の情報収集　寺崎弘康…………70

第三部　GHQ民間情報教育局情報課長──占領・戦後期（1945～1980）…………73

1 占領開始…………74
2 敗戦直後の横浜・東京…………76
3 再来日、そしてGHQ入局　山本礼子…………78
4 CIE情報課のおもな活動…………82
　　政策・企画─82
　　新聞・出版─86／展示─89／放送─90／映画・演劇─92／
　　CIE図書館（インフォメーション・センター）─94
5 新聞出版用紙の割当問題　赤澤史朗…………96
6 占領終了後…………100
　　アメリカ極東軍司令部渉外局へ─100／引退─日本アジア協会の名編集長─104

*ブラウンの横顔　① 陸奥陽之助…………26
　　　　　　　　② 浅野泰子…………32
　　　　　　　　③ 陸奥陽之助…………79
　　　　　　　　④ 森安由貴子…………84
　　　　　　　　⑤ 「CIE情報課の日本人スタッフとしての日々」　伊藤和子…………85

ドン・ブラウンのもう一つの顔──日本関係図書の収集家　中武香奈美…………107

ドン・ブラウン年譜…………115
あとがき

【国際ジャーナリスト】

Courtesy of the Archives Service Center, University of Pittsburgh

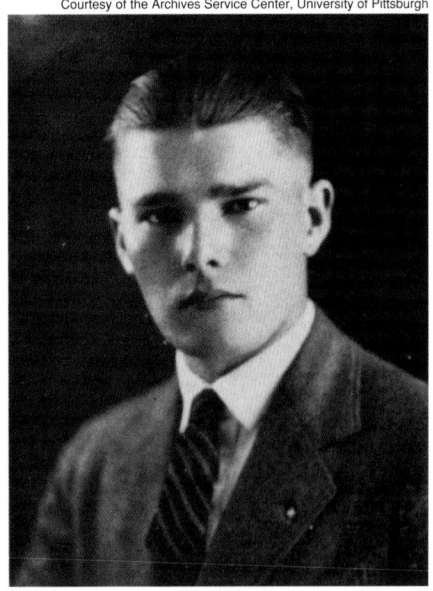

1　ピッツバーグ大学卒業時のブラウン

1926年6月（大学卒業アルバムOwlより）

成績優秀で、かつYMCAや大学新聞の編集に携わるなど活発な学生でもあった。ASC,UPitt蔵

Pittsburgh, Pa.,
April 17, 1926.

Mr. Donald B. Brown,
107 Berlin Road,
Edgewood Acres,
Wilkinsburg, Pa.

Dear Mr. Brown:

It is both a duty and a pleasure to inform you that your name has been submitted by your Dean as a student who is entitled to membership in Pi Tau Phi, the honorary scholastic fraternity of the University of Pittsburgh.

Pi Tau Phi receives into membership only those students whose scholarship is indeed of a high order. Your record gives evidence of unusual academic achievement and entitles you to membership in our honorary group, provided you are willing to join.

An initiation banquet will be held by the fraternity in honor of the students who have just been sent invitations to membership. This banquet will take place some time in May. At present the arrangements with Dr. Duncan Spaeth of Princeton, who is to address the fraternity at the initiation, have not been definitely completed.

The initiation fee, including the cost of the Pi Tau Phi key, is $10.00.

It will be greatly appreciated if you will advise me as soon as possible whether or not you accept this invitation to membership in Pi Tau Phi.

Very truly yours,
Dorothy Torreyson
Dorothy Torreyson, Secretary,
703 Braddock Ave.,
Braddock, Pa.

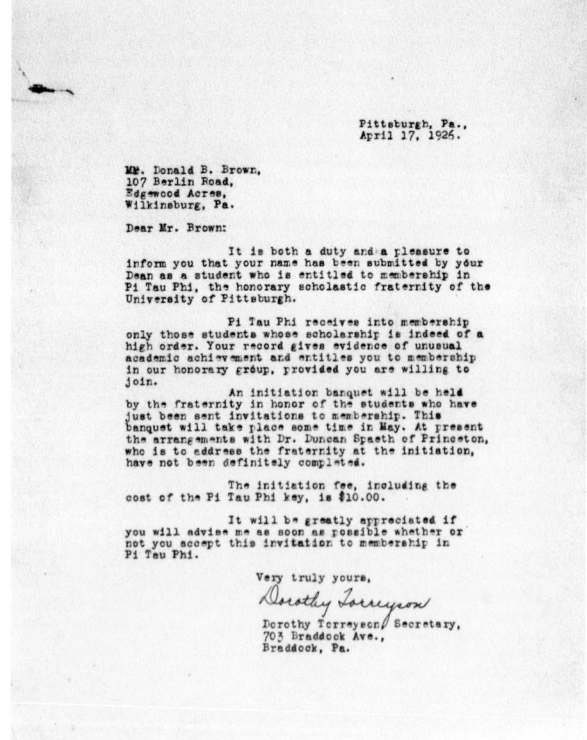

2　成績優秀男子学生の会（Pi Tau Phi）への登録　1926年4月17日

ピッツバーグ大学学部長の推薦で、ブラウンが同大学のPi Tau Phiの会員に登録されたことを通知する会からの書簡。

Courtesy of the Archives Service Center, University of Pittsburgh

Page Three Hundred Sixty-one

Top Row: Thorne, Winters, Klaber, Storer, Sack, Main, Hamlin, Long, Saling.
Second Row: Keller, Schrum, Bragdon, Wolford, Smith, Stouffer, Warnock, Rome.
First Row: Levin, Berglass, Edmondson, Brown, Barton, Lynch, Toay, Johnston.

The 1926 Owl Staff

Donald B. Brown . . . . *Editor*
J. Clyde Barton . . . . *Business Manager*
Frederic Hamlin . . . . *Associate Editor*
E. H. Bragdon . . . . *Assistant Manager*

The College
Anthony W. Smith, III, *Editor*
Craig Long, *Manager*
School of Mines
Robert W. Winters, *Editor and Manager*
School of Education
Helen N. Toay, *Editor*
Margaret Thompson, *Manager*
Evening Division
Deane Lynch, *Editor*
William Edmondson, *Manager*
School of Engineering
Robert R. Thorne, *Manager*
School of Business Administration
Harry W. Stack, *Editor*
Nathan Keller, *Manager*
School of Pharmacy
E. B. Schrum, *Editor*
Thomas W. Storer, *Manager*
School of Dentistry
Harold V. Currier, *Editor*
Robert Q. Warnock, *Manager*

Assistant Editors
Herman Recht, '28
William Newman, '28
Robert P. Saling, '26
Eliza Jane Reynolds, '26
Fraternity Editors
Howard A. Stouffer, *Men's*
Nina E. Johnston, *Women's*
Art Editors
Margaret Grier
Caroline Berglass
Sporting Editors
Elmer Klaber, *Men's*
Helen Lloyd, *Women's*
Organizations
Walter J. Rome, *Manager*
George G. Main, *Editor*
Circulation Manager
Aubrey A. Wolford
Publicity Director
Allen M. Levin

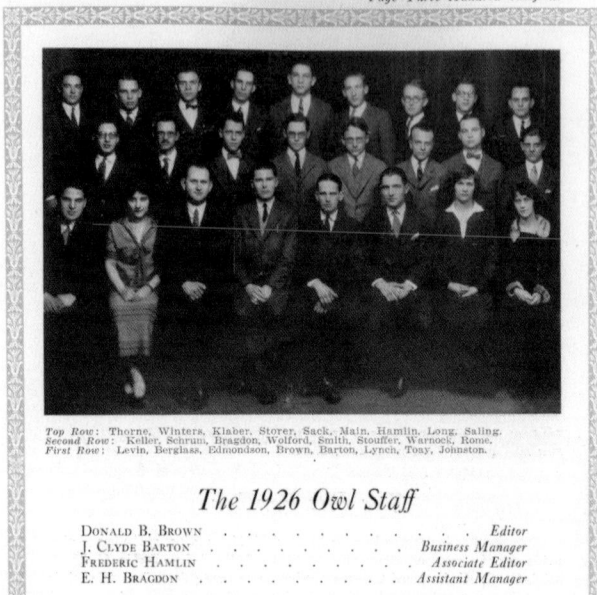

3　卒業アルバム制作スタッフ　1926年6月（大学卒業アルバムOwlより）

各学部の代表などで構成される制作スタッフの中で、ブラウンは編集長をつとめた。前列左から4人目がブラウン。ASC,UPitt蔵

INDEPENDENT and CONSTRUCTIVE in Policy

The Japan Advertiser

ACCURATE and IMPARTIAL in News

No. 13,886　TOKYO, WEDNESDAY, AUGUST 1, 1934　Price 15 Sen

HINDENBURG IS CRITICALLY ILL; DUTIES LIKELY TO DEVOLVE ON HITLER SHOULD PRESIDENT DIE

Grave Anxiety Felt as Patient Continues to Grow Weak After Sudden Turn for Worse

MEDICAL BULLETIN ISSUED

Physicians Say Hindenburg Was Able to Receive Regular Reports Until Monday

NO INDICATIONS OF FEVER

Simon Hasn't Heard League Will Discuss Austrian Emergency

LONDON AUTHORIZES QUOTA FOR CEYLON

Regulation of Textile Imports Is Permitted Despite Opposition of Local Body

AIMED AT JAPANESE GOODS

DOLLFUSS SLAYERS SENTENCED TO HANG BY COURT AT VIENNA

Otto Planetta, Confessed Assassin, and Franz Holzweber Must Pay With Lives

IMMUNITY PLEDGE BROKEN

Police Official Admits Promising Release of Others If Killer Would Confess

DEFENSE COUNSEL WARNED

A Tokyo-Changchun Conversation

CHINA PROGRESSING, DECLARES Y. Y. TSU

AMERICANS CAPTURE DAVIS CUP DOUBLES

¥3,000,000 SOUGHT IN NEXT BUDGET TO HELP SILK GROWERS

Officials of Agriculture Ministry Reportedly Decide on Sum Needed for Relief

¥1,650,000 FOR STORAGE

Sum of ¥300,000 for Payment for Voluntary Curtailment of Crop Is Also Considered

OTHER ESTIMATES STUDIED

JAPAN DOES NOT EXPECT PARITY FROM 1935 NAVAL CONFERENCE, OKADA TELLS CORRESPONDENTS

Roosevelt's Daughter Divorces Her Husband For Extreme Cruelty

But Premier Cannot Favor Continuation of Ratio System, Which Hurts Self-Respect

SURE TALKS WILL SUCCEED

Assures Interviewers There Are No Difficult Questions Between Japan and America

FORMAL STATEMENT GIVEN

SWANSON APPROVES BUILDING EMPHASIS

Secretary Stresses Importance of Equipping Sea Force With Full Personnel

TRADE VESSELS IN LIST

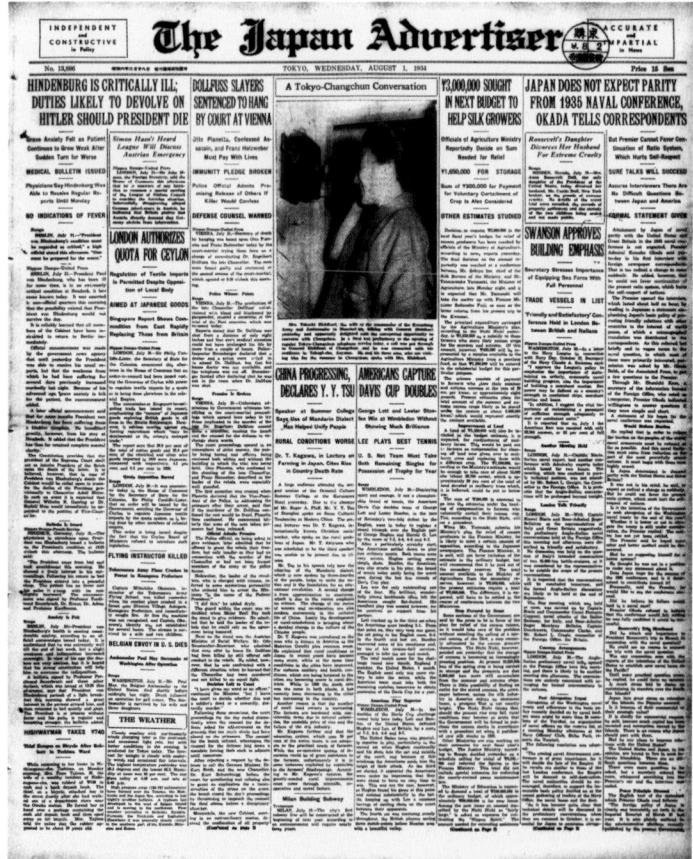

4　『ジャパン・アドヴァタイザー』紙面　1934年8月1日号

1930年に初来日したブラウンは『ジャパン・アドヴァタイザー』に入社した。ブラウンの岡田啓介首相記者会見記事が掲載された号。国立国会図書館蔵

5 『ジャパン・アドヴァタイザー』東京本社編集室風景
1930年代　右奥に座っているのがブラウン。

6　B・W・フライシャー　1942年10月10日
『ジャパン・アドヴァタイザー』前社主。1940年に帰国後、ブラウンの記者時代の働きに対する謝辞を記して贈った。

7　友人の結婚式に参列したブラウン
［1934年］、新橋の江木写真店で撮影
記者仲間のJ・R・ヤングの結婚記念写真か。ブラウンは第1番目の花婿介添人をつとめた。左端がブラウン。

8　玄洋社の横山雄偉とブラウン
1932年8月31日、茅ヶ崎館で撮影
前列右から横山、ブラウン、H・I・バード(Bird)夫妻。後列左端がブラウンの友人で横山の息子研一。

【日米開戦と宣伝ビラ】

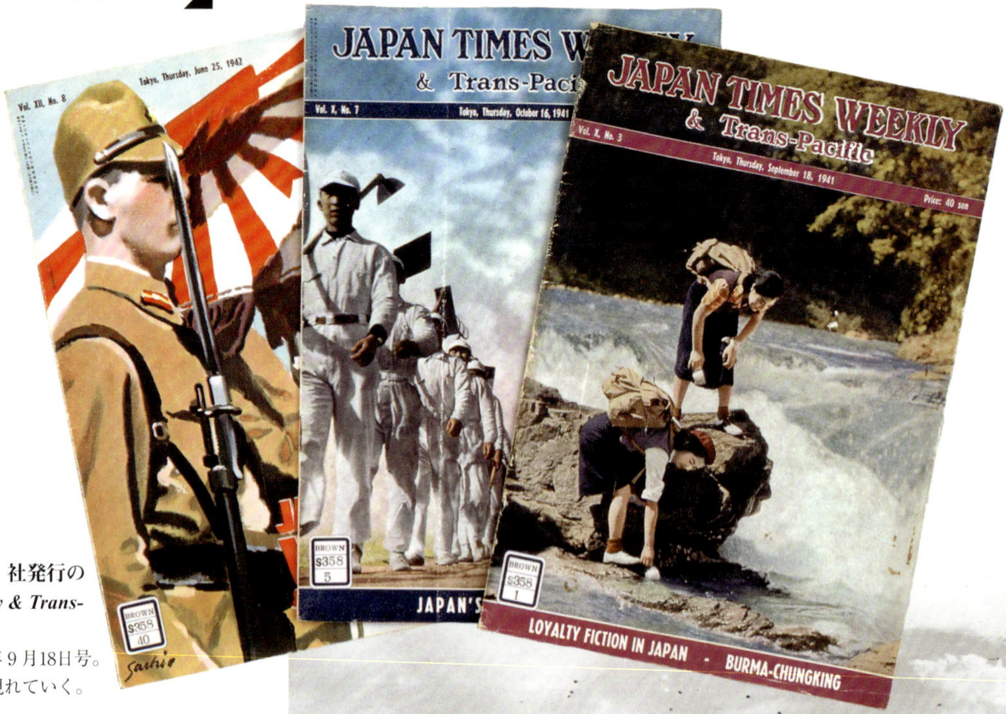

1 『ジャパン・タイムズ』社発行の週刊紙 *Japan Times Weekly & Trans-Pacific*
右端は日米開戦直前の1941年９月18日号。表紙にもしだいに戦時色が現れていく。

Courtesy of the National Archives and Records Administration, RG208.

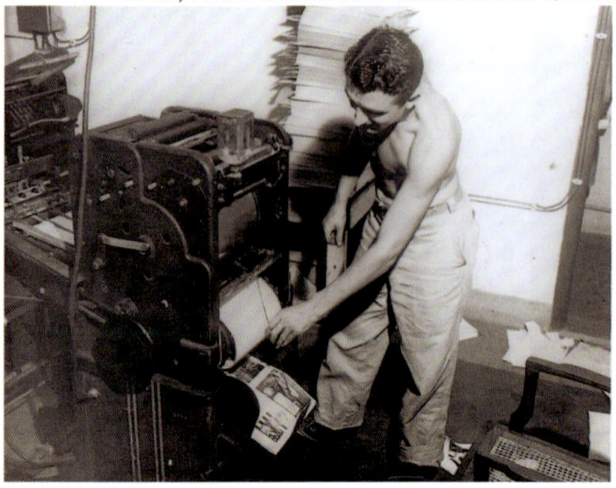

2 対日宣伝ビラの印刷
中国・ビルマ・インド戦線で。NARA蔵

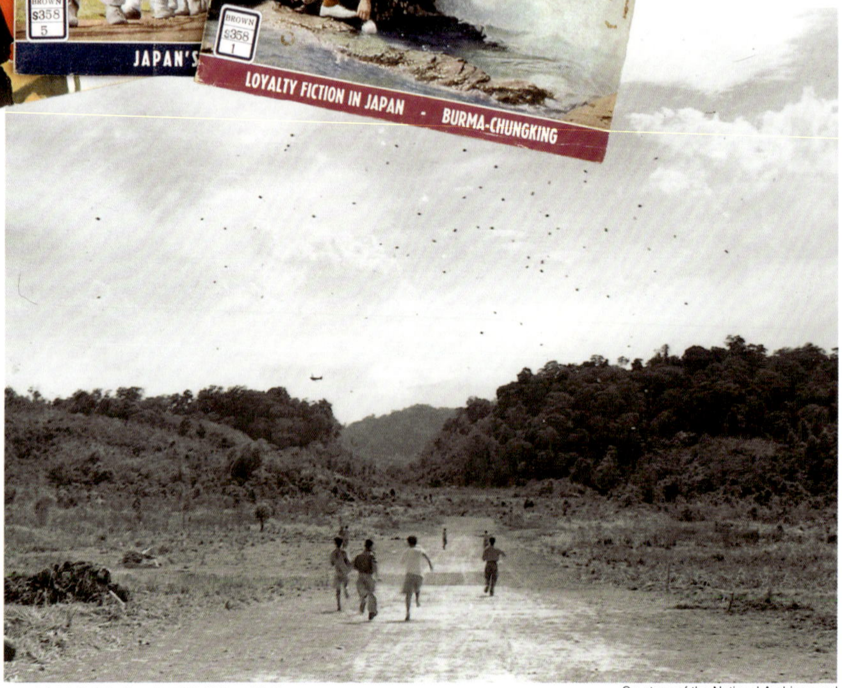

3 対日宣伝ビラを飛行機で撒布
中国・ビルマ・インド戦線で。NARA蔵

Courtesy of the National Archives and Records Administration, RG208.

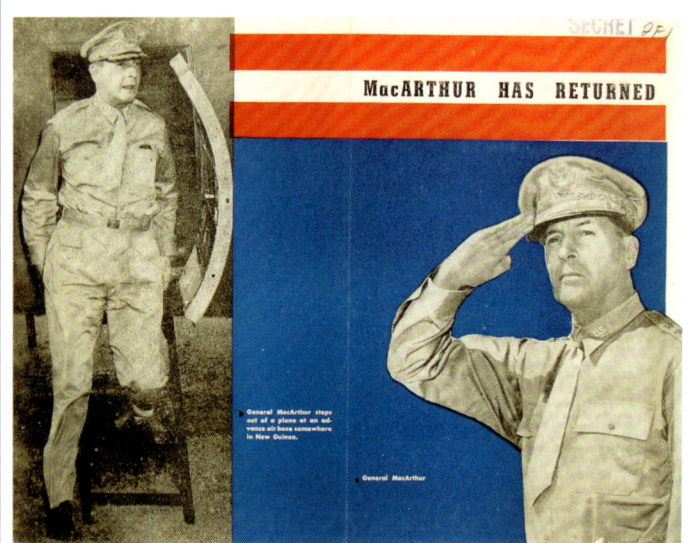

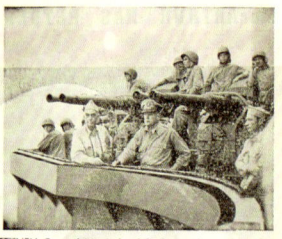

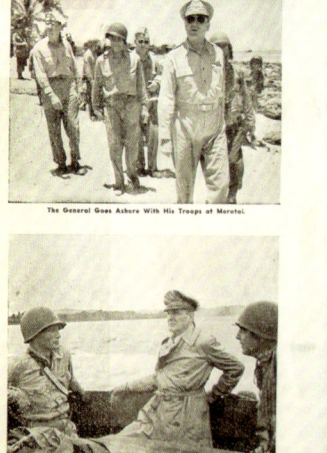

4 ビラ「マッカーサーが帰ってきた（MacArthur has returned）」（表裏）
1944年10月に開始するフィリピン奪還作戦のため、フィリピン国民向けに作成された。

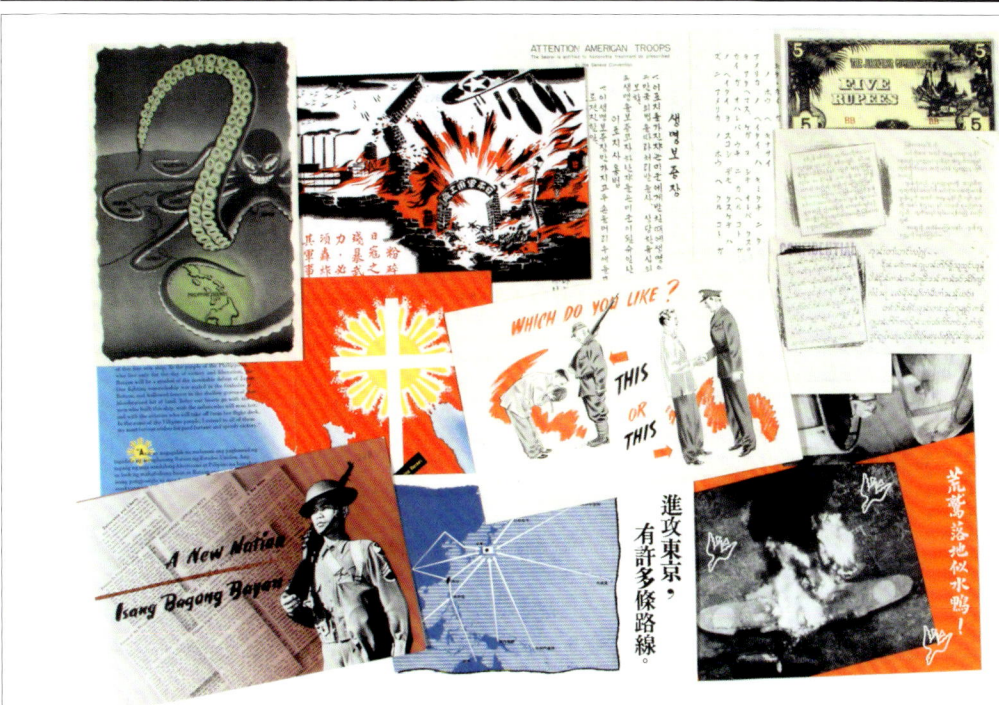

5 アメリカが作成したアジア諸国民向けビラ
各国語や少数民族語で日本軍への非協力を呼びかけた。

6 ビラ「すべてのフィリピン人へのメッセージ（A Message to Every Filipino）」（表裏）
オスメーニャ・フィリピン大統領が国民の一致団結を呼びかけた。

7 ビラ「世界ハ未ダ忘レズ」
（表裏）裏面の文でカイロ宣言などが言及されていることから、1944年初めに作成されたビラと思われる。

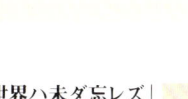

——日本軍の士官に告ぐ——
——朝鮮人に関して——

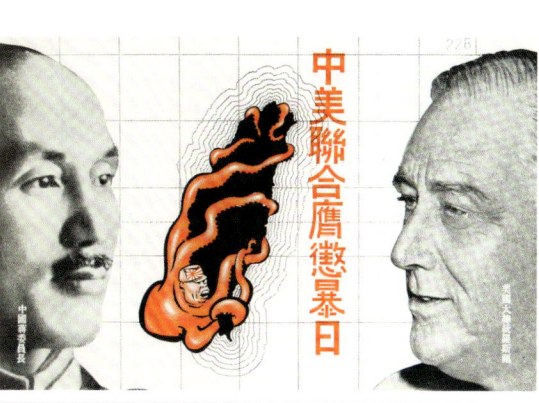

8 ビラ「中美聯合膺懲暴日」
（表裏）中国と米国（アメリカ）連合が暴れる日本を膺懲（ようちょう＝懲らしめる）すると記す。表の顔写真はルーズベルト米大統領（右）と蔣介石（左）。台湾向けに作成された。

【コレクションに残された宣伝ビラ】

1　ビラ「お気の毒様」(表裏)
1943年7月、アリューシャン列島のキスカ島は、アッツ島につづいてアメリカ軍に奪還された。北太平洋はブラウンの担当地域であり、このビラの作成に関わったと思われる。

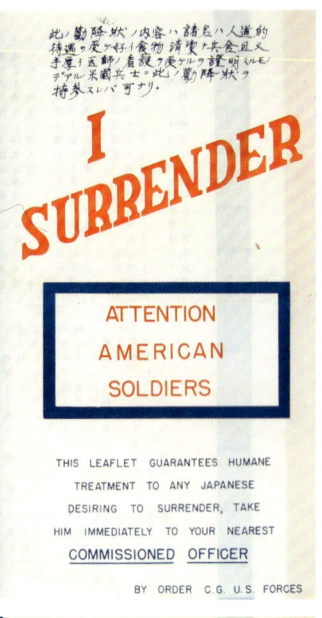
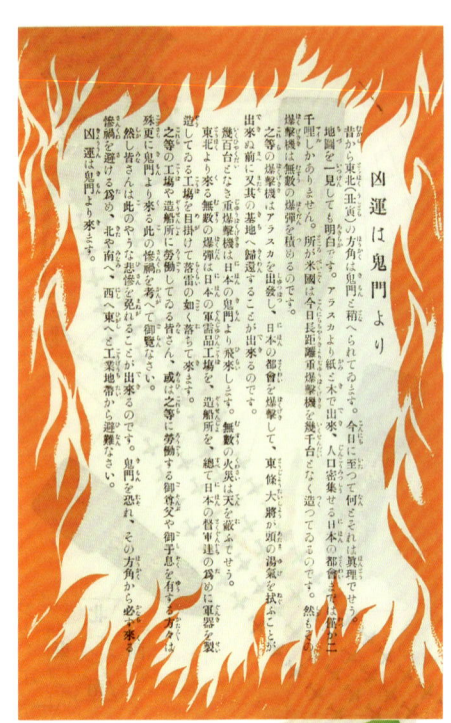
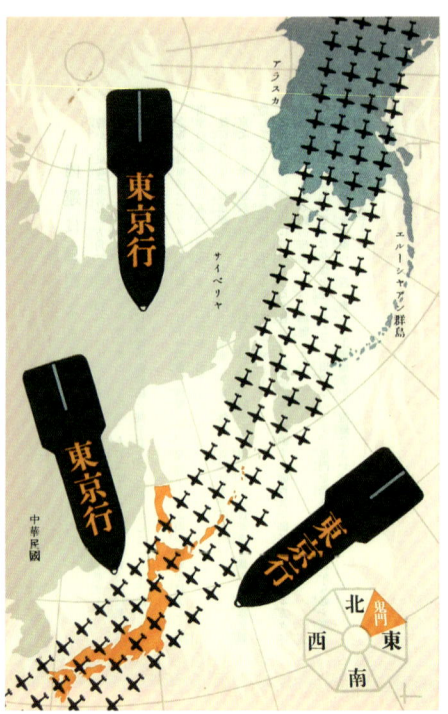

3　ビラ「凶運は鬼門より」(表裏)
東北(丑寅)の方角を鬼門とする日本の古くからの考えを引用して、アラスカ方面(丑寅)からアメリカの爆撃機が空襲をおこなうので、避難するよう呼びかけた。

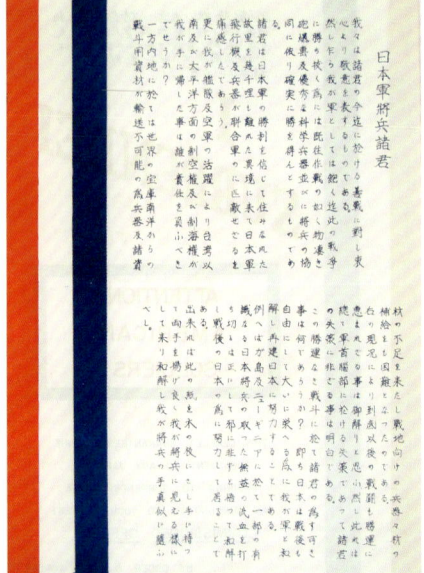

2　投降ビラ(表裏)
マッカーサーは鮮やかな赤と青の色使いを好んだ。

4　ビラ「井戸の蛙、大海を知らず」
日本の諺を引用して軍部や支配者層への抵抗を呼びかけた。

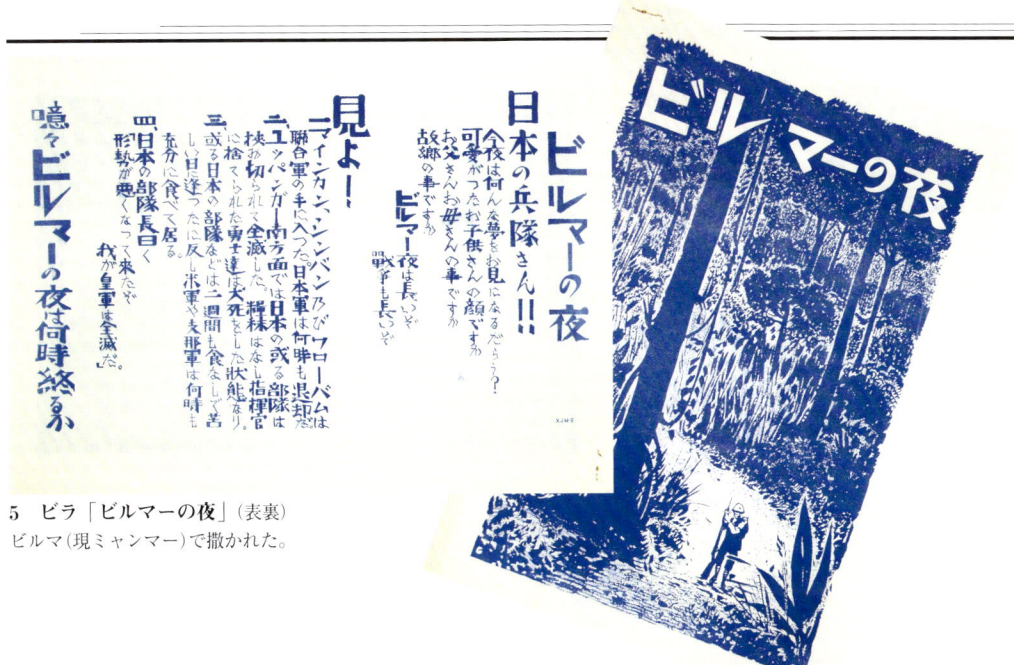

5　ビラ「ビルマーの夜」(表裏)
ビルマ(現ミャンマー)で撒かれた。

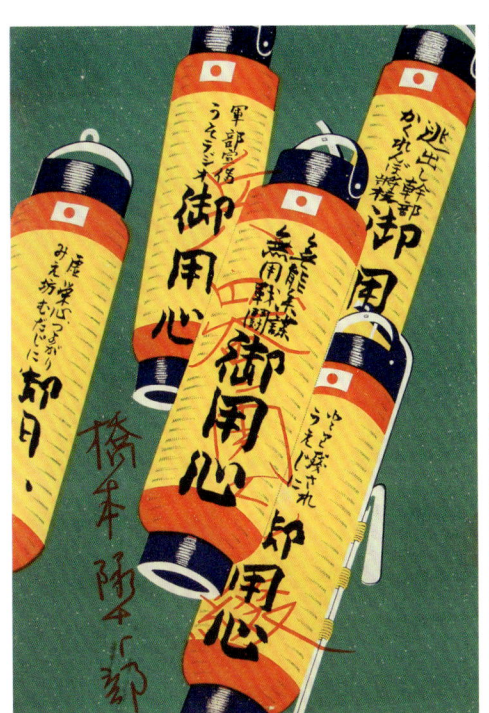

7　ビラ「御用心提灯」(表裏)
言論統制をおこなっている日本の指導者を批判し、日本国民に覚醒を訴えた。

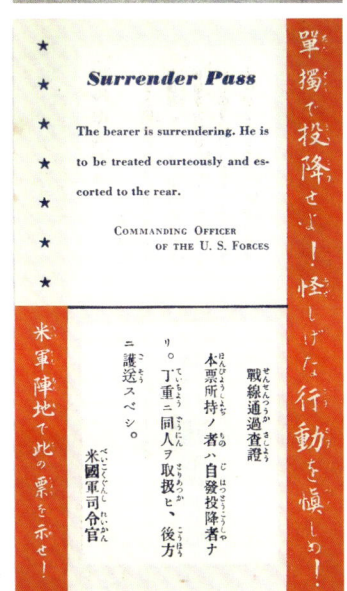

6　ビラ「四面楚歌の声」(表裏)
投降を呼びかけ、投降時にアメリカ軍に示す「戦線通過査証」が付いている。

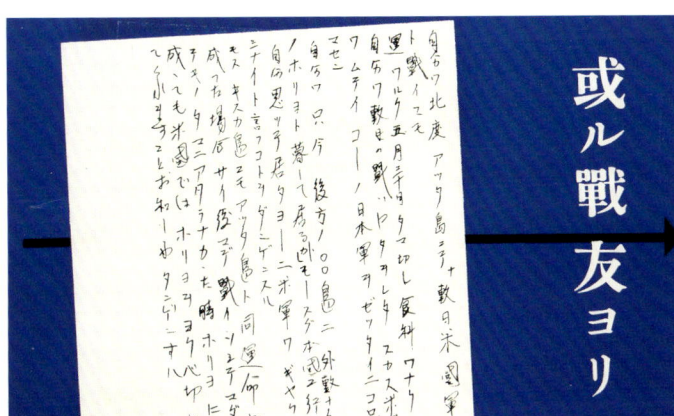

8　ビラ「優遇？勿論！」(表裏)
印刷の仕上がりがきれいなことから、ニューヨーク支部で作成されたと思われる。日本兵捕虜に目隠しがないめずらしいビラ。

【ブラウンが関わった占領政策】

1 戦艦ミズーリ上で降伏文書に調印するマッカーサー
1945年9月2日におこなわれた。マッカーサーの後ろに立っている2人は、左からウェインライト米中将とパーシバル英中将。2人は長く日本軍の捕虜となっていた。

2 相模湾に停泊中のイギリス太平洋艦隊旗艦デューク・オブ・ヨーク
1945年8月30日　右手遠くに富士山が見える。

3 占領初期の東京　1945年
日比谷の交差点で並んで交通整理をするアメリカ軍憲兵と日本の警官。正面の建物はGHQ本部の第一生命ビル。

4 ブラウンとニュージェントGHQ民間情報教育局（CIE）局長ら　1951年8月18日
右から2人目がブラウン、左隣がニュージェント、後列右側はインボデン新聞出版係長。

5 GHQの電話帳
コレクションに残っている最も古い電話帳は1946年3月10日発行のもの（前列左端）。

6 国会図書館へ図書を贈呈するブラウン
1949年11月30日、赤坂の国会図書館でGHQ民間情報教育局長代理としてケア物資の図書を贈呈した。右端がブラウン、左隣が金森徳次郎館長。

7 CIE図書館の外観
1946年に日東紅茶ビル(千代田区有楽町)に設けられた。左奥の建物は駐留軍が接収し、アーニー・パイル劇場と称した東京宝塚劇場である。

8 日本出版協会創立3周年記念大会で講演するブラウン　1948年11月9日、明治大学でおこなわれた。

9 「広島CIE図書館(インフォメーション・センター)事業地図」
中国地方での事業展開のようすがわかる。広島図書印刷(ヒロト)が印刷を引き受けた。

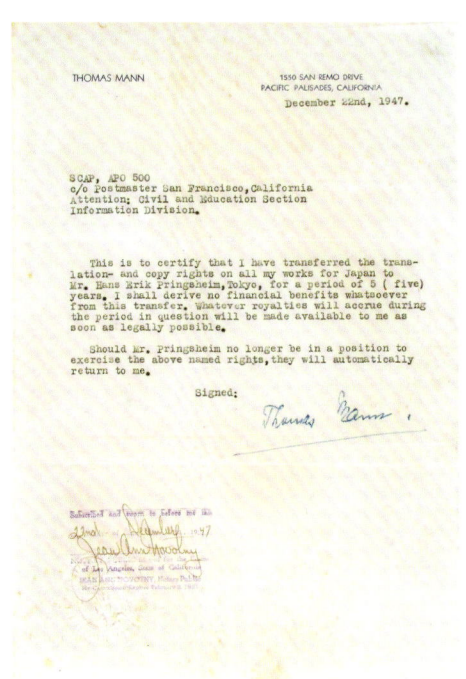

10 トーマス・マンからCIE情報課宛て書簡
1947年12月22日　日本で翻訳出版される全作品の翻訳権を代理人に期限付きで譲渡するとした書簡。

11 日本映画社製作「日本の悲劇」
1946年、天皇の扱いなどが問題となり、上映禁止、全プリント没収処分を受けた。全4巻、"第4号"のラベルが貼付されている。

12 ポスター原稿「アメリカ文化映画の夕べ」
第一文化商事映画部作成、連合軍司令部教育映画交換部提供、無料公開とある。

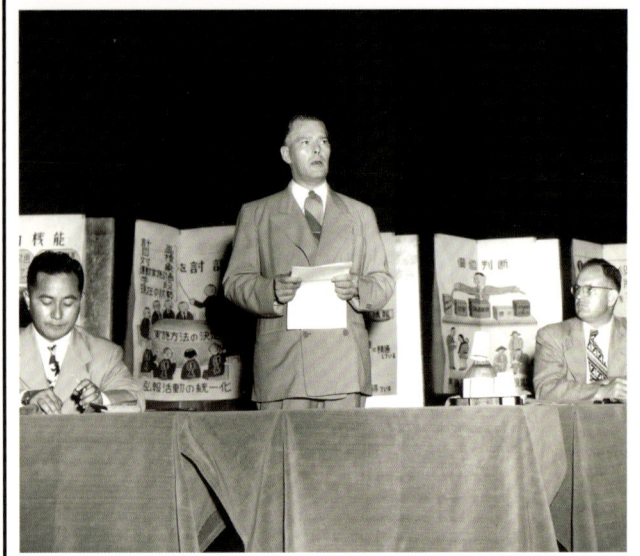

13　CIE主催の広報講習会

1949年７月12日、東京放送会館で始まった講習会で挨拶するブラウン（中）。
左は通訳のテッド・オオノ、右は司会のＪ・Ｐ・エマーソン（情報課）。

July 12, 1949

My dear Colonel,

For your information I am sending you herewith a copy of a statement I have submitted to the Supreme Commander for the Allied Powers on the subject of decontrol of newsprint and printing paper.

Yours sincerely,

Shigeru Yoshida

Lt. Colonel D.R. Nugent,
Civil Information & Education Section,
G. H. Q.

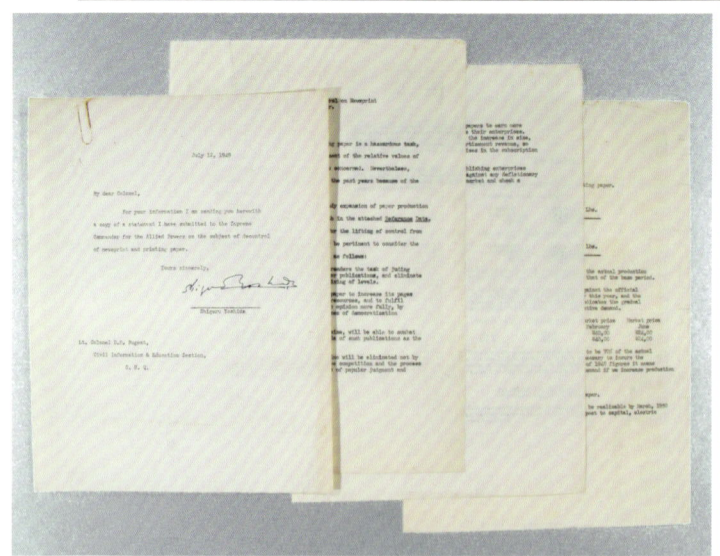

14　吉田茂からニュージェントCIE局長宛て書簡　1949年７月12日

同日付でマッカーサーに提出した新聞出版用紙統制廃止についての声明文を担当部局のCIEにも送付した。書簡は直接担当するブラウンに回された。自筆サインあり。

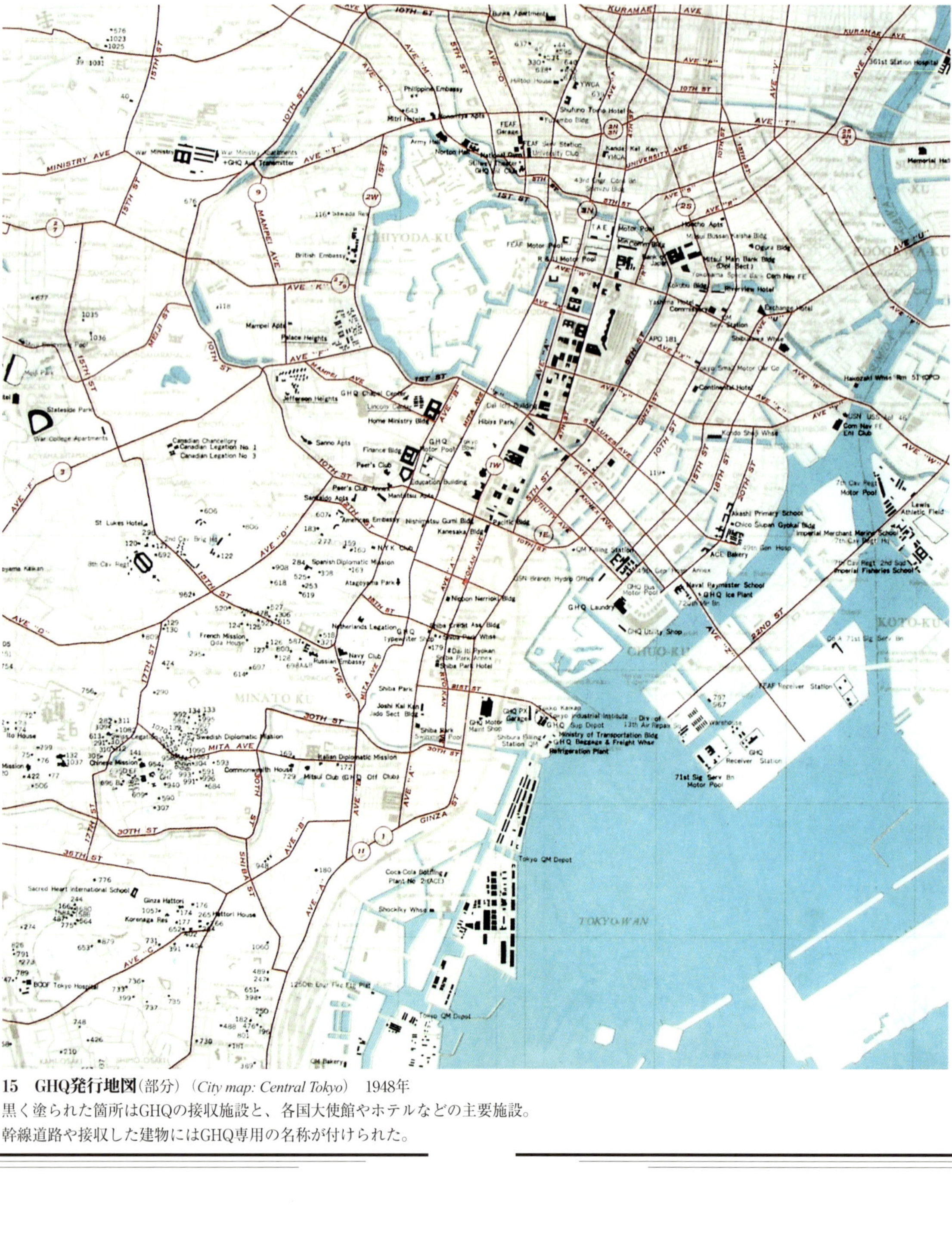

15　GHQ発行地図（部分）（*City map: Central Tokyo*）　1948年

黒く塗られた箇所はGHQの接収施設と、各国大使館やホテルなどの主要施設。
幹線道路や接収した建物にはGHQ専用の名称が付けられた。

第一部
国際ジャーナリスト
……戦前期……
（1905〜1940）

　ブラウンは1930年、25歳の時に初来日した。そして40年末に帰国するまで約10年間、日本で発行されていたアメリカ系英字紙記者、またアメリカの新聞社の日本通信員として内外の政治情勢を双方に向けて報道した。

　ブラウンが記者生活をおくった1930年代の日本とは、しだいに発言力を増していく軍部の主導の下、中国と戦争を始め、やがて日米開戦へと進んでいった時代であった。日本は関東軍の企てた満州事変(1931年)に乗じて「満州国」承認を譲らず、国際連盟を脱退した(33年)。その後も中国を日本の勢力下におこうと画策し、ヒトラーの指導下に再軍備を始めたドイツと日独防共協定(36年)を結び、37年に日中戦争を開始した。だが、中国は屈服せず、長期戦となった。

　39年にドイツのポーランド侵攻で英仏などと第2次世界大戦が始まり、40年にドイツが電撃戦でフランスを降伏させると、日本は日独伊三国同盟を結び、英米との敵対関係は決定的となった。ブラウンら連合国側記者はこのような情況下、内外の情勢を記事にしつづけたが、しだいに情報統制が強まって自由なジャーナリスト活動は脅かされるようになり、帰国を余儀なくされた。

第一部 国際ジャーナリスト──戦前期

1 ジャーナリストとしての萌芽

　1905年6月24日、ブラウンはオハイオ州クリーヴランドに、父ジェシー・リー・ブラウンと母マーサ（旧姓ベックマン）の長男として生まれた。やがて一家はピッツバーグに移り住み、弟ジェシー・アランが生まれた。父親の職業などは不明だが、母親はカレッジを卒業するとすぐに小学校教師となり、結婚時までつとめたと思われる。

　ピッツバーグ大学に入学したブラウンは優秀な成績をおさめ、1926年、学部を卒業し、大学院の教養学科に進んだ。勉学や文学書の読書を好み、また文芸創作、語学、旅行などを趣味とした。学業のかたわら、早くから大学新聞『ピット・ウィークリー』（The Pitt Weekly）の編集に携わり、4年次には編集長となって大学運営に対する論陣を張るなど、大学当局も一目置く存在であった。

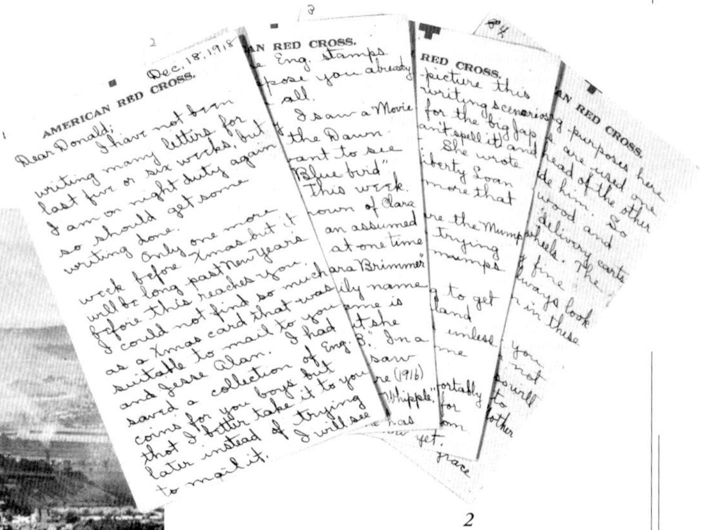

1 祖父の商店　19世紀後半か　スウェーデン出身の母方の祖父E・ベックマンは、渡米しオハイオ州に住んだ。写真は、13歳で仕立屋に見習いに入った祖父の小売・仕立屋・衣類販売を兼ねた店舗。家族に関わる数少ない遺品のひとつ。

2 叔母からの書簡　1918年12月18日　アメリカ赤十字に属していたと思われる父方の叔母グレースが、ヨーロッパからブラウンに書き送ったもの。当時、アメリカで活躍していた日本人映画俳優、早川雪洲について触れている。13歳の少年、ブラウンにとって初めての「日本」との出会いか。

3 ピッツバーグの街（Classrooms in the Cathedral of Learning［1938］より）　大学の"学問の大聖堂"からの眺め。

4 ピッツバーグ大学　1920年代　ASC, UPitt 蔵

5 大学時代のレポート　ブラウンの手元には指導教官のコメントと評価が記された多数のレポートが残っていた。掲載したのは趣味の切手収集を題材とした1年次のレポート。切手の実物を貼付している。

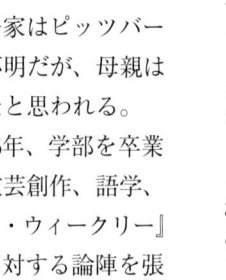

Courtesy of the Archives Service Center, University of Pittsburgh

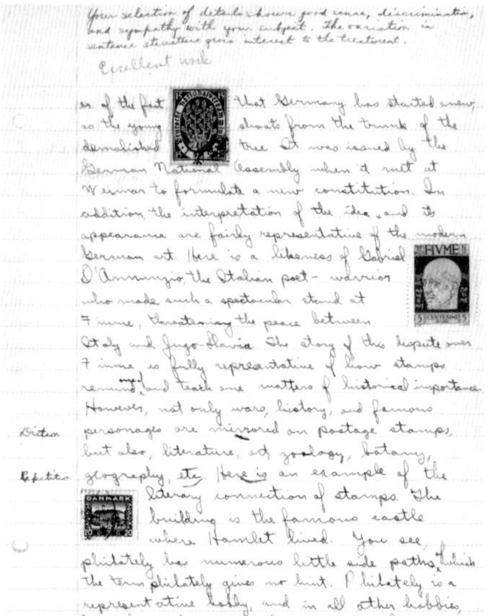

A VOICE IN THE WILDERNESS

The request of S. S. G. A. for money to obtain assembly speakers deserves note. That students demand good speakers is significant. That they are willing to pay for them with money set aside for student purposes is still more significant.

It implies, though, a lack on the University's part to supply the student with what he feels instinctively to be important—contact with things better than those he has. Because of unfortunate but disappearing circumstances, the faculty contains too many blank minds. This makes it all the more important that great minds be brought to the University, if only for assemblies. The Cathedral of Learning idea is taking root in the minds of students. No longer are they satisfied with buncombe.

But the unfortunate part of the S. S. G. A. action is that it requires money that is needed elsewhere. Some years ago the Board of Trustees voted to set aside each year $12.50 from the tuition fee to maintain student activities.

Of this amount, $6.50 goes to the Athletic Council. The remainder goes to the Advisory Board to finance the band, Cap and Gown, Pitt Players, debating classes, W. S. G. A., S. S. G. A., Pitt Weekly, and a score of other activities. Granting that activities are important, the money is well used. It is inadequate, though, insist the graduate manager and student managers, to permit expansion of activities along the lines demanded by a large school. To expend part of this fund in obtaining assembly speakers means handicapping practically every activity.

In the light of the financial situation, and in the light of the project's nature, it would certainly be interpreted as a most gracious and appropriate action for the administration to take over the student program.

6   Courtesy of the Archives Service Center, University of Pittsburgh

AT THE MARK HOPKINS END

A log with Mark Hopkins at one end and a boy at the other makes a university, some one has said. Mark Hopkins, in explanation, was at one time president of Williams College, and his name is remembered today because of his relationship with students.

The year of 1925 at the University is memorable because it has seen the appointment of two men of Mark Hopkins type to positions on the Mark Hopkins end of the log. Student Counsellor W. D. Harrison and Dean L. P. Sieg of the College have done much to establish student faith in the administration.

Mr. Harrison has one of the most difficult positions in the University. His work is not in an office away from students, but with students. His understanding of student nature makes him of more value to the University than a whole staff of 10,000 professors, if such a staff existed.

Dean Sieg has done more to restore to the College its proper position as the nucleus of the University than his most ardent backers prophesied last spring. The improved registration system and the proposed honors courses are a few of the matters in which he has taken an active leadership.

8   Courtesy of the Archives Service Center, University of Pittsburgh

---

6 ブラウンの論説 『ピット・ウィークリー』(*The Pitt Weekly*) 1925年11月4日号に掲載された「荒れ野で呼ばわる者の声（A Voice in the Wilderness）」。ブラウンは学生・同窓生向けの大学公認新聞の同紙編集部に1年次から加わり、4年次には編集長をつとめた。ASC.UPitt蔵

7 大学当局からブラウン宛て書簡　1925年11月4日　大学の運営体制を批判したブラウンの上記『ピット・ウィークリー』掲載論説を前向きに受け止めるとする内容。

8 ブラウンの論説 『ピット・ウィークリー』1925年12月16日号　大学当局の新しい人事を歓迎する内容。ASC.UPitt蔵

9 大学当局からブラウン宛て書簡　［1925］年12月17日　ブラウンの論説が掲載された翌日、当事者の学部長ジークス（Sieg）が書いた礼状。ジークスはこの中で、ブラウンは学生間の世論形成に大きな影響力を持っていると、高く評価している。

10 出版社からブラウン宛て書簡　1926年1月8日　アイルランドの詩人・小説家のジェームズ・スティーヴンズ（James Stephens）に関するブラウンの問い合わせにマクミラン社から届いた返事。肖像写真などの切抜も同封された懇切なもので、ブラウンはこれらを元に『ピット・ウィークリー』に記事を書いたと思われる。

11 J・スティーヴンズに関する記事（切抜）『ピット・ウィークリー』年月日不明　ブラウンは同紙掲載記事の切抜も多数、手元に残していた。1件の例外をのぞいてすべて無署名だが、おそらくブラウンが書いたものと思われる。この記事もそのひとつ。

THE UNIVERSITY OF PITTSBURGH
OFFICE OF THE CHANCELLOR

May 6, 1925

Mr. Donald Brown,
1210 Ozan Street,
Pittsburgh, Pennsylvania

Dear Mr. Brown:

It gives me pleasure to tell you that you have been nominated for appointment as one of the honorary ushers for Commencement and for the next school year. This appointment is made on the basis of scholarship and service to the University.

Professor W. H. Shelton, the University Marshal, asks that you notify him, in writing, at your earliest convenience, whether or not you accept this appointment and are willing to serve in this capacity. Professor Shelton may be addressed at 224 Alumni Hall.

Very sincerely yours,

Helen J. Ostrander

Assistant to the Chancellor

12

University of Pittsburgh
BIGELOW BOULEVARD

OFFICE OF THE SECRETARY

Pittsburgh, Pa.,
May 19, 1926.

Mr. Donald Brown,
c/o Pitt Weekly Office,
University of Pittsburgh.

My dear Mr. Brown:

I take pleasure in advising you of your appointment by the Board of Trustees of the University as Graduate Assistant in the Department of English of the College for the academic year ending June 30, 1927.

Your salary for the year is $800, to cover ten months' service, beginning September 1, 1926 and will be paid in ten equal instalments, beginning October 1, 1926. In addition, you will be allowed free tuition up to the amount of $150 for the year, this appointment being under the rules of the Board with reference to annual appointments.

Will youkindly reply at your early convenience, advising me if these conditions are acceptable to you?

Trusting that you will enjoy your work in the University and with all good wishes for your success, I am,

Cordially yours,

S. B. Linhart
Secretary

S

13

DONALD B. BROWN
George Westinghouse High School
Sigma Delta Chi
Editor of 1926 Owl; Y. M. C. A., Secretary (2), President (3); Pitt Weekly (1, 2), News Editor (3); M. S. G. A. (3); Pitt Players (2, 3); Class Cabinet (2); Honorary Usher (3); Advisory Board (3)

Courtesy of the Archives Service Center, University of Pittsburgh

14

Modernizing the College, A. Monrow Stowe. Alfred A. Knopf.

Of the mass of writings criticizing the modern college, only a few do more than voice a protest. The Dartmouth Student Report, Alexander Mieklejohn's writings, and perhaps John Palmer Gavitt's *College*, are the outstanding exceptions; they strike at the root of the difficulties and suggest remedies that at least warrant experiment. To this group must now be added Dr. Stowe's *Modernizing the College*, the record of an actual attempt to adapt the college to modern needs.

Slightly more than a decade ago, Dr. Stowe writes, the board of trustees of an urban liberal arts college—presumably the University of the City of Toledo, of which the author was formerly president—adopted a radical program. The college was to devote its energies, unencumbered by tradition, to serving effectively its students and, through them, its community. If Latin did not contribute toward this end, Latin would have to go; if hygiene courses were neeeded, hygiene courses would be given.

Execution of this program proved no easy matter. Newspaper criticism, student misunderstandings and faculty jealousies contributed to making it difficult. It is the record of these years of compromise and experiment that Dr. Stowe gives. If the innovations are not startling, the submission o ftheories to practice is in itself worth attention. —D.B.

15

The Pitt Weekly

THE OFFICIAL STUDENT AND ALUMNI JOURNAL OF THE UNIVERSITY OF PITTSBURGH

VOL. XVII, No. 6. PITTSBURGH, PA., WEDNESDAY, OCTOBER 27, 1926. PRICE FIVE CENTS.

Decide Budget of Bus. Ad. School by Ballot Tomorrow and Friday

How the funds of the Business Administration Association are to be distributed will be decided by ballot tomorrow and Friday between 10 and 1 o'clock. At the same time Business Administration class officers and a representative of the School of Business Administration to the Athletic Council will be elected. Seniors, juniors and association members will vote on the second floor of State hall; sophomores and freshmen on the first floor of Alumni hall. Robert Ireland is chairman of elections.

Two different budgets will be submitted to members of the Association for their approval and rejection. The first provides for expenditures of 75 cents for the Y. M. C. A. or Y. W. C. A.; 25 cents for Canton College; $3.25 for social life; and 75 cents for general expenses and an emergency fund.

The second proposed budget grants 75 cents to the Y. M. C. A. or Y. W. C. A.; 25 cents to Canton College; $2.25 to social life; $1.00 to Pitt Week (if one is held), and 75 cents to general expenses and an emergency fund. Each budget totals $5.00.

Candidates

Candidates for senior class offices as they will appear on the ballot are: For president, James J. Wick, L. R. Reed and Rufus Monks; for vice president, Charles Ray, Paul F. Dodworth and J. W. Leonard; for secretary, Malcolm Parker and Harold Lowe; and for treasurer, Harry Lang and Marshall Beatty.

ROUMANIAN QUEEN TO BE PITT GUEST

To Come Here

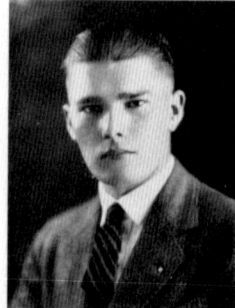

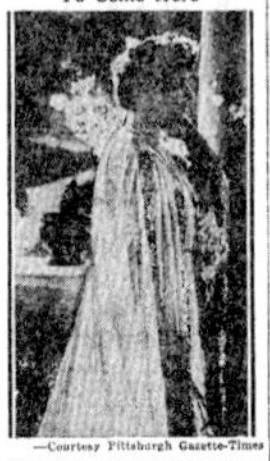

—Courtesy Pittsburgh Gazette-Times

QUEEN MARIE OF ROUMANIA Who will visit Pitt and receive an honorary degree from the University, November 23rd.

Queen Marie Accepts Pitt Offer of Honorary Degree

PERSONAL INVITATION

Marie, Queen of Roumania, has accepted the invitation of Pitt sent by Chancellor John G. Bowman, through a special emissary, Alexander Ionescu, a senior in the School of Mines, to be the guest of the University and receive from it an honorary degree while she is in Pittsburgh.

Ionescu, a member of a prominent family of Roumania, who was sent to New York by Dr. Bowman to meet the royal party and extend the invitation, wired that he had been given a personal audience by Her Highness, and that she was proud to accept the invitation. Pitt was the first American educational institution to confer such an honor upon her since her arrival, the Queen revealed to Ionescu.

It was stated that Pitt would confer a degree on the royal visitor at a ceremony in Memorial Hall. As to the type of ceremony, it was declared that the procedure would be elaborate and in keeping with the dignity and importance of the visitor.

When asked if he was assured of the Queen's coming to Pitt, Ionescu said. "I don't know whether she will come or not. She accepted the invitation and I know that if it is possible for Her Majesty to come to Pitt, she will."

Traditional Building to Be Razed to Dust

Pan-Hellenic Body Drops Charges Against Tri-Delts

Seventeen Pledged By Women's Fraternities

Team to Meet Oxford Debaters Made Up of 3 Graduate Students

Three graduate students will compose the Pitt debating team which meets Oxford in Carnegie Music Hall, December 10. Debaters were appointed by Dr. M. O. McKay, head of the Economics department, and Dr. H. H. Hudson, of the English department, at the conclusion of the tryouts last Saturday. Tariff and free trade will be debated. Pitt defending tariff.

The team members are Ross Scanlan, public speaking instructor and undergraduate debate coach; Felix A. Grisette, graduate assistant in the English department; and Eleazer Levy, also an assistant English instructor. Scanlan received his A. B. degree at Cornell and is studying for his Master in the English department here. Grisette is a graduate of the University of North Carolina and is an assistant to William Morrell, University Editor. Levy is a student of the Pitt Law School.

WARM EARS FOR FROSH

Yearlings Permitted to Wear Green Stocking Caps During Winter

Green stocking caps will replace dinks in the fall and winter costumes of Frosh, Milton Safier, chairman Senior Court, stated in a fashion edict early this week. However, the Frosh will have the option of braving the cold winter blasts in their present habits if they prefer.

CO-EDS TO LEARN ART OF COOKING

HOLD ALL COLLEGE ELECTIONS TODAY

KOREKT SPELING?

Collidge students are poor spelers because they were taut the rong kind ov words to spel wen they wur in grammer skool.

It is thus that Dr. Ernest Horne, professer of edducashun and director of the elementery skool of the Univercity of Iowa, accounts four the fact that the stewdent of todey mispels so many wordz. Dr. Horne was in Pitzburg to address the Second Annual Conference on Skul Soupervizion at the Fakilty Club, when a Weekly representative asked for a too minutes intervue from the nashinully known edukater.

"The English language iz unfonetik," Dr. Horne explained. "We have a great many vareeayshunz. In mathewmatiks, 2 and 2 are fore, but in speach, the same sounds are not speled the same, nor similer letters pronounced alike. That is why speling iz so hard to lern."

Loyalty of Students Exhibited by Parade

Forming of Association Puts All Schools On An Equal Basis

LARGE POLL IS EXPECTED

The association movement reached the college this morning, when the only undergraduate school on the campus without one began balloting on class and association officers. A field of forty-six candidates filled the ballots which are being cast today at Room 107½ Alumni hall. The largest poll in the history of the school is expected, according to Townsend Friedman, chairman of elections.

Three of the offices to be filled are without nominees, no nominations being made for secretary and treasurer of the senior class or for secretary of the junior class. The Student Council is to determine the manner in which the vacant positions will be filled, said Friedman. Four other offices are each sought by only one candidate.

Different colored ballots for each class will have printed on each the names of the candidates for the college association, nominees for the athletic representative, and candidates for the respective class offices.

Voters will enter the balloting booth by the left door and leave by the right. No one will be permitted in the room except the individual voters and the election committee. All campaigning and political stunts ...

(Continued on Page 8)

16

Courtesy of the Archives Service Center, University of Pittsburgh

12　学長補佐からブラウン宛て書簡　1925年5月6日　3年次に成績優秀者として、卒業式での名誉ある先導役のひとりに指名された。

13　任命通知書　1926年5月19日　ピッツバーグ大学英語学部の院生助手に任命された。

14　大学卒業時のブラウン　卒業アルバムOwl　1926年6月　写真に添えられた活動記録からも、優秀な学生であったことがわかる。
ASC,UPitt蔵

15　ブラウンの署名入り記事（切抜）『ピット・ウィークリー』1926年11月10日号　『大学の近代化』と題された本の書評。記事の末尾に署名「D.B.」(Don Brown)がみえる。

16　『ピット・ウィークリー』　1926年10月27日号　ブラウンが編集長時代の号。同年6月に学部を卒業したブラウンは、大学院に進んだ。
ASC,UPitt蔵

ピッツバーグ大学に学ぶ

枝松　栄

　鉄鋼の町として世界的に有名なピッツバーグに1787年に創設されたピッツバーグ大学は米国でも古い歴史をもつ私立総合大学である。

　ドン・ブラウンは1926年6月にこの大学を優秀な成績で卒業した。好きな科目は英語と現代語と「家族記録」に記している。

　大学年鑑「Owl」1926年版には卒業を前にした彼の写真と在学中の次のような活動記録が掲載されている。①Sigma Delta Chi（ジャーナリスト友愛会）会員、②「Owl」1926年編集長、③YMCA幹事（2年次）・会長（3年次）、④『ピット・ウィークリー』（The Pitt Weekly）（PW）編集員（1・2年次）・ニュース担当部長（3年次）、⑤学生自治会役員（3年次）、⑥Pitt Players劇団員（2・3年次）、⑦卒業式の先導役（3年次）等。

　ブラウンのコレクションには、これらの活動を物語る書簡や新聞記事のほかに、授業で提出したレポート類が169件残っている。ペン書きやタイプ打ちのエッセイやレポートは、指導教官によるコメントや文章上の訂正があるものもあり、概して高い評価を得ている。内容は文学・哲学・歴史関係のものが多く、また書物の世界に対し深い関心を抱いていたことが示されている。大学1年の頃、英語の授業で提出したと思われるペン書きのエッセイは、「晩秋や冬の午後を古本屋で過ごすのは楽しい。そこには多くの本が並んでいるばかりでなく、古めかしい冒険や何か発見を見出せそうな雰囲気が満ち、包み隠しのない人間性が籠っている」という書き出しで始まり、古本屋の情景をこまごまと書き綴っている。すでに若い時から書物を愛好し探索する喜びを味わっていたようである。

　大学に入学した時からPWという学生・同窓生のための新聞（週刊）に関心を抱き編集に関わったブラウンは、卒業する頃には同紙の編集長として活躍し、学部卒業後も頻繁に寄稿している。プロのジャーナリストをめざす友愛会のメンバーにも推薦され、ジャーナリストへの道は彼自身学生時代から決めていたコースであった。

　現在コレクションに残っているPWの切り抜き59件は、多くは書評、もう一つは「徒然なるままに…(Leisurely…)」というコラムに本や読書にまつわる話題を書いたものである。いずれも無署名であるが、1件のみD.B.の署名入りで『大学の近代化』という図書について高く評価した書評を書いている（PW 1926年11月10日号）。

　ブラウンの残した書簡のなかに、彼が書いたPWの論説に大学当局が直ちに賛意を表したものが2通あり、今回ピッツバーグ大学に依頼してその論説のコピーを入手した。その一つは、1925年11月4日号の論説「荒れ野で呼ばわる者の声(A Voice in the Wilderness)」で、教授会の不毛ぶりを指摘し大学側は学生の要求に耳を傾けるよう主張している。

　その背景にあるのは、1921年に就任したジョン・ボーマン（John Bowman）大学総長の提唱でキャンパス内に高層の建物"学問の大聖堂（Cathedral of Learning）"を建設する構想がもち上がり、当時資金集めの一大キャンペーンが始まっていたことが挙げられる（Pitt: the story of the University of Pittsburgh, 1787-1987/ Robert C. Alberts. University of Pittsburgh Press, 1986. 537頁）。学生自治会は、学内の協議機関に学生の意見を代弁する代表を確保するために必要な資金を要求し授業料の一部を当てることにも同意しているが、大学側は真摯に対応していないとブラウンは批判している。これに対して大学当局が、早速彼の意見に同意を示し学生側の要求実現のために予算を獲得するよう努力する旨書簡を送っている。

　もう一つは、同じく1925年12月16日号の学内人事に関する論説である。この年任命された学生相談室長と学部長の人選を大学に対する学生の信頼を確立するものと評価している。当事者のジークス（Sieg）学部長は翌日、ブラウンの支持に応えて直筆の書簡を送っている。

　このように大聖堂建設をめぐる学内外の動きにブラウンは"ジャーナリストの卵"として面目躍如たる活動を展開した。ブラウンが1926年初めPWの編集長を引退することを知り大学のカーネギー研究所美術学部長は、彼の功績を称賛し今後の活躍を期待する書簡を送っている。

　なお、"学問の大聖堂"の建設は1926年から10年以上の歳月をかけて1937年に完成した。42階建高さ163m余に及ぶこの建物は、現在もピッツバーグ大学のシンボルとしてキャンパスにその威容を誇っている。

　大学事務局から1926年5月19日付ブラウン宛書簡によれば、彼は英語学部大学院生助手に任命され、年間800ドルの給料支給と年間150ドルまでの授業料免除の条件を受けて大学院へ進学したが、修了しなかった。

　30年後、1954年4月にブラウンが在日アメリカ極東軍司令部国家安全保障査問委員会で行った証言（「ブレイクモア文書」所収）で、自らの学歴にふれて次のように語っている。

　「ピッツバーグ大学卒業後、同大学院教養学科で3年半の大学院生活を送ったが、修了せず。1930年1月大学院を中退、イギリスに留学する途中で中国を旅行した。上海まで行き、その後アメリカ人経営の新聞『ジャパン・アドヴァタイザー』に雇用されるため東京へ戻った」。また大学時代に所属した組織について受けた審問には、「どんな政治組織にも属したことはなかったが、学内組織のYMCA・Pitt Players劇団・ジャーナリスト友愛会などの組織に所属した。家庭の事情で社交的な友愛会には加わらなかった。学外でも政治組織とは無縁だった。その頃、請願署名にもつきまとわれることも政治的な寄付も求められることもなかった」と答えている。

　彼の手元に残された多数の史料及びピッツバーグ大学にあるその他の史料、30年後の査問の陳述などから想像すると、ブラウンは大学で書物の世界に喜びを見出し優秀で真面目な学生として過ごす一方、ジャーナリズムの世界に早くから身をおきそこに没頭していたことがわかる。交友関係については資料に乏しく明らかではないが、それほど活発ではなかったのではないかと思われる。

　E・G・サイデンステッカーは自伝『流れゆく日々』（訳本、時事通信社、2004年）のなかで、1965年春頃の彼の日記の一部を引用しながら「ドン・ブラウンというのは、いわば蘊蓄の塊みたいなアメリカ人で、戦前は東京でジャーナリストとして活躍し、戦後は官僚として働いた。書物の収集にも熱心で、英独仏をはじめ、ヨーロッパで書かれた日本関係の資料を広く集めていた…」と書いている。そこに描かれているドン・ブラウン像は、まさしくピッツバーグ大学時代にすでに形成されていたと言えるのではないか。

第一部　国際ジャーナリスト──戦前期

2　1930年代の日本

　ブラウン・コレクションには、戦前の日本各地の風景が写された一連の紙焼写真が残されている。東京、京都、横浜、箱根、神戸などの写真が中心であるが、単なる観光写真ではなく、市井の人々の生活感あふれる表情や、何気ない町なかでのできごとを撮影したものである。1932年から1937年にかけて外国人カメラマンが撮影したシリーズ写真（53枚）とその他日本の通信社などの写真からなる。

　これらはブラウンが米国通信社の特派員として滞日していた際に入手したものであろう。中には、ブラウンがキャプションに手書きで注記したものや、3枚の写真をクリップで綴じて"Best"という付箋を付けたものもある。また彼の写真の一部が *The National Geographic Magazine*（1933年3月発行、ブラウン・コレクション）に掲載されていることから、ブラウンがその編集に協力したのかもしれない。　（寺嵜弘康）

1

2

3

4

5

1　銀座京橋　歳末大売出し看板の取り付け作業。世相を反映して飛行機や戦車をかたどったものとなっている。1937年12月同盟通信社写真部撮影。

2　東京丸の内　東京駅上空から丸の内ビル街を撮影した航空写真。1945年5月25日の空襲で焼失する東京駅南口ドームが写されている。遠景中央、建築中のビルは明治生命館（1934年竣工）。撮影者未詳。

3　浅草六区　浅草は戦前の東京の娯楽の中心地で、多数の映画館や劇場、寄席が立ち並び、休日ともなれば人々でにぎわった。「山の凱歌」（田中絹代主演、1929年公開）や「淑女と髯」（小津安二郎監督、1931年公開）の幟が見える。W. Robert Moore撮影。

4　浅草寺仲見世通　右には白の夏用スーツを着た外国人観光客が見える。この写真裏のキャプションの"Asakusa temple"とある箇所を、ブラウンは"read Senso-ji in Asakusa"（センソー・ジと読む）と注記している。Alfred T. Palmer撮影。

5　歌舞伎座　貼り出された演目は「与話情浮世横櫛（よはなさけうきよのよこぐし）」の名場面「蝙蝠の安」の場面。当時の女性にとって、歌舞伎俳優は大スターであった。W. Robert Moore撮影。

6

7

8

9

10

11

6 **商船学校生** 東京高等商船学校生と思われる生徒たちが、横浜港内のカッターに乗船している。Alfred T. Palmer撮影。

7 **荒物売り** リヤカーを改造した屋台には、さまざまな日用品がつるされている。Alfred T. Palmer撮影。

8 **紙芝居** 1930年代に黄金バットという大ヒット作品が登場すると、全国各地で紙芝居は大流行した。日中戦争以降、紙芝居は戦争プロパガンダに利用されていった。Alfred T. Palmer撮影。

9 **箱根芦ノ湖** 乗用車の左には、1921年3月に指定された「史蹟箱根関址」の標柱が立てられている。湖面の向かいには畑引山、右には元箱根の塔の鼻が見える。W. Robert Moore撮影。

10 **神戸の劇場街** 流行のタイトなロングスカートをまとい帽子をかぶったモガ(モダンガール)が道路中央を闊歩している。Alfred T. Palmer撮影。

11 **神戸の繊維取引所** 机上には多数の電話機が並び、奥では受話器を持ち何か黒板に書き込む洋装女性、それを見つめる同僚たち。黒板には帝人、鐘紡、日レなどの文字が記されている。Alfred T. Palmer撮影。

第一部 国際ジャーナリスト――戦前期

3 初来日――『ジャパン・アドヴァタイザー』入社

　1930年初め、大学院を中退したブラウンは、イギリス留学に向かう途中、中国を旅行し、立ち寄った日本で『ジャパン・アドヴァタイザー』に雇用され、そのまま日本で暮らすようになった、と回想で述べているが、来日の動機ははっきりとしない。同年4月、『ジャパン・アドヴァタイザー』神戸支局に雇用され、7月、東京本社へ移った。ブラウンが25歳の時であった。

　『ジャパン・アドヴァタイザー』は、1890年に横浜で創刊された英字紙であるが、1908年、フィラデルフィア出身のベンジャミン・W・フライシャー（Benjamin Wilfrid Fleisher）が経営権を握ると、本社を東京に移し、極東で著名な新聞に育て上げた。1923年の関東大震災では、社屋が倒壊するなど大きな被害を受けたが、息子のウィルフレッド・フライシャー（Wilfrid Fleisher）が復興に尽力し、29年に編集長となった。ブラウンは、このフライシャー編集長の下で本格的な記者生活をスタートさせた。

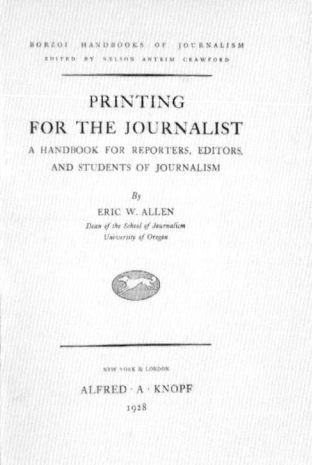

1 『ジャパン・アドヴァタイザー』本社屋（The Saturday Evening Post, 1943年2月6日号より）京橋区銀座西6丁目（現中央区銀座6丁目）にあった2階建ての社屋。1930年11月に焼失し、麹町区内山下町（現千代田区内幸町）に移転した。AHC,UW蔵W・フライシャー文書

2 『ジャーナリスト・ハンドブック』（Printing for the journalist）1928年　ブラウン蔵書。見返しに「1930年4月1日、神戸にて、ブラウン」とブラウンの自筆書込がある。入社日に購入したものか。

3 W・フライシャー　社主B・W・フライシャーの息子。1929年から編集長をつとめた。また『ニューヨーク・ヘラルド・トリビューン』の特派員も兼ね、本国アメリカに日本情勢を書き送った。頻繁に駐日アメリカ大使館に出入りし、グルー大使と情報を交換した。

4 『ジャパン・アドヴァタイザー』の陣容　1930年7月8日　同紙に関する警視庁の調査報告書に記された主要社員21名の事務分担表。記者の末席にブラウンの名前がみえる。外務省外交史料館蔵

TOKYOYUBIN KARUIZAWA 12 15 6 56M
DON BROWN JAPAN ADVERTISER TOKYO

CONGRATULATIONS ON BOTH? EXCELLENT EDITORIALS TUESDAYS ISSUE JUST RECEIVED FLEISHER

European Talking

The talking season in Europe seems likely to run well into the summer. Captain Eden, who might be called Great Britain's Secretary for European Harmony, is at Rome to confer with Premier Mussolini on collective security and related issues. He has already met with the French and will probably talk further on his way back to London. Talking is the civilised approach, of course, to settling differences and reaching agreements, but whether under present circumstances it can achieve anything solid is open to doubt. On many past occasions, it has resulted in paeans of beautiful words, written and oral, chosen to give the impression that the millennium would arrive in a week or so, but the practical consequences have been negligible. An announcement of an agreement on "principles" has increasingly lost power to convince the average persons that anything has been settled or anything gained.

In Europe is well reflected the predominance that holds throughout the world of the national spirit over the international spirit. Individuals and small groups are permeated by the former, but governments by the latter, some of them not even allowing their peoples to advocate unadulterated internationalism. We are told frequently that the international spirit is more prevalent today than ever before. If true, though this seems one of those many statements fathered by wish rather than fact, certainly any spread of internationalism has been limited to individuals with less influence on their governments than had those who embraced it a decade ago. Even at its peak,

Enlightening America

The plan to send Kikugoro and a troupe of supporting Kabuki actors to the United States on a cultural and goodwill mission is said to be increasingly likely to materialize. The background for the project is no secret. There has been a strong feeling among Japanese in recent years that they and their country are greatly misunderstood by the American public, and this has inspired a commendable desire to endeavor to make Japan better understood. Nobody can deny that general knowledge of this land in the United States is superficial. The question is how best to make Japan more real to the Americans. The only way that has received serious consideration is that of acquainting them with the cultural wealth of Japan, which has not crossed the Pacific with the Japanese who have gone there to live. If our culture were only known, many Japanese say, the Americans would want to know more and would eventually come to understand us. Japanese culture shows itself in many forms, including paintings, color prints, wood carvings, Zen Buddhism, the tea ceremony, flower arrangement, architecture, the drama, music, poetry and ceramics. Of them all, perhaps the Kabuki drama, because of its human element, action and color, makes the most immediate appeal and therefore is best suited for foreign presentation. Thus we have the plan to send Kikugoro to perform in some of the leading American cities.

One wonders if the promoters have thought of the reception a Kabuki mission would receive in the United States, the extent of its appeal and the ultimate value it would have as

---

5・6 編集室風景 1930年代の『ジャパン・アドヴァタイザー』東京本社内。外国人記者にまじって学生服姿の日本人もみえる。アルバイトか。

7 フライシャーからブラウン宛て電報 1935年6月26日 滞在中の軽井沢から社説2件への讃辞を急ぎ伝えたもの。おそらく社主のB・W・フライシャーからであろう。この頃フライシャー親子は共に病気のため、中堅記者ブラウンに期待をよせていた。電報はブラウンの日記に挟み込まれていたもの。

8 ブラウンの社説2件 『ジャパン・アドヴァタイザー』1935年6月25日号 フライシャーから讃辞を贈られた「ヨーロッパの討論(European talking)」と「アメリカの啓蒙(Enlightening America)」。国立国会図書館蔵

9 フライシャー親子の身辺調査報告 1930年12月 警視庁外事課が作成した通信関係の永住外国人名簿。履歴の他に、債務、最近の旅行先と目的までもが記されていて、ふたりの行動は常に日本政府に監視されていたことがわかる。ただしウィルフレッドの生年は誤り。外務省外交史料館蔵

10　クリスマスパーティーでのブラウン
左端がブラウン。1930年代半ばから毎年クリスマスをいっしょに祝ったアメリカ人のモス家での一こま。

11　ブラウンの日記 [1]　1932年5月29日〜1934年5月16日　ブラウンは戦前期に2冊の日記を書きのこした。私生活やその時々の心情ばかりでなく、仕事上の問題も率直に記した興味ある内容であるが、しばしば長期にわたって中断し、実際の記入ページはわずかである。

12　ブラウンの日記 [2]　1934年5月20日〜1940年7月30日　見開きの右ページは1935年4月8日の記述。皇室に関する報道規制を論じている。「[東京駅で]天皇がプラットフォームに到着する際、階段3段を踏み損なったところが撮影されてしまった。…外務省、内務省、宮内省の役人が集まり、問題の部分がアメリカで公開されることを未然に防ぐ最良の方法について、今話し合われている。…現在、天皇の後ろ姿を撮影してはならないという規則がある。それは天皇が猫背だからである」。

10

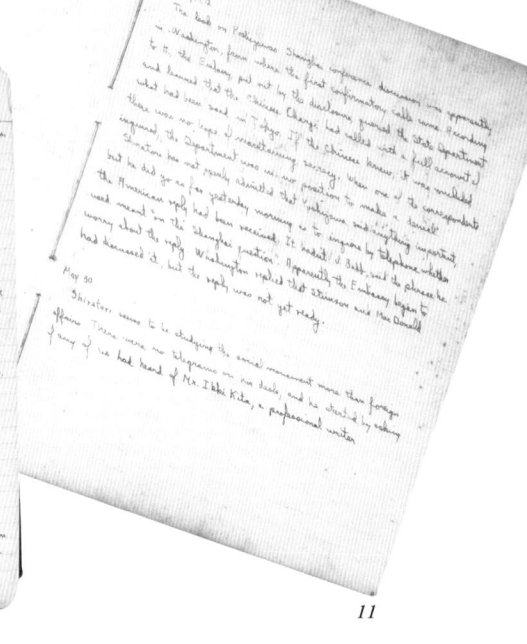

11

12

ブラウンの横顔 ①

　1931年春、帝国ホテルで会ったのがブラウンとの最初の出会いである。その時の印象は、真面目な、声の低い人。以後、ずっと恩人であり、事務的で、プラクティカルな人として、また先生として崇拝している。ただ直接に指導をうけたり、批評されたことはない。日本語紙の社説を英文でリライトする仕事をし、りっぱな記事を書いた。日本語はあまりできなかったので、英語の日本研究書をよく買っていた。神田の一誠堂がなじみであった。満州事変以降、満州研究をよくやるようになり、かなり状況を理解していて、ヒトラーのズデーテン侵攻などは日本の満州侵略を模範としたものだと言っていた。外務省の英語での記者会見は専門的に行っていた。新聞記者というより学者タイプで、社内でのあだなはプロフェッサー[教授]。（『ジャパン・アドヴァタイザー』の同僚、陸奥陽之助）

13

13　上高地帝国ホテル前のブラウンと友人たち
［1935年8月］左端がブラウン。1935年8月30日の日記に「昨夜、1週間の上高地滞在から戻ってきた。これが実に日本で初めての本当の休暇だった」と記している。写真はこの時のものか。

14・15　上高地でのブラウンと友人たち［1935年8月］ブラウンは左から2番目（図版14）と右端（図版15）。

16　「上高地案内地図（*Kamikōchi Mountain guide map*）」　上高地帝国ホテル発行　［戦前］
「私は月曜の朝、軽井沢に行くことになっていた。ところが、あたりの山々が美しすぎて去りがたく、私はB・W［・フライシャー］に電報を打ち、風邪を引いたので上高地に留まると言ってしまった。月曜日、私は焼岳に登った」（1935年8月30日の日記）。

14

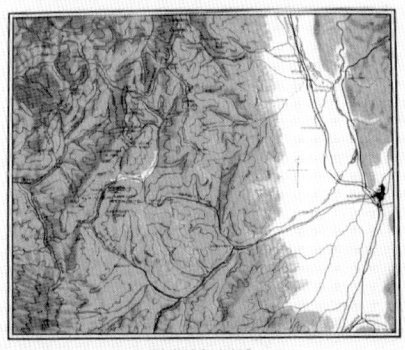

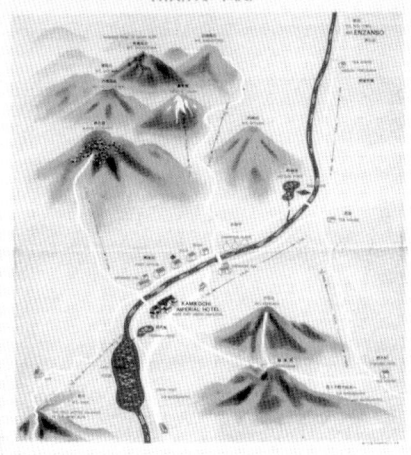

16

15

第一部 国際ジャーナリスト──戦前期

4 アメリカ主要紙の特派員として

『ジャパン・アドヴァタイザー』の記者たちの多くは、それぞれが本国の新聞社や通信社の特派員・通信員も兼ねており、日本の政治状況を書き送った。

ブラウンもまた、そのような記者のひとりとして、ボストンの有力紙である『クリスチャン・サイエンス・モニター』(The Christian Science Monitor)や『シカゴ・デイリー・ニューズ』(The Chicago Daily News)、また時には『ニューヨーク・タイムズ』の通信員をつとめることもあった。

コレクション中の日記や、51冊に及ぶ諸英字紙記事のスクラップブック、邦字紙の見出しを貼り付けたスクラップブックなどからは、ブラウンの記者活動の一端をかいま見ることができる。

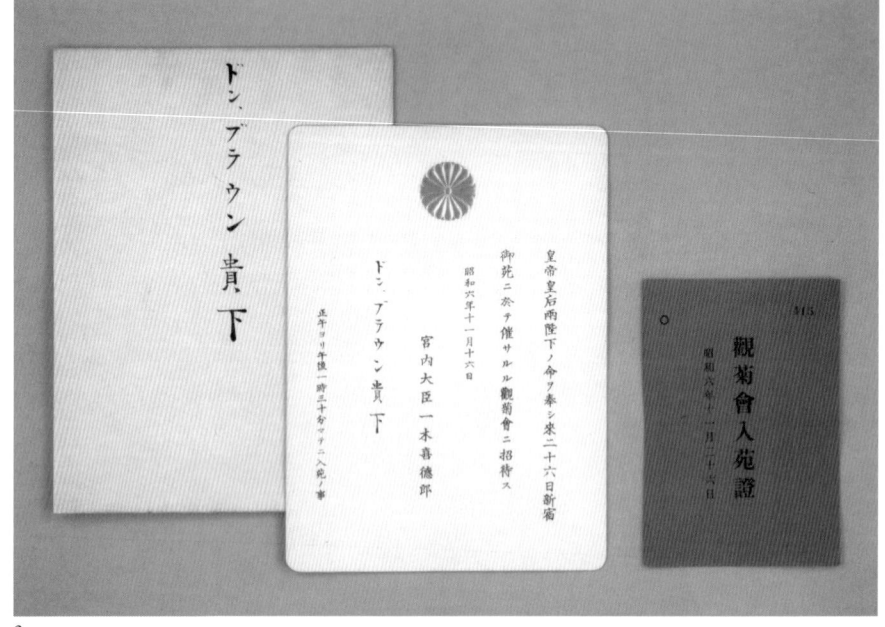

1 **中堅記者、ブラウン**［1935年］『ジャパン・アドヴァタイザー』の同僚の陸奥陽之助が、社の屋上で、初めて手にしたライカで撮影したもの。陸奥祥子氏蔵

2 **ブラウンの身辺調査報告**［1930年12月］警視庁外事課が作成した「昭和5年12月末現在通信関係外国人名簿（永住者ノ分）」中のブラウンについての記述。新米記者であったブラウンも調査の対象となった。外務省外交史料館蔵

3 **新宿御苑観菊会招待状** 1931年11月 ブラウンは1931年以降、兼務していたアメリカの新聞社通信員の肩書きで、観桜会、観菊会に招待された。日本政府は外国人記者を監視する一方、海外の対日世論形成に影響力を持つかれらを通じて、日本に有利な情報の発信を図った。

4 **肉弾三勇士についてのコメント**（切抜）『大阪朝日新聞』1932年2月27日号 肉弾三勇士とは、同年2月22日、上海で日本軍が中国軍と衝突した時に生まれた決死隊3名にまつわる美談。先輩記者につづいて、『シカゴ・デイリー・ニューズ』特派員であったブラウンのコメントとして、「彼等の行為は当然英雄のそれに価すべく、しかもこれこそ日本の持つ犠牲的精神の極致であろう」という讃辞が紹介された。

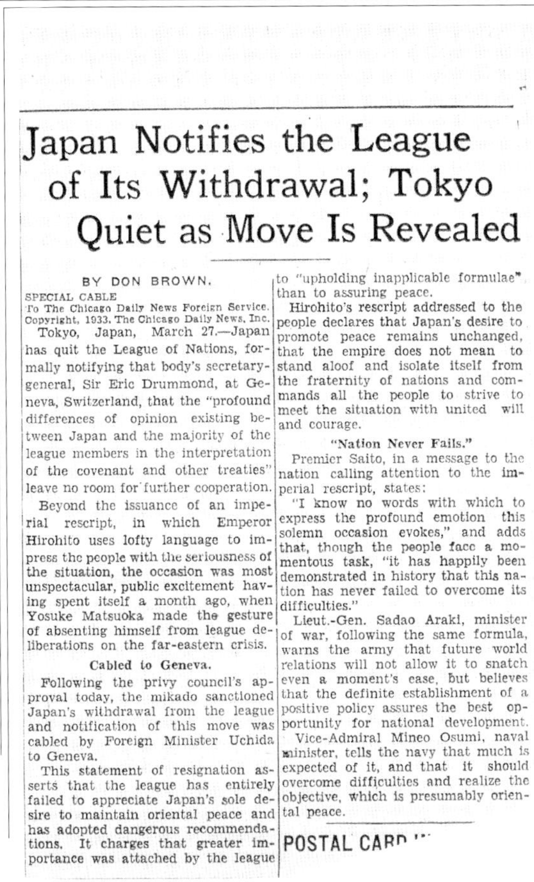

Japan Notifies the League of Its Withdrawal; Tokyo Quiet as Move Is Revealed

BY DON BROWN.

SPECIAL CABLE
To The Chicago Daily News Foreign Service.
Copyright, 1933, The Chicago Daily News, Inc.

Tokyo, Japan, March 27.—Japan has quit the League of Nations, formally notifying that body's secretary-general, Sir Eric Drummond, at Geneva, Switzerland, that the "profound differences of opinion existing between Japan and the majority of the league members in the interpretation of the covenant and other treaties" leave no room for further cooperation.

Beyond the issuance of an imperial rescript, in which Emperor Hirohito uses lofty language to impress the people with the seriousness of the situation, the occasion was most unspectacular, public excitement having spent itself a month ago, when Yosuke Matsuoka made the gesture of absenting himself from league deliberations on the far-eastern crisis.

Cabled to Geneva.

Following the privy council's approval today, the mikado sanctioned Japan's withdrawal from the league and notification of this move was cabled by Foreign Minister Uchida to Geneva.

This statement of resignation asserts that the league has entirely failed to appreciate Japan's sole desire to maintain oriental peace and has adopted dangerous recommendations. It charges that greater importance was attached by the league to "upholding inapplicable formulae" than to assuring peace.

Hirohito's rescript addressed to the people declares that Japan's desire to promote peace remains unchanged, that the empire does not mean to stand aloof and isolate itself from the fraternity of nations and commands all the people to strive to meet the situation with united will and courage.

"Nation Never Fails."

Premier Saito, in a message to the nation calling attention to the imperial rescript, states:

"I know no words with which to express the profound emotion this solemn occasion evokes," and adds that, though the people face a momentous task, "it has happily been demonstrated in history that this nation has never failed to overcome its difficulties."

Lieut.-Gen. Sadao Araki, minister of war, following the same formula, warns the army that future world relations will not allow it to snatch even a moment's ease, but believes that the definite establishment of a positive policy assures the best opportunity for national development.

Vice-Admiral Mineo Osumi, naval minister, tells the navy that much is expected of it, and that it should overcome difficulties and realize the objective, which is presumably oriental peace.

POSTAL CARD I...

5

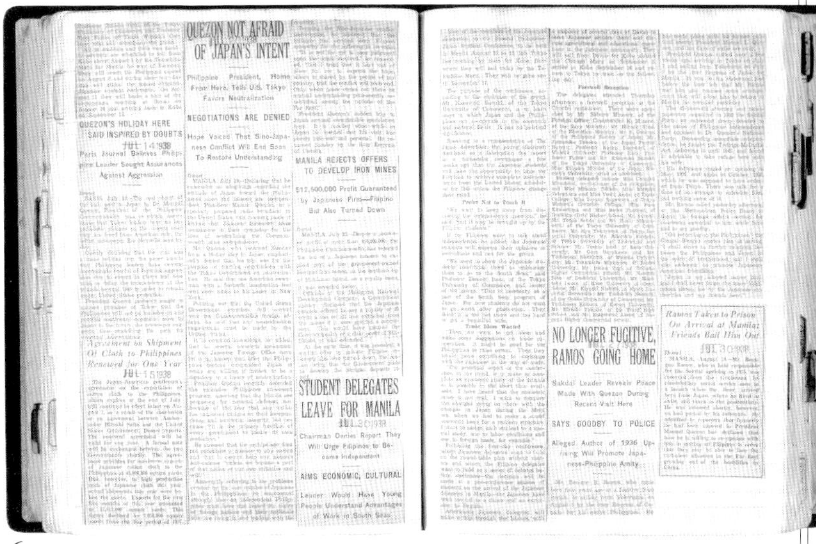

6

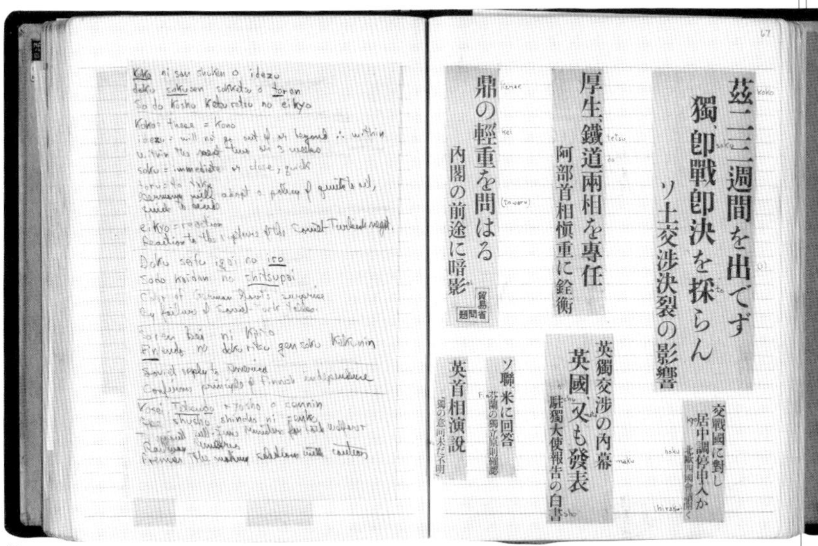

7

8

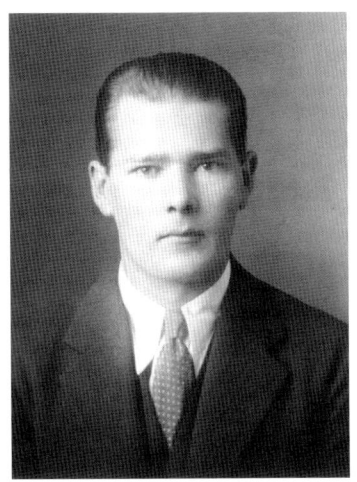

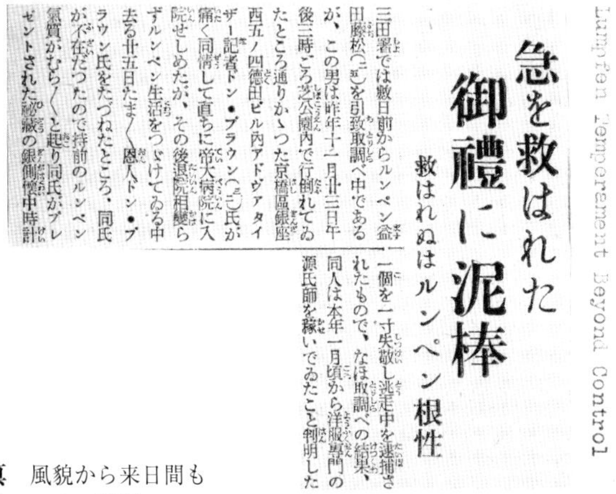

急を救はれた御禮に泥棒
救はれぬはルンペン根性

三田署では數日前からルンペン益田藤松(二五)を引致取調べ中であるが、この男は昨年十一月廿三日午後三時ごろ芝公園内で行倒れてゐたところ通りかゝつた京橋區銀座西五ノ四徳田ビル内アドヴァタイザー記者ドン・ブラウン(二三)氏が痛く同情して直ちに帝大病院に入院せしめたが、その後退院相變らずルンペン生活をつゞけてゐる中去る廿五日たま〳〵恩人ドン・ブラウン氏をたづねたところ、同氏が不在だつたので持前のルンペン氣質がむら〳〵と起り同氏がプレゼントされた祕藏の銀側懐中時計一個を一寸失敬し逃走中を逮捕されたもので、なほ取調べの結果、同人は本年一月頃から洋服専門の源氏師を稼いでゐたこと判明した

9

5　ブラウンの署名記事（切抜）［『シカゴ・デイリー・ニューズ』1933年３月］　1933年３月27日、日本政府は国際連盟脱退の声明を発表した。ブラウンは即、本国に特電を打ち、記事となった。日付は不明。

6　英字記事のスクラップブック「1937～1940年」全51冊。テーマごとに分類されている。

7　邦字紙見出しスクラップブック　［戦前］　ブラウンは貼り付けた見出しの漢字の横にアルファベットで読みを振り、左ページにその英訳を記している。

8　ブラウンの証明用写真　風貌から来日間もない頃と思われる。日本橋の三越で撮影。

9　腕時計盗難事件の記事（切抜）『中外商業新聞』　1933年７月26日、ブラウンが顔見知りの日本人に腕時計を盗まれる事件がおこった。間もなく犯人は逮捕され、いくつかの新聞が記事にしたが、公表されることを望んでいなかったブラウンは日記にその間の経緯とともに、記事は「脚色されている部分もあり、…事実とはかなり違ったものになっているだろう」と記した。

第一部 国際ジャーナリスト——戦前期

5 外務省情報部からの情報収集

　ブラウンの日本に関するおもな情報源は、外務省情報部で外国人記者団に向けておこなわれた定例記者会見であったと思われる。

　外務省情報部は警視庁を通じて外国人記者の行動を常に監視する一方で、かれらが海外に向けて発信する記事の影響力を重視し、便宜供与を図ったりもした。

　ブラウンはまた、外務省の記者会見のほかにも積極的に情報収集の場を求めた。軍人や国会議員の会合、また時には裏舞台で活躍する人物とも接触した。玄洋社の横山雄偉はそのひとりであった。

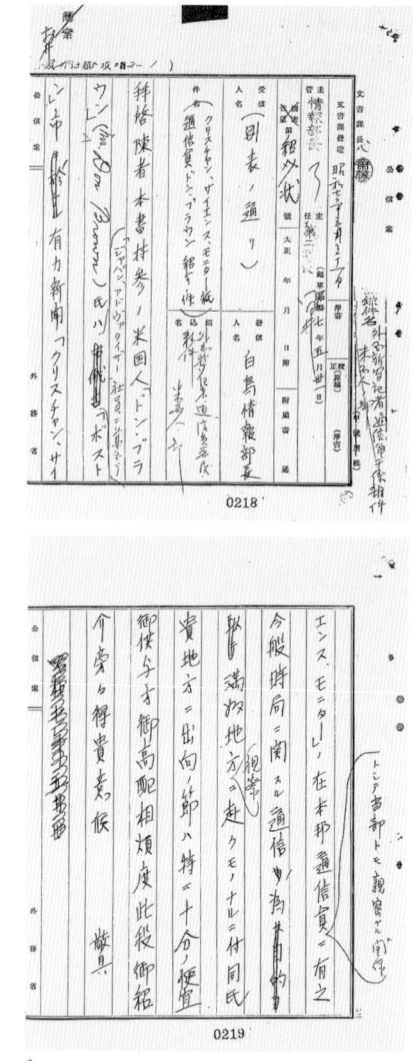

1　外務省のブラウン紹介状（草稿）白鳥敏夫外務省情報部長から在奉天総領事代理等宛て1932年5月31日　ブラウンは中国東北部へ旅行するにあたり、ボストンの有力紙『クリスチャン・サイエンス・モニター』通信員の肩書きで書いてもらった。外務省外交史料館蔵

2　天羽英二情報部長の外国人記者会見
［1933-1937年］天羽は週3回、情報部長室で外国人記者団と会見をおこなった。左から2番目の横顔が天羽。ブラウンは前列右から3番目、左手をあごに当て真剣な表情で発表を聞いている。

3　天羽と外国人記者との懇談会　天羽は役所外でもしばしば外国人記者を招いて懇談会を開き、外交につとめた。右端がブラウン、その隣が天羽、ひとり置いてバイアス（『ロンドン・タイムズ』記者）。

4　新聞記者仲間との情報交換　右奥の女性記者の右隣にいるのがブラウン。

House Leaders Entertain Journalists of Tokyo June 13, 1933

These leading journalists and foreign correspondents of Tokyo were entertained Monday evening at dinner by Mr. Kiyoshi Akita, speaker of the Lower House, and Mr. Etsujiro Uyehara, vice speaker. Left to right, standing, second from extreme left, Mr. Kaoru Ohashi of Nippon Dempo; a secretary of the Lower House; Mr. Yukichi Iwanaga, managing director of Rengo; Mr. L. G. Masui, Nippon Dempo; Capt. M. D. Kennedy, Reuters; Dr. Hitoshi Ashida, president of The Japan Times; Mr. Glenn Babb, Associated Press; Dr. Motosada Zumoto, Herald of Asia; a secretary of the Lower House; Mr. Hugh Byas, London and New York Times; Mr. F. W. Metzger, Hungarian Official Telegraph Bureau; the representative of the German Fascist party; Mr. Junius Wood, Chicago Daily News; Mr. A. R. Catto, London Exchange Telegraph. Seated: the central figures are Dr. Uyehara and Mr. Akita. Left to right from Mr. Akita are Mr. A. L. Nagi of Tass; Mr. Percy Whiteing, London Telegraph; Mr. Georges Alsot of Havas. Mr. Don Brown, International News Service, is second from the left.

5

What Next in Germany?

By a series of assassinations last month, Chancellor Adolf Hitler got his rivals among active members of the dominant gang out of the way. Now the death of Marshal von Hindenburg has got rid of the last passive rival. By a week-old decision of the Cabinet, the offices of president and chancellor have been merged, and Mr. Hitler is now in form as well as in fact supreme leader of the German Reich.

But what has happened is more than the endorsement of fact by form. The office of German President is by no means like that of a rubber-stamp, constitutional monarch, although recently it has seemed to be such. Constitutionally, it carries with it rather wide powers, powers which have been frequently used throughout Hindenburg's tenure of office. Moreover, the military power associated with the office grew in importance during the Hindenburg regime. President Ebert's command of the armed forces was titular, President Hindenburg's was real. As a marshal under the Imperial regime, he inspired personal loyalty in every member of the forces and had he chosen to use them as his private army, there is little doubt that he could have done so with success. He did not do so for reasons which are well known. He merely used this potential force to quell some of the worst Hitlerian excesses and to protect a few of his personal friends, like Vice-Chancellor von Papen. But the power over the state forces remained personal, and it is to that personal power that Mr. Hitler has succeeded.

Thus, on the civil side, Mr. Hitler will be able to use the presidential

German prestige abroad. A large number of German people cherish the illusion that because Germany has flouted the League and been courted by a few Balkanized states fishing in troubled waters, she has therefore improved her international position. Actually she has done nothing of the sort. The only effect of her external "resolution," as of her internal gyrations, has been to provoke nations like Britain to express their distrust and disgust as to her purposes in a determination to increase their armaments. Sooner or later that fact is going to be realized in Germany and then there may be some pertinent questions asked as to whether the Nazi regime has brought anything to the country beyond its emotional satisfactions, its intellectual restrictions, and its now notorious physical perils.

Those questions can still, of course, be answered favorably to the Nazi leaders, if they will get down to business, and adopt a policy of moderation in foreign affairs and concentrate their efforts on improvement of domestic economy. It can be done by Mr. Hitler as well as anybody else. But up to present too much time and energy have gone to the gratification and protection of his personal ambition. Now that he is master of the German destinies in form as well as fact, perhaps that ambition will at least be satisfied and he will be able to settle down to the job. If he does, all might yet be well, and he might achieve the same sort of success as Mr. Mussolini. Otherwise, the German people are destined to be visited by convulsions, of the origin of which, as in the resentence, they will know little, but from the consequences of which they will suffer much.

8

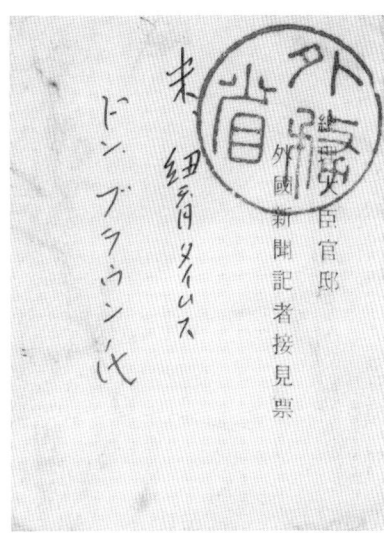

7

9

JAPAN DOES NOT EXPECT PARITY FROM 1935 NAVAL CONFERENCE, OKADA TELLS CORRESPONDENTS

Roosevelt's Daughter Divorces Her Husband For Extreme Cruelty

Rengo
MINDEN, Nevada, July 30.—Mrs. Anna Roosevelt Dall, the only daughter of the President of the United States, today divorced her husband, Mr. Curtis Dall, New York broker, on the grounds of extreme cruelty. No details of the secret trial were revealed, the records of property settlement and the custody of the two children being sealed and not made public.

SWANSON APPROVES BUILDING EMPHASIS

Secretary Stresses Importance of Equipping Sea Force With Full Personnel

TRADE VESSELS IN LIST

'Friendly and Satisfactory' Conference Held in London Between British and Italians

Nippon Dempo-United Press
WASHINGTON, July 30.—In a letter to the Navy League in connection with Navy Day, October 27, Secretary of the Navy Claude A. Swanson says: "I approve the League's policy to emphasize the importance of maintaining an orderly, systematic naval building program, also the importance of building a merchant marine. Sea power may be defined as a country's strength in combatant ships, merchant marine and bases.

"In addition, I suggest the vital importance of maintaining a personnel of sufficient strength adequately to man our combatant units."

It is reported that on July 1 the American fleet was manned with only 82,500 seamen, or 83 per cent of full strength.

Another Meeting Held

Rengo
LONDON, July 31.—Captain Biscia, Italian naval expert, had another conference with Admiralty experts today which lasted for two hours. The

But Premier Cannot Favor Continuation of Ratio System, Which Hurts Self-Respect

SURE TALKS WILL SUCCEED

Assures Interviewers There Are No Difficult Questions Between Japan and America

FORMAL STATEMENT GIVEN

Attainment by Japan of naval parity with the United States and Great Britain in the 1935 naval conference is not expected, Premier Admiral Keisuke Okada said yesterday in his first interview with foreign newspaper correspondents. That is too radical a change to come suddenly. He added, however, that he could not favor continuation of the present ratio system, which hurts the self-respect of nations.

The Premier opened the interview, which lasted about half an hour, by reading in Japanese a statement emphasizing Japan's basic policy of promoting friendly relations with other countries in the interest of world peace, of which a mimeographed translation was distributed to the correspondents. As this referred but briefly and in vague terms to the naval question, in which most of them were primarily interested, permission was asked by Mr. Glenn Babb, of the Associated Press, to put a few questions to the Premier.

Through Mr. Shunichi Kase, a secretary of the Information bureau of the Foreign Office, who acted as interpreter, Premier Okada indicated willingness to answer questions if they were simple and short.

A statement of his hopes for the naval conference was then made.

Would Reduce Burden

He replied that in order to reduce the burden on the peoples of the world naval armaments must be reduced as far as possible. And this naval limitation must come from reduction on the part of the most powerfully armed nations. It must begin with those most highly armed.

Is Japan determined to demand

6

5 在京新聞記者の懇親会記事（切抜）[紙名不明] 1933年6月12日夜、衆議院議長秋田清らが在京の主要新聞記者と外国人特派員らを招いて開いたもの。岩永裕吉（連合通信）・芦田均（『ジャパン・タイムズ』）・バイアスといった人びとに混じってブラウンの姿もみえる（前列左から2番目）。ブラウンは議員や軍人らとも積極的に交わって、情報収集につとめた。

6 ブラウンの首相記者会見記事 『ジャパン・アドヴァタイザー』1934年8月1日号　前日の7月31日、岡田啓介首相の記者会見に臨んだブラウンは、海軍軍縮問題についての首相見解を記事にしたが、外務省寄りの『ジャパン・タイムズ』から社説で報道が不正確だと批判された。国立国会図書館蔵

7 総理大臣官邸外国新聞記者接見票　1934年7月31日　岡田首相記者会見時に発行されたもの。ブラウンは、「米、紐育[ニューヨーク]タイムス」の記者として出席。

8 駐日ドイツ大使の抗議をうけた社説　『ジャパン・アドヴァタイザー』1934年8月4日号　不在のフライシャーに代わってブラウンが天羽に呼び出された。ヒトラーを取り上げた部分で「暗殺(assassination)」や「ギャング(gang)」「虐殺(butchery)」等の言葉を使ったため新聞紙法違反だとみなされた。国立国会図書館蔵

9 外務省での記者会見か　左端のメガネをかけた人物がブラウン。右隣はバイアス。

10

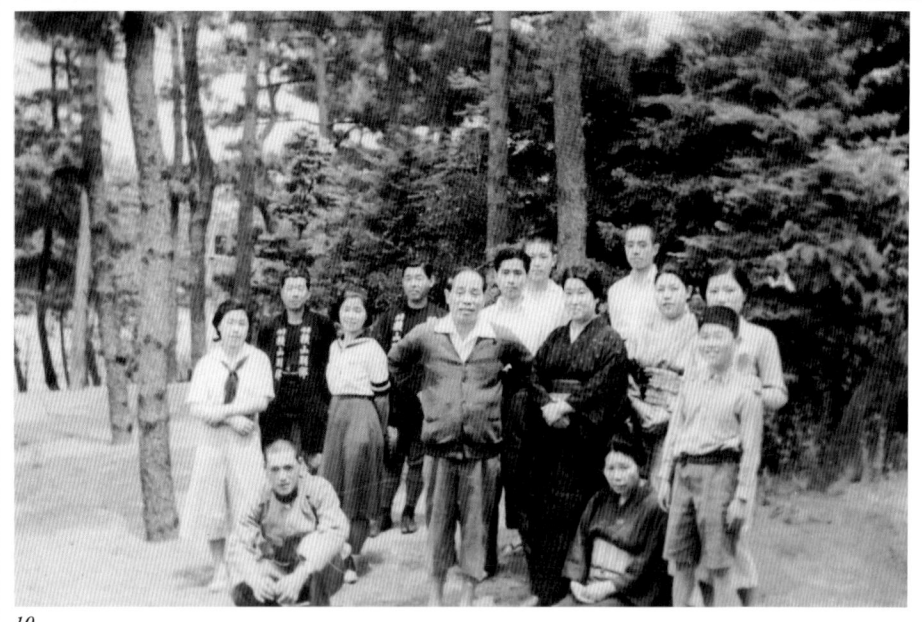

10　横山雄偉とその家族　1939年５月28日　横山は戦前、頭山満が主宰し、右翼や政界に隠然たる力をもった玄洋社の社員として外交の裏舞台で活躍した。写真は、茅ヶ崎東海岸の横山別邸で撮影されたもの。中央が横山。

11　横山雄偉の著作『菅原伝授手習鑑　寺子屋の段　解説』［1945年］

12　横山雄偉から妻初子宛て獄中書簡　1946年４月21日　戦後、Ａ級戦犯容疑で逮捕された横山は、旧知のブラウンがGHQの一員として再来日したことを新聞で知り、会いに行くよう伝えた。横山は1947年、釈放された。浅野泰子氏蔵

横山雄偉著

菅原傳授手習鑑

寺子屋の段　解説

11

NO. 21.

レテアッタカラ、アノブラウン君ニ間違ヒハナイ。先年
私ニ招カレテ「バード」君ト共ニ茅ヶ崎ニ来泊シ、ソノ
時撮ッタ写真モアル筈ダ。研一モ一緒ニ写ッテ
ヰル写真ダ。彼ノ細君ニ隣シテ、私ハ初、泰子ト
一緒ニ彼ノニューイングランドニ招イテ送別会ヲ催フ
シタコトガアッタ。其ノ時泰子モ出席シタト思フ。
ソノブラウン君ダ。彼レニモ是非々々逢ヒタイ
ト希望シテヰマス。
本月十六日ノ日本タイムス第三頁ニ、マリアサン
ノオ母サン逝去ノ広告ガ載ッテヰタ。文体、方式
共ニプロハスカ君ノ人格ヲ偲バせるモノデアッタ。プ

神奈川県茅ヶ崎町東海岸
横山初子様

東京都豊島区西巣鴨
巣鴨拘置所
横山雄偉

12

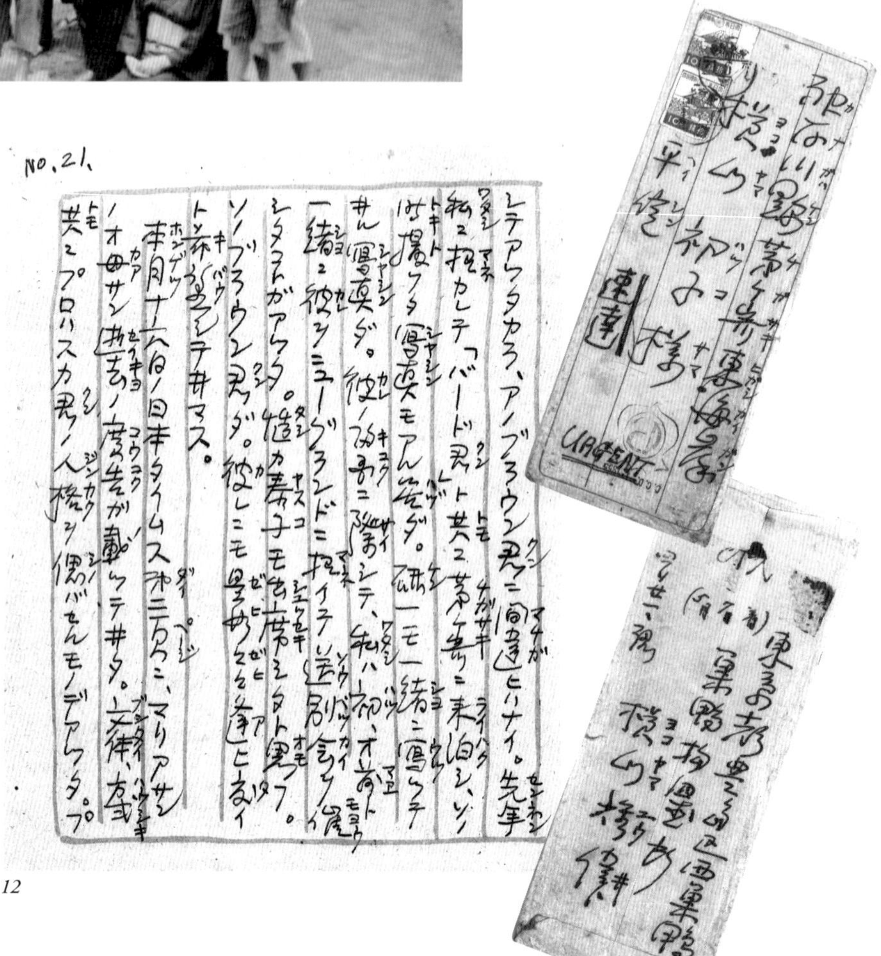

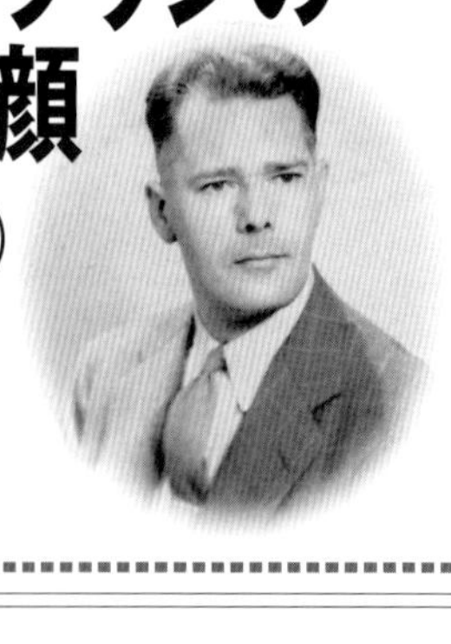

ブラウンの横顔 ②

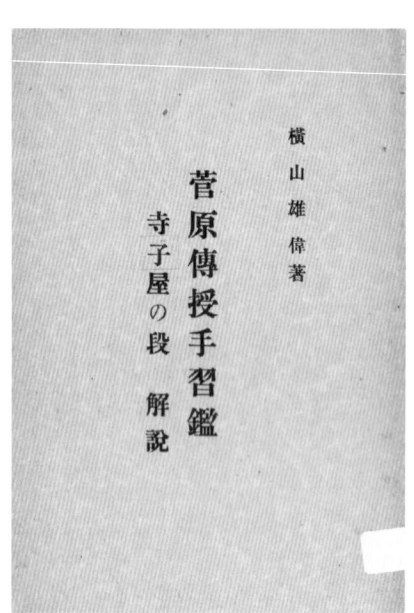

ブラウンは一番上の兄、研一の友だちだった。研一はアメリカン・スクールの出身。ふたりは学校関係で知り合ったのだろう。[口絵写真は] 横山別荘に移り住む前に、一家で茅ヶ崎館に泊まっていた頃のもの。ブラウンと聞いて、この写真が思い浮かんだ。敗戦になって、ブラウンがGHQに入っていたから、父が戦犯で連れて行かれた時、母に言われて、ちょっと頼みに行った。当時珍しかったウィスキーのブラックを提げて持って行ったが、ブラウンが受け取ったかどうかは覚えていない。オフィスの受付でブラウンとちょっと話をした。威厳があった。ただ黙って聞いているだけ。返事もあまりしないし、返事はできないだろうから。今、考えると、力を出してくれたのかもしれない、そうじゃなければ父は出てこられなかった [釈放]。(横山雄偉の長女、浅野泰子)

ブラウンのニュースソース
吉良芳恵

　1930年初めに来日したブラウンは、4月1日から『ジャパン・アドヴァタイザー』(JA)神戸支局の主任記者として、ジャーナリストの道を歩み始めた。7月には東京本社記者となったが、『クリスチャン・サイエンス・モニター』・『シカゴ・デイリー・ニューズ』の通信員、特派員も兼ね、1933年3月27日には東京発の特電として、日本の国際連盟脱退に関する記事を署名入で書き送っている。

　残存する1932年5月29日～1940年7月30日の「ブラウン日記」には、満州国承認問題など「満州事変」以後の極東情勢が、米国や日本外務省からの情報をもとに断片的に綴られている。当時日本政府が行う外国人記者や特派員への記者会見は、1940年11月までは外務省情報部が、以後は内閣情報部が担当していた。日記中には、外務省情報部長の白鳥敏夫(1930～33年)や、後任の天羽英二(1933～37年)の名前が散見される。以下そのいくつかを紹介しよう。

　1932年7月20日・21日の項には、白鳥が発表した覚書(リットン調査団と内田康哉外相との2回にわたる会談内容)が記されており、その末尾ではリットンらの報告書が日本にとって不都合なものとなるのは明らかであるとコメントしている。しかし後任者天羽の『日記・資料集』には、ブラウンの名前はほとんど登場しない。かけ出し記者であったためだろう。

　とはいえ日記からは、第一線で活躍する先輩記者からブラウンが種々の情報を得ていたことが判明する。たとえば1934年5月22日の項には、貴族院議員でパリ講和会議日本全権をつとめた牧野伸顕が、『ニューヨーク・タイムズ』兼『ロンドン・タイムズ』の特派員ヒュー・バイアスに、現天皇は同じ年齢だった頃の明治天皇よりはるかに人間的で、自分の意見をよく述べ、大臣達に強い影響を与えている、とこっそり打ち明けたことを記している。『牧野伸顕日記』では、5月15日にバイアスが帰国の挨拶に牧野邸を訪問したことだけが記されているから、昭和天皇の一面を伝える「ブラウン日記」の記述の方がなにがしかの真実を伝えていて面白い。

　また、1934年4月17日に発表された「天羽声明」(非公式談話による対中国基本政策)やその後の反響については、ブラウンは何も記していないが、同年6月22日の項には、JA編集長のウィルフレッド・フライシャーがシゲミツ(外務次官重光葵ヵ)から、日本は多国間協定ではなく日米不戦協定の締結を希望しているという話を聞いてきたと記している。重光が欧米協調路線とは反対の立場をとっていたことを考えると、興味深い情報であろう。ともあれこうした情報は、天羽ら外務省の公式発表とは異なっていたため、ブラウンはその後、天羽に対する不信感や不満を記し続けた。

　そのほか1935年の日記には、天皇や宮中に関する情報が散見される。また同年8月21日の項には、満鉄総裁に就任した松岡洋右主催の外国報道陣昼食会に出席した際の話として、荒木貞夫大将クーデター計画の噂に対する松岡の発言を記している。情報が統制されていた日本で、外国人記者たちが収集した情報の持つ意味は大きかったといえよう。

　こうして日本の政治や社会に興味を持ち始めたブラウンは、ジャーナリストとしての実績をあげ、外国人記者の中でナンバー2的存在となっていった。

ドン・ブラウンと横山雄偉
大西比呂志

　ブラウンにとって公式ルートとは別の重要な情報提供者の一人が、横山雄偉という人物であった。横山は、1882年福岡県生れ。国粋主義的な政治結社として名高い玄洋社の社員となり、右翼の巨頭頭山満や後に外相、首相となる広田弘毅らの知遇を得、広田とは「親友で二人で腰弁をさげて福岡から上京をした」という(井上博之氏談話)。上京後は早稲田大学に学び、政論雑誌を主宰して憲政擁護運動に参加、尾崎行雄や後藤新平の側近として活動する一方、床次竹二郎や久原房之助・田中義一らの昭和の政界有力者の間で活躍した。

　ブラウンとこの横山との接点を示すのが、口絵の写真である。1932年8月31日、映画監督小津安二郎の定宿として有名な茅ヶ崎館である。横山の息子研一が、ブラウンと友人であったことから、同旅館にブラウンを招いたらしい。

　横山は帝国ホテルに個人事務所を構え、旧知の広田などを通じて外務省やドイツ大使館から情報を入手したほか、陸軍の憲兵隊や特務機関とも密接な関係を持っていたので、ブラウンや『ジャパン・アドヴァタイザー』にとって有用な存在であったにちがいない。1933年9月6日のブラウンの日記によると、「今日横山が言った。もう政党制は終わった。これからは選挙もないだろう。現体制が維持できるか否かは、斎藤[実]と高橋[是清]の健康にかかっている。この次に登場するのは荒木[貞夫]を中心とする独裁体制である。横山の雇い主は依然として謎の人物であるが、彼は京都の久原[房之助]と電話で話したと言った」、また1940年7月9日「ウィルフレッドが外務省に呼ばれた。そこで横山が彼に、非常に丁重に、ヴィシーからの報道がことごとくドイツによって操作されていることへの懸念を表明した社の昨日の一面記事と今日の社説に対してドイツ大使館から抗議がきていると告げた」とある。

　横山はブラウンが日本から去った戦時中もいくつかの対外工作に係わり、そのため敗色濃厚となった1945年1月、スパイの嫌疑を受けて特高警察に拘束された。横山はこうして敗戦を迎えることになったが、46年1月、今度はアメリカ占領軍によって戦犯容疑で逮捕され巣鴨プリズンに収容された。横山が46年4月、巣鴨の獄中から家族(妻初子)にあてた書簡には次のようにある(32頁図版12)。

　「アメリカの新聞記者で茅ヶ崎にも来たドンブラウン君が司令部の新聞課長に新任されたと云ふ記事を先日のタイムスで見た。…彼の帰国に際して私は初、お前と一緒に彼をニューグランドに招いて送別会を催したことがあつた。慥か泰子も出席したと思ふ。そのブラウン君だ。彼れにも是非々々逢ひ度いと希望しています」。

　ブラウンが占領軍の一員として来日していることを知って、横山は釈放への力添えをブラウンに期待したのである。父親の指示によりブラウンに面会した浅野泰子氏の証言は「ブラウンの横顔②」(32頁)のようである。ブラウンが横山の釈放のためにどのように動いたのかは定かでないが、その効あってか1947年12月横山は巣鴨を釈放された。

　その後の横山(1962年死去)は歌舞伎と義太夫の研究家として知られ、その著作(32頁図版11)がブラウン文庫に残されている。ブラウンにとって横山は政治・外交の情報だけでなく、日本の伝統文化について知る窓口の一つであったのかもしれない。

第一部 国際ジャーナリスト――戦前期

6 ジャーナリスト仲間

　戦前に警視庁が作成した外国人記者調査報告書によると、たとえば1934年6月時点（図版1の一覧）で、在京外国通信員は全部で39人を数え、欧米やアジア諸国の名だたる新聞社・通信社に属していた。この時、ブラウンは『クリスチャン・サイエンス・モニター』と『ニューヨーク・タイムズ』の通信員であった。

　ジャーナリスト仲間たちは、帰国すると日本についての本を出版した。日本での経験をもとに日本の歴史や文化、政治状況を分析したかれらの本は注目をあびた。『ロンドン・タイムズ』や『ニューヨーク・タイムズ』の特派員を長くつとめたバイアスや、ブラウンの上司だったW・フライシャー、UPのマイルス・ボーンといった記者たちの本がそうである。

2

在京外国通信員一覧（1934年6月1日現在）

名　前	主な所属新聞・通信社
Alsot, G.	ハバス（パリ）
Babb, G.	AP（ニューヨーク）
Bodley, R.V.C.	スフィア（ロンドン）
Bose, R.B.	フォーワード（カルカッタ）
Brown, D.	クリスチャン・サイエンス・モニター（ボストン）、ニューヨーク・タイムズ
Byas, H.	ロンドン・タイムズ、ニューヨーク・タイムズ（不在）
Catto, A.R.	エクスチェンジ・テレグラフ（ロンドン）
de la Chevalerie, R.D.	ネーション・ベルギー（ブリュッセル）
Chevalier, F.	ル・タン（パリ）
Cox, M.J.	ロイター（ロンドン）
Crane, B.	ウォール・ストリート・ジャーナル（ニューヨーク）
Edgers, N.W.	サン（ロンドン）
Enosawa, G.H.	GMHMニュースペーパーズ（マニラ）
Fabius, J.	ド・ロコモーティフ（サマラン）
Fleisher, W.	ニューヨーク・ヘラルド・トリビューン
Kennedy, M.D.	ロイター（ロンドン）
Kudriavtzev, V.L.	タス（モスクワ）
Marshall, R.G.	UP（ワシントン）
Marshall, (Mrs.)	クリスチャン・サイエンス・モニター（ボストン）
Mées, A.	サーヴィス・インターナショナル（ブタペスト）
Metzger, F.W.	エイジェンス・テレグラフ・ホングロワーズ（ブタペスト）
Mohor, W.	Womoh（上海）
Naghi, A.L.	タス（モスクワ）
Netke, M.	ヴォルフス・テレグラフェン・ビュロー（ベルリン）
Noël, H.M.	プチ・パリジャン（パリ）
Radford, N.	デイリー・メイル（ロンドン）
Redman, H.V.	ロンドン・タイムズ
Richards, R.	デイリー・エクスプレス（ロンドン）
Sabarwal, K.R.	ボンベイ・クロニクル
Shiba, K.	シカゴ・トリビューン
Schulze, W.	ウルシュタイン・フェアラーク（ベルリン）
Sorge, R.	ベルリナー・ベルゼン・クーリエー（ベルリン）
Sweetland, R.	シカゴ・デイリー・ニュース
Thomas, A.F.	モーニング・ポスト（ロンドン）
de Vukelic, B.	ポリチカ（ベオグラード）
Walden, E.A.C.	デイリー・テレグラフ（ロンドン）
von Waldheim, H.	アイルディーンスト・フュア・アオセンハンデル（ベルリン）
Whiteing, P.	オーストラリアン・プレス・アソシエーション
Young, J.R.	インターナショナル・ニューズ・サーヴィス

1 　　　　　（外務省外交史料館蔵 'Foreign correspondents in Tokyo (June 1, 1934.)' より作成）

3

4

1　在京外国通信員一覧　1934年6月1日現在　ブラウンの他に、1941年に国際スパイの嫌疑を受けて検挙されるゾルゲ（Sorge, R.）やヴーケリッチ（de Vukelic, B.）の名前も見える。

2　陸奥陽之助　1935年頃撮影　『ジャパン・アドヴァタイザー』の同僚。明治の外相陸奥宗光の孫にあたる。陸奥祥子氏蔵

3　ドロシー・エドガーズ（Dorothy Edgers）　占領期撮影　日本生まれ。『ジャパン・アドヴァタイザー』の同僚で、家庭欄を担当。夫は同僚のニュートン。1940年、夫とアメリカに帰国し、アメリカ海軍通信部で暗号解読と翻訳に携わり、日本軍の真珠湾攻撃の暗号傍受に関わった。戦後、GHQスタッフとして日本にもどった。

4　D・エドガーズ編『近代的家庭西洋料理法』　1933年　『ジャパン・アドヴァタイザー』社発行

5 ニコラス・ラドフォード（Nicholas Radford）［1935年］『ジャパン・アドヴァタイザー』の同僚。陸奥祥子氏蔵

6 ヒュー・バイアス（Hugh Byas）（*New York Herald Tribune Books*, 1942年12月27日号より）　スコットランド出身。1910年、ロンドンの『タイムズ』に入社し、14年に初来日。41年に離日するまで長く日本に住んだ。『ジャパン・アドヴァタイザー』の編集長をつとめ、また『ニューヨーク・タイムズ』通信員も兼ね、外国人記者の代表的存在であった。

7 H・バイアス著『暗殺による政治』（*Government by assassination*）1942年　バイアスは日米開戦2ヵ月後にアメリカで出版した『敵国日本』（*The Japanese enemy*）につづいて、日本政治を分析したこの本を出版。人びとは敵国、日本に関する客観的な知識をバイアスの本に求めた。

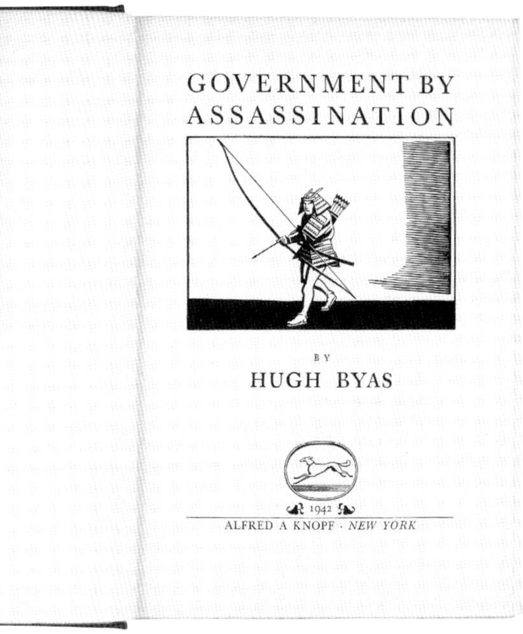

8 ショーウィンドーに並んだ『火山列島』（*Volcanic isle*）ワシントンの書店での発売光景。AHC,UW蔵W・フライシャー文書

9 W・フライシャー著『火山列島』1941年　「火山列島、日本で経験した噴火とでも呼ぶべきようなでき事の日々を」つづった回想録。日米開戦直前に刊行された。

10 W・フライシャーのインタビューを受ける松岡洋右　1940年　1940年7月に外相に就任した松岡にインタビューをおこなった時に撮影。松岡は33年2月、国際連盟総会に日本代表として出席し、対日勧告採択に抗議して退場した。翌3月、日本は連盟を脱退した。松岡はその後、日独伊三国同盟の推進者となる。写真は『火山列島』のカバーの裏側に使用された。AHC,UW蔵W・フライシャー文書

11 M・W・ボーン著『極東を報道して』
(Miles W. Vaughn, *Covering the Far East*) 1936年　ボーンは戦前の日本や中国にUP極東支局長として9年間暮らしたアメリカ人ジャーナリスト。1936年にニューヨークでこの本を出版した。豊富な経験をもとに極東の政治・経済・社会を分析した。戦後、再来日し、UPI（UPの後身）極東担当副社長となった。すぐれた国際報道をおこなった記者に贈られるボーン・上田記念国際記者賞はその名前を冠したもの。

12 バートン・クレーン一家　1939年　クリスマスカード。『ジャパン・アドヴァタイザー』の同僚で、『ウォール・ストリート・ジャーナル』などの特派員も兼ねた。

13 マーク・ゲイン（Mark Gayn）（『東方からの旅』のカバーより）　中国生まれ。1928年、上海で英字紙の記者となり、『ワシントン・ポスト』極東特派員や同盟通信の記者（上海）などをつとめ、来日経験もあった。戦後直ぐに『シカゴ・サン』の記者として来日し、急進的な立場から占領政策と日本の社会制度を批判した。

14 M・ゲイン著『東方からの旅』　(*Journey from the East*) 1944年

15 H・V・レッドマン著『危機の日本』
(H. Vere Redman, *Japan in crisis*) 1935年　レッドマンはイギリス人ジャーナリスト、外交官。1927年に来日し、東京商科大（現一橋大）で英語を教える一方、『ジャパン・アドヴァタイザー』などに寄稿した。この本は帰国していたロンドンで出版。ブラウンへの自筆献辞がある。39年、イギリス情報省から派遣されて再来日したが、スパイ容疑で逮捕され、強制送還された。戦後、駐日イギリス大使館参事官として再来日。

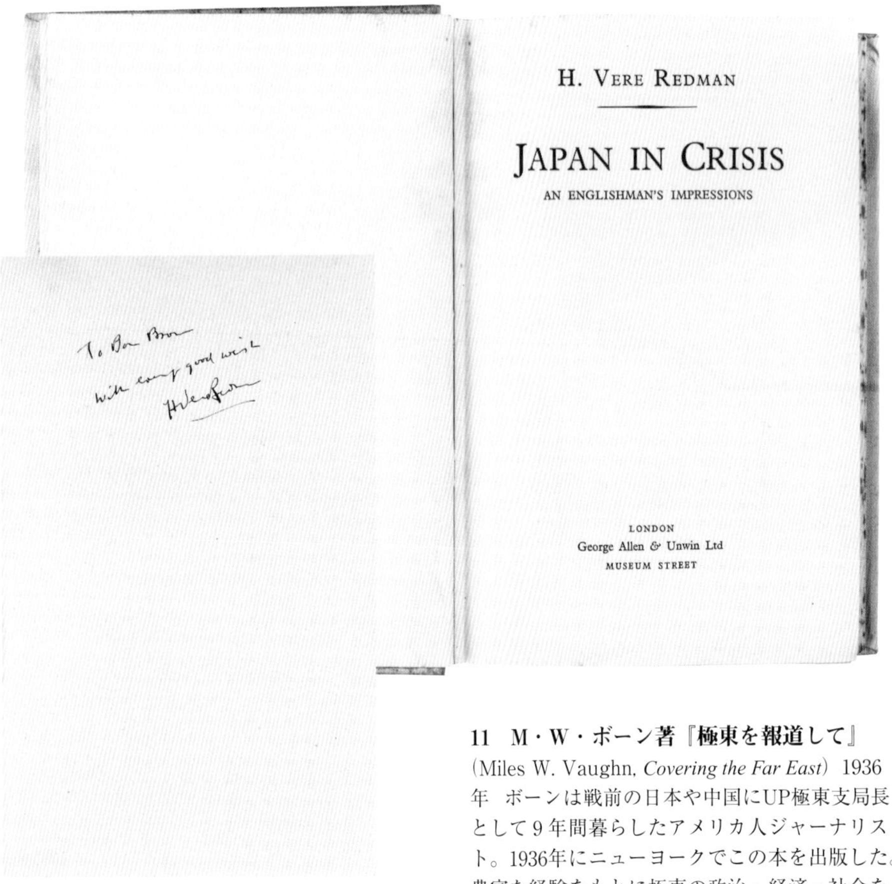

外国人記者の日本政治論——W・フライシャー、バイアス、ゾルゲ
今井清一

　天羽英二外務省情報部長の外国人記者会見の写真(30頁)には、ブラウンの新聞記者仲間がずらりと並んでいる。ここでは、当時の3人の記者が戦時下の日本の政治を論じた著作をとりあげよう。

　古顔の『ニューヨーク・タイムズ』兼『ロンドン・タイムズ』特派員ヒュー・バイアスは帰国して日米開戦を迎え、1942年に『敵国日本』と『暗殺による政治』を刊行した。前者は、早くも第1回交換船によって日本に持ち込まれ、もちろん厳しく禁圧されたが、戦局が悪化する中で抄訳の謄写本がひそかに数部作られ、近衛グループなど少数者の間で回覧された。やがて憲兵が探知して弾圧に乗り出し、関係者を拘引し、原書も謄写本も押収された。だが謄写本が一部だけ残り、これが敗戦の年の暮に出た『世界』1946年1月創刊号と翌月号に掲載された。この数奇な道を辿った翻訳は、秘密のカーテンに隠されたままだった戦時下の日本政治の実態を初めて日本人にかいま見させ、強い衝撃を与えた。さきの両著は最近内山秀夫・増田修代訳で全訳が刊行された。『敵国日本』(2001年)と『昭和帝国の暗殺政治』(2004年)である。

　新顔の『フランクフルター・ツアイトング』特派員リヒャルト・ゾルゲは「日本の政治指導」をドイツの『政治学雑誌』1939年8‐9号に載せた。この論文は、ゾルゲ事件の研究が進む中で、同じ頃ドイツの『地政学雑誌』に載せた「日本の軍部」などと一緒に『現代史資料24　ゾルゲ事件 4 』(1971年)に石堂清倫訳で発表された。短いながらも、日本の政治指導の核心にふれており、しかもバイアスらの分析と相通じていて興味深い。

　それにこの写真にはいないが、父を継いで『ジャパン・アドヴァタイザー』主筆で『ニューヨーク・ヘラルド・トリビューン』特派員を兼ねたウィルフレッド・フライシャーは、1940年末に帰国し日米開戦の前に『火山列島』(1941年)を出した。これはまだ訳出されていない。この本は、微細だが印象的な事件をとらえて、臨場感豊かにファシズム期日本の動きを描き出す。小村欣一以来の歴代外務省情報部長の記者会見の紹介は、それらの横顔や特派員との質疑から時代の推移を浮き立たせる。新体制運動で近衛第二次内閣ができると、紀元2600年祭を機に浜口雄幸、井上準之助、団琢磨の暗殺犯人が仮出所して威張りだす。『ジャパン・アドヴァタイザー』が独伊両国の出先も含めてさまざまな形の圧迫を受け、1940年11月の創刊50周年を目前に『ジャパン・タイムズ』社に売り渡される過程も詳しい。

　これら外国人記者は、職業柄、日本の政治家、軍人、官僚らと面会する機会に恵まれ、普通の日本人よりもはるかに日本政治を動かす指導者たちに近い存在だった。1932(昭和7)年2‐3月の血盟団事件では、フライシャーは、芳沢謙吉前駐仏大使の犬養内閣外相就任を祝うマルテル仏国大使の招宴の席上で、井上準之助前蔵相暗殺の報を聞き、続く三井合名理事長団琢磨暗殺の2日前には、社主の両親の家に団を招いて夕食を共にした。二・二六事件の前日には翌日襲撃される斎藤実内大臣夫妻と鈴木貫太郎侍従長夫妻を招いたグルー米国大使の招宴に客として列席した。他方ゾルゲは、二・二六事件で反乱軍がたむろする国会議事堂に近い当時のドイツ大使館に、参謀本部の中堅将校を案内して偵察させている。古顔と新顔では、接触する指導者もちがっている。

　軍部の制覇で議会が無力化し、政治批判も困難になる情況のなかで、彼等の著作は、おのずと日本と諸外国とを比較考察する視点から、日本政治の運用の実態を見きわめ、日本政府の検閲の及ばない外国で自由に発表したもので、それだけに興味深い。

　これら著作の日本政治観を、簡潔なゾルゲの論文から検討しよう。「日本の政治指導」は、日本の政治指導を全体的君主制と受任制度で説明する。日本の天皇は最高神の後裔として礼拝の対象で、同時に政治的指導と軍事的指導の権力を掌握する。従って精神的権威を傷つけないよう天皇は国家の日常政治に関与せず、それを実際に処理する受任機関が必要となる。憲法の定める受任機関は、内閣、軍首脳部、枢密院と、審議だけの国会両院であるが、憲法に定めのない元老と内大臣が受任制度の運営に重要な役割を果たす。全体的君主制の実際の政策決定は、異なった志向をもつ受任機関の間の対立・妥協・取引を通じて行なわれる、だが受任者は全体的君主制のもとで地位をかちとった貴族と官僚と軍部の狭いサークルに属していて、新入り勢力はせいぜいその周りに加わるだけだから、諸勢力の対立は緩和される。現在受任者内部の比重は軍部に強く傾いているが、軍部がそこで公然たる優越性を要求するかどうか疑わしい。そうなると、日本の統治制度の「無比の特色」と矛盾することになろう。

　この見解は、天皇が受任制度によって絶対君主制よりも柔軟に動く可能性を認めてはいるが、その担い手は狭いサークルに限られるとして、その柔軟性に枠をはめている。ゾルゲらの検挙に続く日米開戦でいわゆる東条独裁が生まれるが、これも受任制度の枠内での優越に止まり、やがて別の受任者に取って代られることになる。

　フライシャーとバイアスの著書は、「天皇は、その名においてすべてが行なわれるが、彼自身の権力はもたないfigureheadだ」。天皇は大臣や参謀総長など責任者の補佐によって国政に当るが、それらを選任するのは天皇ではなくて、別の機関である。至るところに責任の委任と分配がある。天皇は祖先である皇祖皇宗に対して責任は負うが、大臣らの行為の責任は負わない。figureheadは、船首につけて威厳を示す像で、名前だけの頭領、実権を持たない最高責任者の意味がある。さきの『世界』では傀儡、つまり操り人形と訳しているが、ここでは神輿(みこし)と訳しておこう。ゾルゲのいう天皇と受任機関との関係は、後者の側の実力に注目すると、天皇は受任機関に担がれるお神輿になる。だが受任機関は、終局のところ、天皇の権威を受けて光る存在でもある。バイアスの方は、陸軍や海軍という集団がその力で政府内の独立政府を作っていることを重視する。

　バイアスの『昭和帝国の暗殺政治』は神輿としての天皇の問題点を展開する。天皇は日本国の統合の象徴で、国の神で、最高行政官で、陸海軍の大元帥である。普通なら両立できない複数の機能を兼ねているところにこの制度の弱点がある。天皇は荘重に飾られた神輿であるが、せいぜい船を推進する諸力を制御する程度の力しか持てない。天皇は統合の象徴だから、最も力のあるメンバーが決定した政策に反対すると、国を分裂させることになるから、それに担がれるしかない。破局が進み、統合が維持できなくなる危機に直面して、やっと天皇の動きが始まる。それが降伏決定の過程だった。

　「八紘一宇」など、神としての天皇の問題は、別に扱われている。

第一部 国際ジャーナリスト──戦前期

7 駐日アメリカ大使館と『ジャパン・アドヴァタイザー』

　ジョセフ・グルー（Joseph C. Grew）は、1941年の日米開戦時の駐日アメリカ大使である。日米関係改善に努めたグルーは、32年の着任時から42年の離日までの10年間の日記に、開戦に至るまでの内外のさまざまな動きとそれへの対応を詳細に書き記した。

　グルーは着任時から、アメリカ人記者との情報交換を積極的におこなおうとした。『ジャパン・アドヴァタイザー』のW・フライシャーは当初から、頻繁にグルーのもとを訪ね、情報交換をするとともに、さまざまな助言を仰ぐようになり、その関係はフライシャーが帰国する40年までつづいたことが日記に記されている。

　ブラウンの名前も、着任間もない32年7月の日記に初登場し、その後、数回、出てくるが、総じてグルーにとってブラウンの印象はよくない。

1 グルー駐日アメリカ大使（Joseph C. Grew, *Ten years in Japan*, 1944年のカバーより）
2 終戦直後の赤坂のアメリカ大使館［1945年9月6日撮影］ 空襲で一部被災している。
3 W・フライシャー調査報告書　警視総監から内務・外務大臣宛て　1933年2月21日　W・フライシャーが「米国大使館に出入りし特殊の関係に在り…閣議に於て本邦の連盟脱退を決定せらるゝや直に電話を以て米国大使に通報し」たことが報告されている。外務省外交史料館蔵
4 グルー日記に登場するブラウン　石川欣一訳『滞日十年』1948年　着任したばかりの1932年7月22日、W・フライシャーが留守の間、代わってブラウンが外務省での定例記者会見の報告をしにグルーの元を訪れることになったとあるが、この後、ブラウンが面会に来た記述はない。
5 明倫会総裁の寄稿記事　『ジャパン・アドヴァタイザー』1934年8月5日号　明倫会総裁田中國重陸軍大将が『ジャパン・アドヴァタイザー』に寄稿した論説を翻訳紹介したもの。同紙に載ったアメリカ海軍の軍縮論を批判した文だが、後日、文中のルーズベルト大統領批判部分の訳語が問題となり、W・フライシャーが外務省に呼び出された。国立国会図書館蔵
6 翻訳記事問題を記したブラウンの日記　1934年8月17日　「ウィルフレッドは今日、天羽からひどい仕打ちを受けた」とある。
7 グルー日記1936年3月16日　1936年2月26日、皇道派青年将校がクーデターをおこし、陸軍上層部に国家改造の断行を迫った。1473人の兵力を率いて政府要人を襲撃し、斎藤実内大臣、高橋是清蔵相、渡辺錠太郎教育総監らを殺害した。日記はW・フライシャーが事件を報道した箇所。「フライシャーが、2・26事件を報道したアメリカの新聞の第1号である2月27日付『ニューヨーク・ヘラルド・トリビューン』を持ってきた。1日目の2月26日にフライシャーが送った記事は4割程度しか届かなかったようだが、バイアスの配信した記事はもっと運が悪く、かれは腹を立てていると言った。検閲官は数時間ごとに交代し、検閲官によってかなり対応が違ったためとフライシャーはみていた」。グルーは『滞日十年』に掲載する箇所を選んで印（モ・ヨ）を付けている。このフライシャーとの会話は未公刊箇所である。HL,HU蔵グルー文書
8 フランスの週刊紙が報じた2・26事件　『イリュストラシオン』（*L'Illustration*）1936年3月28日号　反乱軍の野中四郎大尉率いる部隊が占拠した警視庁の中庭。
9 ドイツ大使館　（田山宗堯編『日本写真帖』1912年より）　麹町区永田町（現在の国立国会図書館の場所）にあった。横浜都市発展記念館蔵

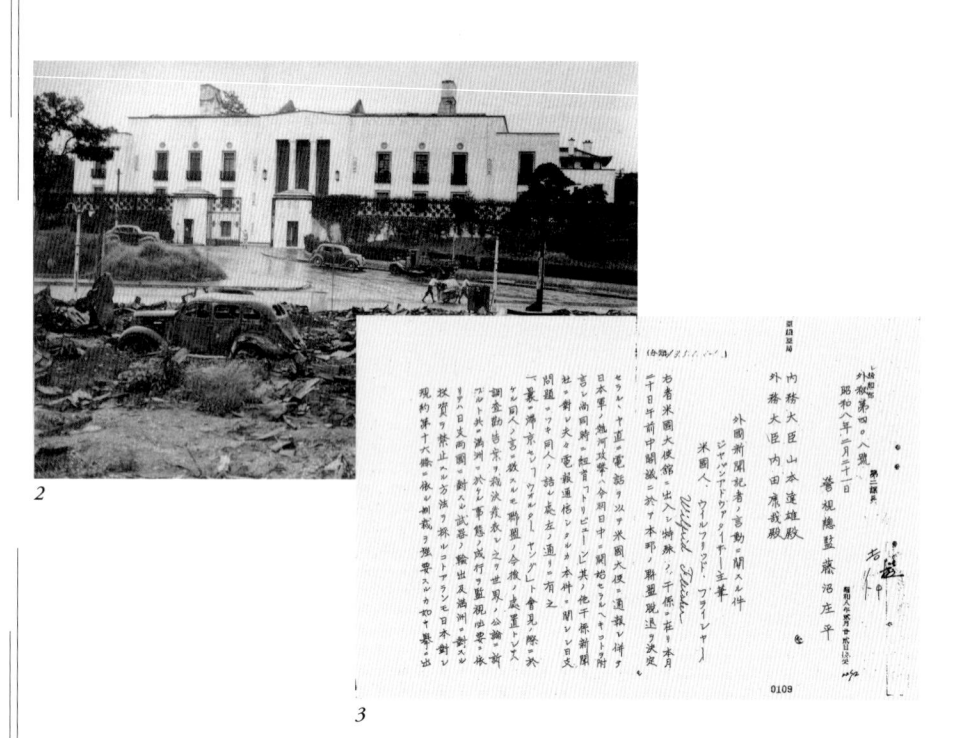

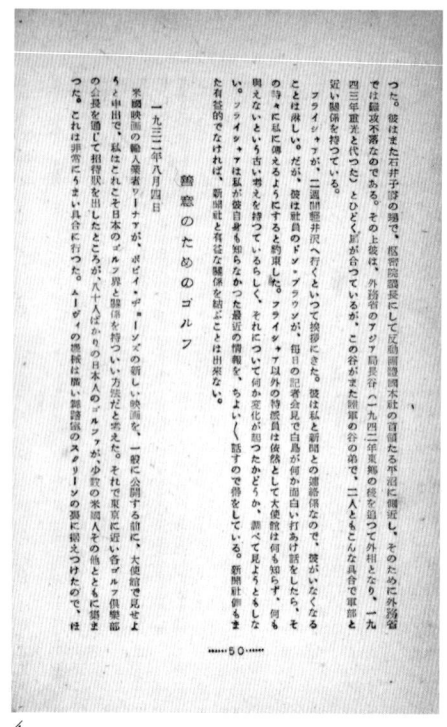

HEAD OF MEIRINKAI SAYS PRATT UNFAIR IN RATIO ARGUMENT

General Tanaka, Retired, Examines Recent Article by Former Chief of Operations

JAPAN WANTS FREEDOM

Confidence Among Three Major Naval Powers Impossible While Inequalities Exist

U. S. MOTIVES SUSPICIOUS

General Kunishige Tanaka, retired, president of the Meirinkai, an influential organization of retired army and naval officers and other men of nationalistic leanings, has issued a reply to the arguments of Admiral William V. Pratt, former American chief of naval operations, that Japan does not need a higher naval ratio.

Japan is determined to obtain abolition of the present ratio system at the 1935 naval conference, he asserts, even at the risk of collapse of the negotiations, for it is a question of restoring national prestige. American opposition to this ambition is regarded as suspicious and not in keeping with American avowals of desiring to contribute to world peace.

A translation of General Tanaka's statement follows:

"The full text of Admiral William V. Pratt's article on the 1935 naval conference, which appeared in the July issue of Foreign Affairs, was reproduced in The Japan Advertiser of July 18. It began with an explanation of the Washington conference, scrutinized technical matters, discussed political questions and looked at the pros-

5

---

dysentery, had gone to the can 14 times.

Aug. 17 — Wilfrid was hauled over the coals by Hman today for the following sentence in the statement by General Tanaka on Sunday, August 5, referring to President Roosevelt's trip to Hawaii: "Such insolent behavior makes us very suspicious." This falls under the same law as that involved in the Hitler editorial incident. Wilfrid argued that the press regulations say nothing about offensive language regarding heads of friendly States. Hman admitted it was not given specifically but said it was an interpretation of the prohibition against anything likely to disturb public peace and order.

6

-2705-

mail to the coast. Fleisher found that only about 40% of his despatches of the first day (February 26) had gone through, and he said that Byas had had even worse luck and was very angry about it. Fleisher thought that the censors were changed every few hours and that they differed a good deal in their attitude towards the sending of press despatches abroad. Jerry Babb of the A.P. apparently got more of his stuff through because it was sent in short, snappy telegrams every hour or so.

Attended the long-delayed dinner at the Legation of Iran - on the whole a rather pleasant evening and some marvelous Persian pilaff at dinner. I wish I had the time and energy to comment on my dinner neighbors as Bill Castle does so interestingly in his diary, but my character studies would practically all be negative; I merely know that about 99% of my dinner neighbors are just as dull as I am at that time of day and that the trivialities of our conversations leave no impression afterwards. Anyway, Mrs. Iran doesn't speak anything but Persian and I haven't the slightest recollection who was on my other side, but I do remember talking brilliantly about the lovely flowers on the table and how Persian pilaff had all other pilaffs nailed to the mast. Such are the intellectual stimulations of diplomatic society.

7

Courtesy of Houghton Library, Harvard University, "the Papers of Joseph Clark Grew"

8

9

10　グルー日記1936年11月27日　11月25日に調印されたばかりの日独共協定について、W・フライシャーは社説を準備し、グルーに原稿をみせた。「大反ファシスト国家であるアメリカでは、この協定は歓迎されないと彼は書いていた。ユダヤ人で、当然、ドイツ嫌いのフライシャーがこのように書くのは当たり前だが、この書き方ではバランスが悪いと私は指摘した。…フライシャーは私のアドバイスを聞き入れ、翌日掲載された社説はよりバランスのとれた書き方になっていた」。HL,HU蔵グルー文書
11　日独防共協定締結についての社説 『ジャパン・アドヴァタイザー』1936年11月28日号 国立国会図書館蔵

-2927-

Peruvian Minister, Schreiber, who having been decorated in England had his name entered in the passenger list as Sir Ricardo Rivera-Schreiber, K.B.E. (why not Sir James W. Gerard, K.C.B.?), Baroness Bertouche-Lehn, wife of the Danish Minister, and her charming children, Count Soyeshima, Baron and Baroness Okura, Koizumi, President of Keio University, Dr. Scherer, with his party, Mr. and Mrs. Galen Fisher, etc.

We docked at 9.30 in the morning and were met by most of the staff who later came to the Embassy for cocktails before lunch, as well as Mrs. Hagiwara and Mrs. Nishimura. Went to the Bemises' house warming reception at 5, saw Sasha who has barely survived her distemper and is still at the Fausts unable to move and very pathetic although she did try to wag a welcome, and in the evening went to Sonoko Inouye's piano recital in which she played magnificently. She had a full house and a distinguished audience including the Aritas and the Belgian, British and Italian Ambassadors. Alice, having been up since about 5, was too tired to come. The stage was banked with 19 gifts of flowers among which our roses stood out. (All this for Elsie to whom I am sending Sonoko's program).

Wilfrid Fleisher came in at 6 to show me his editorial on the Japanese-German agreement. He had written that it would not be well received in America which was very anti-Fascist. Fleisher, being a Jew, and naturally hating Germany,

10

Courtesy of Houghton Library, Harvard University, "the Papers of Joseph Clark Grew"

TOKYO, SATURDAY, NOV. 28, 1936

The German-Japanese Pact

The conclusion of the German Japanese pact aimed against Communism is an event of major importance in the field of international relations because it seems destined to mark a complete re-orientation of Japanese policy. The significance of the pact lies not so much in the wording of the pact itself, which is vaguely and loosely termed, but in the directive which it is likely to give to Japanese policy in the future.

To appreciate the full significance of the pact, it should be recalled that since Japan's entry into the World War in 1916 on the side of the Allies, Japanese policy has been mainly associated with that group of nations with which Japan fought side by side against Germany, that is Japanese policy has inclined to the side of Britain, France and the United States. That policy is now to be changed. Japan is to seek new friends and the Hitlerian Reich is the first of these friends.

Limitations prevent us from examining the results which may spring from this action. They are many and varied but the outstanding fact is that the pact presents the basis of a new alignment which places Japan definitely in the Fascist camp as opposed to the Communist camp. The whole of Europe seems to be splitting up into these two camps and Japan has made her choice as to which side she is to be found on.

In the absence of President Roosevelt and Secretary of State Hull from Washington, there has been no authoritative comment from under officials, but Americans are neither partisans of Nazism nor Communism. Both are equally abhorrent to the American people. Hitlerism has proved unpopular in America primarily be-

11

-4126-

Dooman and the staff went around afterwards and talked to some twenty Japanese who without exception expressed high if not enthusiastic approbation of the speech. The Americans were lyric in their approval.

I had decided in advance that out of deference to the Japanese Government I would not release the text to the press unless or until there should develop a public or official demand for it. This is precisely what happened and on October 21st the Foreign Office on its own initiative asked me to release the text for full publication. The editor of the ADVERTISER (Don Brown in Fleisher's absence)was caustic at my decision in withholding the text and his editorial when the text was finally released spoke of the Embassy's "foolish decision", but the fact remains that the decision places me in a far better and stronger light with the Foreign Office than if I had gone over the heads of the Japanese Government in a matter of publication. I am sure that our own Government would not have been happy if the Japanese Ambassador in Washington had taken such a step. And in the meantime the local press had picked up adequate information from notes taken at the luncheon to present the important points. I did however give the text immediately to the A.P. and the U.P., realizing that this could be done with entire propriety and that the American public would want the precise story. Thompson of the U.P. scooped the A.P. by attending the luncheon and Morin of the A.P. received a hot telegram from New York a couple of hours later. He told me that he was up until 3 a.m. sending more and more material in reply to s.o.s. messages from his headquarters as the speech had made a big stir and was on the front pages of the New York papers.

A significant development was that Yoshizawa, chief of the American Bureau of the Foreign Office, was suddenly hailed back from the golf links on the afternoon of the 20th, a Japanese holiday, to get the text of the speech from me because the Government wanted to see "the tone of it." I am inclined to think that this may well have been a call from the Emperor because the Foreign Minister must have known that Yoshizawa was going out to play golf on a holiday. Admiral Suzuki, who sat next to Alice at the luncheon, is very close to the Emperor. The Foreign Office asked for the release of the text the next morning at 11. The ADVERTISER and JAPAN TIMES carried the text in full.

-4332-

The Swedish Minister to present his new Counselor.

19 Kuwashima to tell me that Count Kaneko is now out of danger and steadily progressing.

Returned the call of the Portuguese Minister. He cannot present his letters to the Emperor until the end of the first period of court mourning for the late Princess Takeda on March 27.

20 Bishop Reifsnider and Dr. Toyama came to thank me for my modest Commencement address at Rikkyo and for the efforts I am making to have their library made a depository for current federal documents of the United States.

25 Morin, Associated Press, and Fleisher called to ask whether there was any truth in the continued reports of my portending resignation as being out of sympathy with the policy of our Government. Might as well have a gramophone record made of my vocal denial and hand it out to all and sundry.

Merrill Benninghoff came in on his way back to Peiping from leave.

26 In spite of the fact that Fleisher had called on me yesterday and had heard from my own lips a definite denial of the rumors of my intention to resign, today's Advertiser published Kawakami's aritole from Washington to the Nichi Nichi stating that in spite of my published denial, observers in Washington were still predicting my early resignation. I summoned Fleisher and handed him a letter which I desired that he publish. He accepted full responsibility and said that he simply hadn't known that Don Brown would publish Kawakami's article. My original letter was long and hot; it referred to the announced policy of the Advertiser as being constructive in policy and accurate in news, and it pointed out that the publication of Kawakami's article, which Fleisher, the editor, already knew from my own lips to be baseless, was both inaccurate and destructive. Later, having relieved my feelings by showing Fleisher my original draft, I reduced it to the shortest and simplest terms and

---

12　グルー日記1939年10月19日　グルーが日米協会でおこなった重要演説の原稿提供をめぐって、ブラウンが社説でグルーを痛烈に批判した。HL,HU蔵グルー文書

13　グルー日記1940年3月26日　ブラウンが『ジャパン・アドヴァタイザー』にグルー辞任説を載せたため、グルーはすぐにフライシャーを呼び、抗議文を掲載させた。HL,HU蔵グルー文書

14　ムッソリーニを批判した社説　『ジャパン・アドヴァタイザー』1940年6月20日号　イタリア大使館一等書記官のマッチーニは、この記事をみてW・フライシャー家に押しかけ、脅迫した。国立国会図書館蔵

15　グルー日記1940年6月20日　マッチーニ脅迫事件をいち早く知ったグルーは、外交官らしい冷静な対応をとった。HL,HU蔵グルー文書

Mussolini's Role

The enigma which kept the world guessing for many months and which Mussolini clung to so secretively—Italy's role in the war—has now been bared. Mussolini's cards are about to be placed face up on the table and it will become apparent to all what he was after. The method is no longer a mystery and the objective is about to be revealed, at least in large part.

It is now apparent that Mussolini was not taking much of a gamble in entering the war. The military situation in France was of course known precisely by his friends the Germans. It was far worse than was generally suspected abroad. The surrender of Paris was only three days off, and the capitulation of France only six days off. The Italian forces were not called upon to perform any military feats, the Italian entry, it is now clear, was intended merely to openly align Italy with Germany and put her in a position of sharing the spoils of war with the Germans.

Italy's role in the war was that of a trouble-maker for the Allies. Mussolini's constant saber-rattling during the three months that preceded Italy's entry into war, kept the Allies guessing as to if and when he would enter the conflict and compelled the French to maintain large forces along the Franco-Italian border, and the British to keep a large part of their fleet in the Mediterranean. His actual part in the war, in the six days between Italy's entry into war and the French capitulation, was virtually nil. There were occasional bombings to show that Italy was at war but Mussolini undertook no major military move. It was not necessary. He had merely to wait for the collapse of the French to walk in and join Hitler in the armistice demands.

Once again it may be recalled that Mussolini's role was the identical role played by Stalin in Poland. Both

---

-4411-

20 Received a telephone message today that Count Macchi di Cellere, First Secretary of the Italian Embassy, had invaded the private house of Wilfrid Fleisher and had threatened him with assassination owing to an editorial in the Advertiser criticizing Mussolini. Although Fleisher is not precisely of heroic mould and is inclined toward sensational interpretation of current incidents, nevertheless, after talking with him and hearing his version I went to see Tani to tell him of the incident and sent Dooman to Cortese, the Italian Chargé d'Affaires, to ask if he knew of the incident and would undertake to control the members of his staff. Cortese answered the first question in the affirmative and the second question in the negative. Dooman then asked to see Macchi himself, who has always been a good friend of ours, and received quite a different version from Fleisher's version. According to Macchi, when he flourished the Advertiser in Fleisher's face the latter became terrified and fled from the room, and Macchi called to him: "You need not be afraid; the code of an Italian cavalry officer prevents his attacking a man in his private house". But he also acknowledged that he called: "Pig" and "Coward". I guess that Macchi was somewhat incoherent with rage because Fleisher understood him to say that he, Fleisher, would suffer the fate decreed by the code of an Italian cavalry officer, and he interpreted this to mean either a duel or assassination. Macchi told Dooman that if there was to be any duel, it was up to Fleisher to challenge him, and that otherwise the incident so far as Macchi was concerned was closed.

Fleisher's editorial ended with the words: "In a world in which ethics have fallen to a low ebb, there may be some sort of honor left, but Mussolini's role of falling upon the victim after it had been bled near death will command no admiration outside of Italy." But curiously enough it was not that paragraph that Macchi took exception to. It was the statement in the editorial that "His (Mussolini's) actual part in the war, in the six days between Italy's entry into war and the French capitulation, was virtually nil. There were occasional bombings to show that Italy was at war but Mussolini undertook no major military move. It was not necessary. He had merely to wait for the collapse of the French to walk in and join Hitler in the armistice demands". Macchi's retort to this was that Italy had been preparing for 20 years to realize her "national ambitions".

駐日アメリカ大使館と『ジャパン・アドヴァタイザー』
天川　晃

　戦前のアメリカの駐日大使、ジョセフ・グルーに『滞日十年』(毎日新聞社、1948年)という本がある。この本は、グルーが大使として赴任する1932年5月から、日米開戦後の42年5月に交換船で帰国するまでの10年間の日記を収めたものである。

　ドン・ブラウンがジャーナリストとして日本で活動していた時期は、グルー大使の在任期間とほぼ重なっている。同時期に東京に滞在した同国人であるとはいえ、一方は50歳代の国を代表する大使であり、他方は20代後半の若手のジャーナリストである。両者に直接の接触がなかったとしても不思議ではない。ブラウンも断片的な『日記』を残しているが、グルーとの直接の接触をうかがわせる記述はない。

　しかし、『ジャパン・アドヴァタイザー』(JA)の編集長でブラウンの上司のウィルフレッド・フライシャーとグルーの両者の関係は、『滞日十年』の原本である未公刊の『グルー日記』(ハーヴァード大学ホートン図書館蔵)で詳しく覗うことができ、この『日記』を通してグルーとブラウンの接点を垣間見ることもできる。

　グルーは赴任直後の1932年6月6日、在京の主要なアメリカ特派員と会見し、「よもやま話をし、お互いのためになることだから緊密に協力したいものだと希望を述べ、ちょいちょい来てくれるようにと話をした」。この要請に応じて、その後、頻繁にグルーを訪れたのがフライシャーだった。フライシャーは、外務省での外国人記者団会見の模様を伝えたり、自身が特派員を務める『ニューヨーク・ヘラルド・トリビューン』に寄稿する原稿を示したりして、グルーと緊密な連絡をとっていた。グルーもフライシャーにさまざまな情報提供をしており、このような情報交換は相互の役に立つことだった。

　ブラウンの名前が『グルー日記』に最初に登場するのは、1932年7月22日である。フライシャーが軽井沢に行く夏の間のグルーとの連絡役としてブラウンの名前をあげている記事である。しかし、実際にブラウンがグルーを訪れたのかどうかはグルー、ブラウン両者の『日記』には記されていない。ともあれ、グルーにとっては、ブラウンはフライシャーの不在時の『JA』の責任者として登場してくるのである。

　『JA』はアメリカ人が所有・発行する英字紙で、日本国内で多くの読者を持ち、海外でも日本の動向を知るための重要な情報源とされていた。しかし、当時、フライシャーは全く自由な立場で論説を書くことはできなかった。日本政府の検閲が次第に厳しくなり、発行停止を命ぜられることもあったからである。このため『JA』は日本政府に対する批判的な論説を抑制することもあり、グルーもこのような状況に理解を示していた。

　それでも、時には『JA』と日本政府の間で摩擦が生ずることがあった。ブラウンは1934年8月3日の『日記』に「外務省は『JA』紙のことをよく思っていないように思える」と記している。当時、海軍軍縮問題が大きな話題となっていたが、ブラウンの書いた8月1日の岡田啓介首相の記者会見記事が不正確だとして翌日の『ジャパン・タイムズ』(JT)紙が批判したのである。続いて、翌8月4日の社説についても外務省から注意があった。ヒトラー総統に関する用語が穏当でないとして、ドイツ大使から外務省に抗議があり、それがフライシャー不在中の留守を預かるブラウンに伝えられたのである。8月5日の『JA』は陸軍の田中國重大将が在郷陸海軍将校の雑誌『明倫』に掲載する記事の翻訳を掲載した。その中にローズベルト大統領がハワイを訪問し米国艦隊を視察したことを「其傍若無人の狂態は吾人に大なる疑惑を投げ付けるもの」という表現があった。自国元首に対して「傍若無人の狂態」(insolent behavior)という表現が使われたことに対して、グルーは8月17日に広田外務大臣に抗議をしたところ、同日、外務省は早速フライシャーを呼び出し、翻訳に厳重注意を行った。このように、『JA』の報道と日本の外務省、そして駐日アメリカ大使館の関係は緊張をはらむ微妙なものがあった。グルーはこれら一連の動きを、日本政府は『JA』を締め出して、日本で発行される英字新聞は『JT』と『英文東京日日』だけに限ろうとしているとして観測していた(1934年8月23日、『日記』)。

　これと逆に、グルーの外交官としての配慮が『JA』のブラウンと対立するケースもあった。1939年10月19日、グルーは「馬の口」演説として知られる重要な演説を日米協会で行った。4ヵ月間休暇で帰国していたグルーが、中国における日本軍の行動に対するアメリカの厳しい世論を、日本の関係者に「馬の口から一直線に」(straight from the horse's mouth)率直に伝えた演説である。

　日米協会に出席していたのはUPのトムソン記者だけで演説はUPのスクープとなった。グルーは演説の全文テキストをAPとUPには直ちに配布したが、日本国内の新聞にはすぐにはテキストを配布しなかった。外務省の頭越しに日米協会で演説を行い、さらにその全文を直接に日本国民に伝えては政府の面目をつぶすことになると配慮したのであった。したがって21日に外務省が正式に全文テキストを要請してくるまでは、『JA』に対しても演説全文の配布を行わなかった。これに対してブラウンは、演説の全文配布を遅らせた「大使館の馬鹿げた決定」を批判する社説を書いていた。グルーは、このような外交上の配慮は「小さなことかもしれないが、日本では小さなことが薄気味悪く拡大されて見えるので、それに十分に考慮を払ったのである」と記している。

　1940年3月26日の『日記』には、『JA』がグルー大使辞任説に関する記事を『日日』から転載したことに対して、グルーがフライシャーに抗議した記事がある。グルーがその噂を否定していたのにこの記事が出たのは、ブラウンがこの記事を掲載させることを知らなかったからだとフライシャーはグルーに陳謝している。これらを見ると、グルーにとってのブラウンは、思慮の足りない若手ジャーナリストということであろうか。

　同日の『日記』には、フライシャーからの極秘情報として、『朝日新聞』が20万円で『JA』の買収を申し出たとの記事もある。さらに以前にドイツやイギリスからの申し出を断っているが、外務省が『JT』と『JA』とを合併させようとしているとの動きも記されている。父親のベンジャミン・フライシャーは『JA』を売却して撤退したいと考えており、息子のウィルフレッドも『JA』に将来はないと考えている模様である。

　「JAは東京で唯一の外国人が発行する新聞なので、もしJAが日本人の手に渡ったら残念である」(1940年4月30日)と記していたグルーが、『JA』の売却を『日記』に記したのは10月10日のことだった。

第一部 国際ジャーナリスト――戦前期

8 帰国――『ジャパン・アドヴァタイザー』の終焉

　日本における唯一のアメリカ系新聞であった『ジャパン・アドヴァタイザー』は、日米間の緊張が増すにつれて、日本政府からの監視や圧力を強く受けるようになり、編集長のフライシャーらは外務省情報部から頻繁に呼び出しを受けたり、あるいは警視庁から発行停止を命じられるようになった。

　1940年10月、フライシャーの経営する『ジャパン・アドヴァタイザー』は外務省寄りの『ジャパン・タイムズ』に吸収合併された。

　ブラウンは相次ぐ外国人記者検挙事件に、ひどい恐怖感を覚えるようになり、「私は日本に住みつづけたいのだ。そして私自身の日常の仕事と関心事を追求していきたいのだ」（ブラウン日記）という願望をもちながらも、『ジャパン・アドヴァタイザー』が吸収合併されると退社し、帰国した。

```
-3981-

Ambassadors before we came.

    The party, which had entailed a huge
amount of work and thought and care of detail,
was really a great success, thanks largely to
Crocker and Alice. Maybe I did think of a
few details myself. Anyway, general satis-
faction and appreciation were expressed and I
think the American Embassy has shown itself
fitted to take over the Décanat and to make
a good job of it.

 7  Fleisher came in to tell me, among other
    things, of a daily sheet which the German
Embassy here is circulating to the German
colony containing press material received by
radio from Germany, some of which is bitterly
critical of F.D.R.  I said that as long as
the sheet is not available to the general
public, I could not protest officially.  Some-
one, maybe the Foreign Office, must have
protested because the sheet was discontinued
at the end of February with a statement that
"circumstances" prevented its continuance
but that the Germans hoped soon to have a
newspaper of their own in Tokyo.  Fleisher
has been offered a large sum of money for the
ADVERTISER by the German Embassy, but refused
to sell.  The British also wanted to buy him
out but to have Fleisher remain as editor with
the understanding that the British would have
at least partial control of editorial policy
and news.  This proposal he also refused, after
consulting with me, and I consider it a very
patriotic act on his part because he wants to
dispose of the ADVERTISER eventually and go
home to live in America.  He will not, however,
lend himself to foreign propaganda.  He told
me in detail of his talk with Craigie who sum-
moned him and made what seemed to me a very
naive proposal.  He wanted to retain the advan-
tages of the Fleisher name and goodwill while
controlling, at least partially, the editorial
and news policy.  Nothing doing there.

    Apropos of the attacks on F.D.R., an anti-
Jewish pamphlet, very likely published by the
German Embassy, has been on sale on the news
stands in Yokohama, from which the following
excerpt is merely funny.  I would not dignify
it with an official protest.
```

1　Courtesy of Houghton Library, Harvard University, "the Papers of Joseph Clark Grew"

1　グルー日記1939年2月7日　この頃、ドイツとイギリスの両大使館から新聞社買収を持ちかけられたW・フライシャーは、グルーと相談の上、申し出を断った。HL,HU蔵グルー文書

2　郷敏『ジャパン・タイムズ』社長紹介状［1940年］　吉沢清次郎外務省アメリカ局長からブラウン宛て　吉沢が自分の名刺に書き付けたもの。

3　『ジャパン・タイムズ・アンド・アドヴァタイザー』の陣容（『ジャパン・タイムス小史』1941年より）　1940年10月、『ジャパン・アドヴァタイザー』を吸収合併した『ジャパン・タイムズ』は紙名を変更し、新たな経営体制をしいた。中列上が社長の郷敏、右列上が取締役で前社長の芦田均。芦田は戦後、首相となった。またGHQの一員であったブラウンとの交流も芦田日記には記されている。

4・5　ドイツ大使館の抗議を受けた記事　『ジャパン・アドヴァタイザー』1940年7月8日、9日号　ヴィシー政権下のフランスの報道がドイツの情報操作を受けていることに懸念を示した内容等であったためドイツ大使館は外務省に抗議した。外務省はW・フライシャーを呼び出し、印刷紙配給停止をにおわせて論調を和らげるよう迫った（ブラウン日記）。国立国会図書館蔵

6　アメリカ人記者、J・R・ヤング（J. Young, Behind the rising sun, 1941より）　1940年1月、ヤングはその言論活動が元で逮捕され、3月まで拘留された。グルーは、母親の毛皮のコートを留置所のヤングに貸し与えた。釈放されたヤングはコートを返しにグルーの元を訪れ、記念にとコートを着た姿をカメラにおさめた。

HITLER RECEIVES CIANO BUT TALKS UNDISCLOSED

Authoritative Quarters Deny Allegation Final Peace Terms Being Discussed

Domei
BERLIN, July 7.—Chancellor Adolf Hitler received Foreign Minister Count Galelazzo Ciano, of Italy, at 12:30 o'clock this afternoon at the Chancellery.

Count Ciano, who arrived this morning from Rome at the invitation of the German Government, motored from the station to the Bellevue Castle, his residence during his stay in Berlin.

Although the nature of the Italian Foreign Minister's mission to Berlin has not been disclosed, authoritative quarters deny the report that Chancellor Hitler and Count Ciano will outline the final peace terms before the start of the German blitzkrieg on the British Isles.

4

Propaganda as a Weapon

Having conquered France militarily, Hitler is now turning another powerful weapon against the defeated French—that of propaganda. The objective of the German propaganda in France has now become perfectly clear. It is aimed principally at creating enmity between France and her former ally Britain to the point of leading France ultimately to declare war against England.

The events of the past week which have appeared so disconcerting to friends of the Allies, must be seen entirely through German spectacles, for it must be borne in mind in reading all dispatches from France that the French Government and everything in France is now under German control as well in the unoccupied area as in that under actual German military occupation. When the Petain Government accepted the terms of armistice it surrendered completely to Germany and it must now be looked upon as a mere tool of German authority.

The German Command in France recently issued a series of decrees published in French newspapers, similar to those existing in Germany, whereby it has become a crime punishable by death to listen to foreign broadcasts and all news published in France and emanating from France is subject to strict German control. Thus the voice of France has been silenced and whatever reports are permitted to be sent abroad have been dispatched only with German tinuing to fight against Germany and it has been reported that General Charles de Gaulle, head of the French national committee in London, who sought to organize continued French resistance on the side of Britain, has been sentenced, in his absence, to four years imprisonment and a fine of 100 francs for "disobedience."

It seems that Germany is attempting to persuade the Petain Government to declare war on England and that both Germany and Italy have advised the French Government they would waive the provisions of article 8 of the armistice to allow France to use her air and naval forces in the Mediterranean against any further British attacks. Another British attack may occur in the event the remainder of the French fleet at Casablanca refuses to surrender, and this will no doubt furnish further propaganda to intensity anti-British feeling in France and force France into war with England.

The unfortunate part of this propaganda is that it does not work alone to deceive the world regarding French feelings, for the outside world recognizes full well that the Petain Government is under German control, and is able to discount the reports accordingly, but its most insidious effect is upon the French population which has no other means of knowing what is going on than the controlled French press which can only print what it is given. The spectacle of France, defeated by force of arms, now being further crushed by propaganda is both pitiful and tragic.

5

6

7

8 M・J・コックス

9 コックス事件関連記事 『横浜貿易新報』1940年7月31日号 「心せよ国民防諜 スパイの瞰むは国家の総力」。コックス事件を受けて、外国人への敵愾心を煽る内容となっている。

7 ブラウン日記1940年7月30日 7月29日、ロイター通信記者のコックスが、スパイ容疑で逮捕され、東京憲兵隊本部で取調中、謎の飛び降り自殺を遂げた。翌日に書かれた日記から、ブラウンが大きな衝撃を受けたことがわかる。「枢軸国以外の国の出身者は、誰でも密かに探られているという恐怖を感じている。これはひどい恐怖感だ。…たとえスパイ行為としての動機を一切持っていないとしても、個人の行動が、何らかの面倒に巻き込まれるような解釈をされてしまうかもしれない。…知ることより疑うことの方が容易なこの国では、疑いのほうが先行するのである。そして疑惑は、特殊な情報を入手したのと同じだけの深刻な結果を個人に及ぼしかねない」。

```
                        4540
        the situation as regards foreigners in Japan was likely
        to become increasingly difficult and that (2) it was
        also likely to become progressively difficult for for-
        eigners to get money out of Japan, even under contrac-
        tual agreement. He said that he would think over what
        I had said and would later let me know what he proposed
        to do.

           Randall Gould, Shanghai correspondent of the CHRIS-
        TIAN SCIENCE MONITOR, came in for a background talk. He
        is a good type of journalist and I told him that I in-
        variably read his articles in the MONITOR.

  18       Went to see B. W. Fleisher who wanted to talk to
        me about selling the Advertiser. Toshi Go is apparently
        adopting high-pressure tactics and has virtually threat-
        ened that his present offer may not be renewed. In
        spite of the fact that Fleisher has put thirty years of
        work into the paper and somewhere in the neighborhood
        of a million dollars, he is willing to sell for a hundred
        thousand dollars net, that is, the bonuses for his Japa-
        nese employees and passage home for his foreign employees
        to be paid by the purchasers, but they stick at a hun-
        dred thousand gross, half of which is to be paid in in-
        stallments over many years. Fleisher says that the plant
        is worth that amount alone and that the good-will and
        prestige of the paper would thus be going free. This
        he regards as virtual confiscation. The Germans offered
        him several hundred thousand, but he, being an American
        and a Jew, refused. If he doesn't accept the Japanese
        terms they can readily force Fleisher to close up by
        depriving him of paper, ink and other essentials. My
        impression is that Fleisher is less bothered about the
        money than the thought of being done in the eye after
        all these years in Japan; indeed he is very pathetic on
        the subject. He has asked to see Matsuoka, whom he
        knows well, to discuss the situation but has constantly
        been put off. I said that I would speak to Matsuoka
        about an interview if at any time Fleisher would like
        me to do so. Meanwhile Wilfrid Fleisher, as his father
        acknowledges, is getting more and more jittery.

           General Pabst came for a talk.

  19       To the dentist for a second lancing of a tooth
        abscess. I guess that old tooth will have to come out
        soon.

           Count Kabayama, very much discouraged with the situ-
        ation. He didn't say much but for the first time in
        eight years nothing was said on "the rainbow just around
```

10 Courtesy of Houghton Library, Harvard University, "the Papers of Joseph Clark Grew"

```
                        4577
        This conversation and the urgency with which I
     had been summoned convey the clear impression that
     Mr. Matsuoka is disturbed by the course of develop-
     ments in the United States to which the recent pro-
     vocative statements by members of the Japanese Gov-
     ernment have given rise. It bears out what I said in
     suggesting that at a given moment our Government
     should consider the evacuation of Americans in the
     Far East - that the move would have a powerful effect
     on Japanese consciousness.

                       --------------------

  10    B. W. Fleisher, publisher and editor of the JAPAN
     ADVERTISER for the past many years, sold the paper
     today to Toshi Go, representing the JAPAN TIMES ostens-
     ibly but actually on behalf of the Japanese Government
     which, in the new totalitarian set-up, wants to con-
     trol the entire press in Japan. The negotiations have
     been far from agreeable and in the end it amounted to
     a forced sale, Go having delivered an ultimatum that
     unless Fleisher signed today he would not be given an-
     other chance and that "swift measures" would be taken
     to render the further life of the ADVERTISER impossible.
     He told Fleisher that a strong element in the Foreign
     Office wished to confiscate the paper with no compen-
     sation.

        The price to be paid is $100,000, payable immedi-
     ately in New York. Go wanted to pay only 50% down and
     the rest over a period of years, but Matsuoka apparently
     intervened and the lump payment was agreed to. But
     Fleisher's efforts to have the Japanese pay the custom-
     ary bonuses of his Japanese staff, amounting to $12,000,
     and to allow Fleisher to retain their cash balance of
     27,000 yen were unavailing. Fleisher feels that the
     plant alone is worth more than the amount paid, quite
     apart from prestige and goodwill. Not long ago the
     German Embassy offered $500,000 for the paper and was
     refused on patriotic grounds.

        It is tough on Fleisher to end his long work in
     Japan on such an unpleasant note. I do not think that
     the amount of money counts with him as much as the feel-
     ing that he has been gypped, which for a Jew is not a
     pleasant thought. At any rate, he will now pull out
     of Japan permanently, and Wilfrid, his son, is only
```

11 Courtesy of Houghton Library, Harvard University, "the Papers of Joseph Clark Grew"

12

13

14

10 グルー日記1940年8月18日　B・W・フライシャーが『ジャパン・アドヴァタイザー』買収問題をグルーに相談した。HL,HU蔵グルー文書

11 グルー日記1940年10月10日　『ジャパン・アドヴァタイザー』売却にあたって、「このような不幸なかたちでフライシャーが彼の長きに亘った日本での仕事を終えなくてはならないのは冷酷なことだ」と感慨を記した。HL,HU蔵グルー文書

12 フライシャーの終刊の辞　『ジャパン・アドヴァタイザー』1940年10月13日号　社主B・W・フライシャーの終刊の辞と、買収した『ジャパン・タイムズ』社長郷敏の挨拶文が掲載された。国立国会図書館蔵

13 吸収合併された『ジャパン・クロニクル』（『ジャパン・タイムズ小史』より）　同社は『ジャパン・アドヴァタイザー』と同時期に『ジャパン・タイムズ』に吸収されたイギリス系英字紙。

14 グルーと歓談する郷敏　（『ジャパン・タイムズ小史』より）

第二部

アメリカ戦時情報局員
……戦時下……
(1941〜1945)

　日米両国は、ブラウン帰国後の1941年春から日米交渉を始め、それぞれの国内事情やヨーロッパの戦況をにらみながら事態を自国に有利に打開しようと図ったが、成功せず、日本は12月に対米英戦争に突入した。

　1940年末に帰国したブラウンは、UP通信社勤務を経て、42年9月、創設されたばかりの戦時情報局 (Office of War Information – OWI) ニューヨーク支部に入局した。OWIは、戦時情報の収集と分析をおこない、アメリカ軍の政策を内外に宣伝するという心理戦を実施するために設けられた情報機関である。OWIは、対日心理戦をおこなうためにアメリカ人の日本研究者や、ブラウンのような滞日経験者、そして在米日本人や日系2世を集めた。

　ブラウンは、海外部門の極東地域専門官として対日心理戦に加わり、おもに日本軍に投降を呼びかける宣伝ビラの作成に携わった。ブラウンはビラ作成に直接、関わったわけではなく、その修正や管理を担当したようである。ブラウンの手元には宣伝ビラが多数、残っている。これらのビラはそのデザインや文章から、アメリカの日本・日本人研究の進展ぶりをうかがい知ることができる貴重な資料である。

第二部 アメリカ戦時情報局員──戦時下

1 日米開戦

　1941年12月8日、日本海軍はハワイ・オアフ島の真珠湾のアメリカ太平洋艦隊を奇襲攻撃し、大きな損害を与え、日米戦争が始まった。同時にアジアにおいても、マレー半島攻略を開始し、イギリスとの間にも戦端を開いた。

　開戦時にはつぎつぎと勝利を収めた日本軍は、フィリピン、オランダ領東インド(ほぼ現インドネシア)、ビルマ(現ミャンマー)と戦線を拡大し、インド洋からニューギニアまで拡がった。しかし1942年後半から、圧倒的な軍事力を持つアメリカ軍が各地で勝利するようになった。

　戦時下の日本国内や日本占領地域、またアメリカ国内で両国政府は、さまざまな手段を用いて人びとに敵愾心をうえつけ、戦意昂揚を図った。

1　真珠湾攻撃　日本海軍は真珠湾のアメリカ太平洋艦隊を攻撃し、在泊8隻すべてに損害を与えた。左から戦艦ウエスト・ヴァージニア(撃沈)、テネシー(損傷)、アリゾナ(撃沈)。LC蔵
2　フィリピンの日本語教育　(Nippon Times, Weekly, 1943年4月29日号より)　日本占領下、カトリック修道女たちにも日本語教育がおこなわれた。
3　戦時下の遊園地　(Nippon Times, Weekly, 1943年6月10日号より)　戦車を模した乗り物で遊ぶ子どもたち。
4　『マンガマイニチ』1945年1月1日号　毎日新聞社編　アジア諸国向けに発行したものか。ルーズベルト米大統領とチャーチル英首相が揶揄されている。「タチアガッタ　ニッポン　エイッ、ヤッ、ト　バケモノ　タイヂ」(左)、「ヨイコドモニハ・オカシヲ　ワルイ米・英ニハ・バクダンダ！」(右)

5 **戦時下のニューヨーク** 1942年6月撮影 5番街を行進するアメリカ陸軍歩兵部隊の一団。場所は、ブロードウェイと交差するあたりで、右奥に見えるくさび型の建物はフラットアイアン・ビルディング。LC蔵

6 **アメリカの高校生の戦時訓練** 1942年10月撮影 隊形演習を披露するメリーランド州の高校生の戦勝隊。LC蔵

7 **防空パンフレット**『その時が来たら、いかにして身を守るか』(Public Information Pamphlet, No.1)、ニューヨーク市緊急事態局発行 万一の空襲に備えて市当局が作成。具体的な避難方法が記されている。作成年不明。

8 **『わが武装せし軍隊』**(Our armed forces) 1943年 アメリカの高校生の戦意昂揚のために刊行された。

9 **戦況関係スクラップブック** ［1941～1942年］ 1940年に帰国したブラウンは、41年から約1年間、UPにつとめたが、その頃のものか。

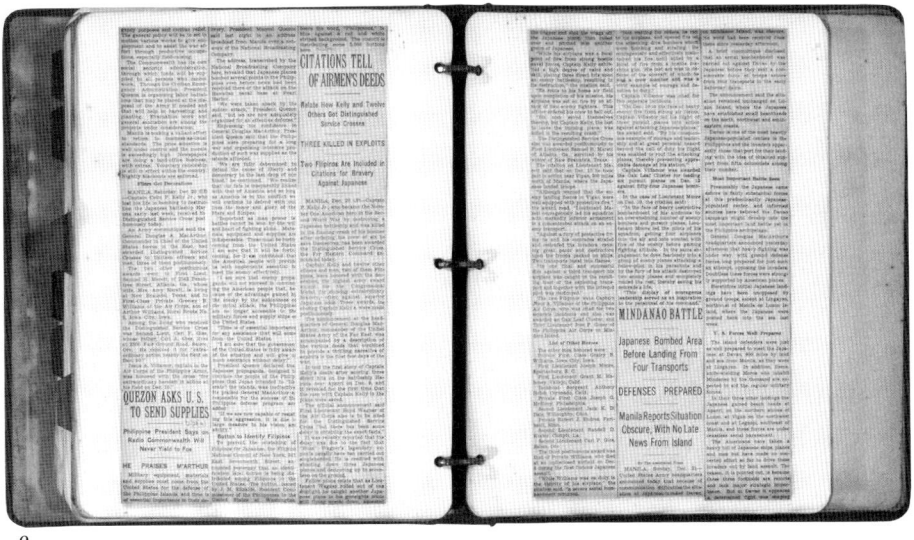

第二部 アメリカ戦時情報局員——戦時下

2 日本関係図書の出版——日本・日本人論、日本語辞書

日米開戦以後、アメリカでは日本や日本人に対する関心が高まり、元特派員など滞日経験者の著した日本関係図書が出版されたが、もっとも影響力をもったのはグルー前駐日大使の著作であった。1942年に刊行した『東京報告』はベストセラーとなり、44年には駐日時代の日記をまとめた『滞日十年』をニューヨークで刊行した。

一方、軍では日本語を理解する人材の確保が急務となり、各地に日本語学校を設置し、短期間での人材養成をめざした。また戦後の占領軍政を念頭においた陸海軍の軍政学校や、主要大学に民政訓練学校も設置され、語学と占領政策に必要な知識を短期間で教えた。日本語学習教材や辞書類も、軍や大学、民間出版社によって作成された。

戦後、このような学校出身者で、来日して実際に占領政策を担った人や日本研究者となった人も少なくない。

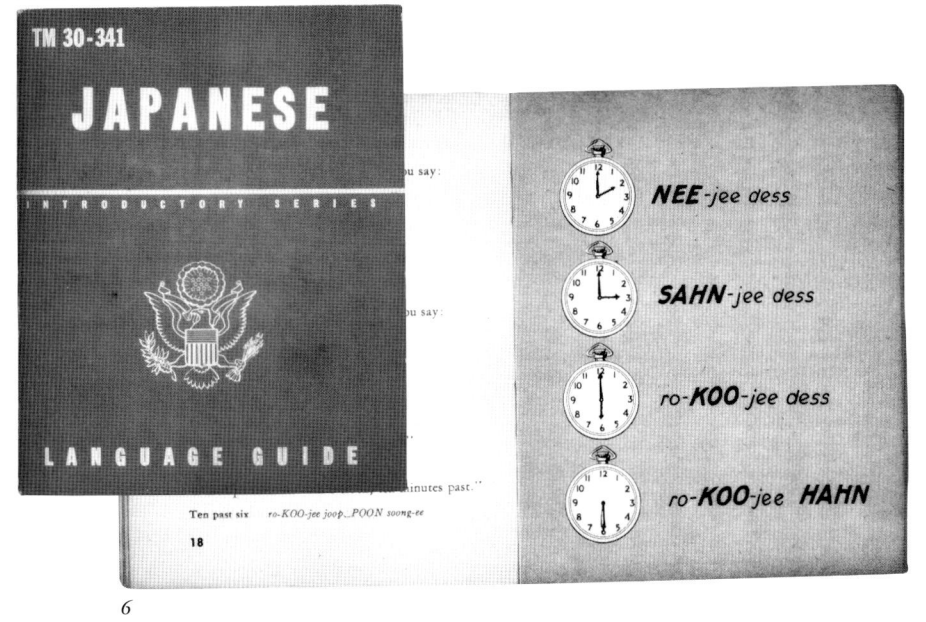

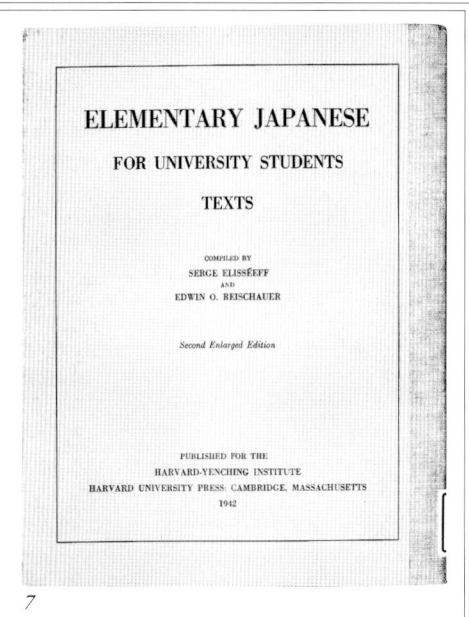

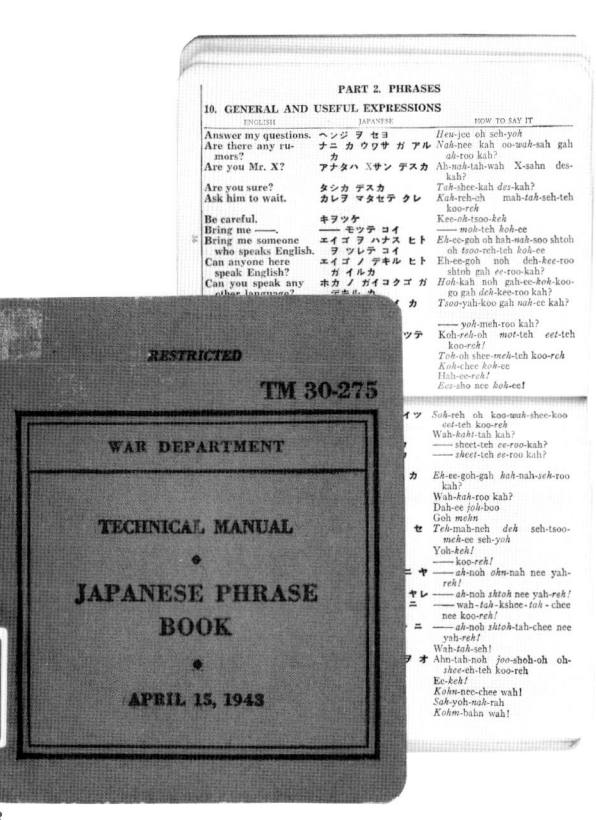

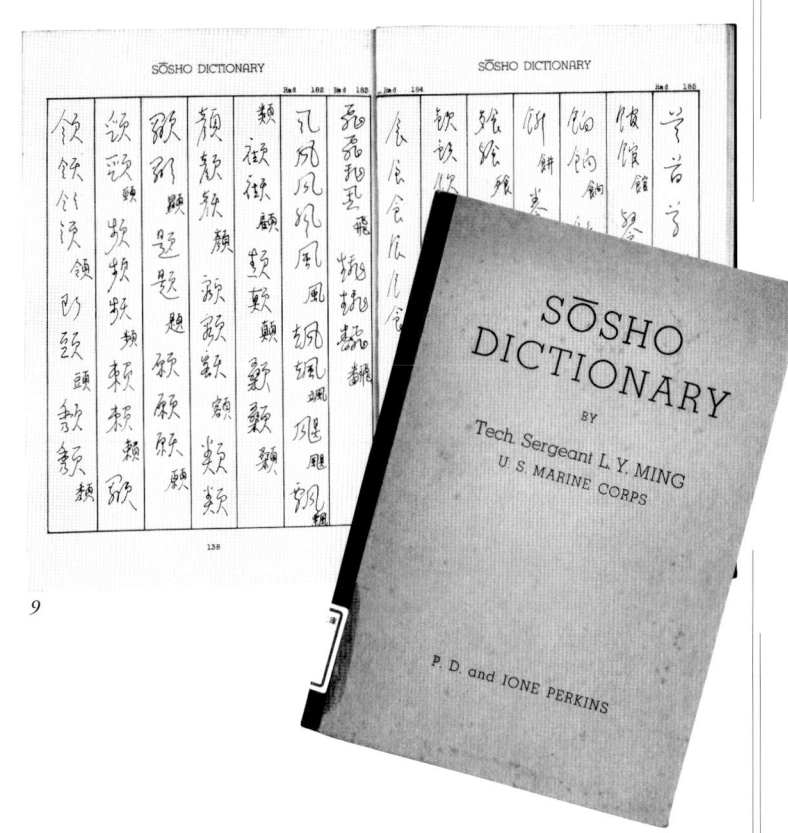

1 グルーの「公務書簡」 1942年8月25日、半年以上の大使館拘禁生活の後、グルーは帰国した。直後の30日におこなったラジオ演説「日本より帰りて(The Japanese are tough)」は、滞日10年の経験をもつ前駐日大使の報告として大きな反響を呼んだ。演説文は印刷され、戦時情報局(OWI)から配布された。グルーはこの後、OWIの依頼を受け、43年末までに全米各地で約250回の講演をおこない、日本の脅威を説いた。

2 グルー著『東京報告』(Report from Tokyo) 1942年 帰国直後におこなった演説の一部を収録。日本軍部を強く批判し、また多数のアメリカ人が抱いていた対日戦争についての誤った楽観論を否定した。発売後、数週間で13万部が売れ、ベストセラーとなった。サイモン&シャスター社版(上)と、軍用コンパクト版(下)。

3 グルー著『滞日十年』(Ten years in Japan) 1944年 アメリカ国内に冷静な対日世論を啓発するため、執筆活動もおこなった。グルーは1944年に極東問題局長、国務次官、45年に国務長官代理に任命され、日本の降伏条件と対日戦後構想の立案にあたった。天皇制維持を主張し、その決定に大きな影響を与えた。

4 バイアス著『敵国日本』(The Japanese enemy)1942年 日米開戦直後の1942年1月に出版された。日本での長いジャーナリスト活動を背景に、日本の現状、「国力と弱点」を分析した。2月に2刷、3月に3刷と増刷された。

5 J・R・ヤング著『我らが敵』(Our enemy) 1942年 著者は、1940年に東京で記者活動が元で逮捕されたジャーナリスト。『ジャパン・アドヴァタイザー』でブラウンの同僚でもあった。

6 『日本語会話ガイドブック』(Japanese: a guide to the spoken language)1943年 アメリカ陸軍作成の基礎会話本。日本語の発音を英語に似せて記している。見開き頁は、上から「2時です」・「3時です」・「6時です」・「6時半」。太い大文字はアクセントの位置を示している。

7 『学生向け初級日本語学習書』(Elementary Japanese for university students) 1942年 ハーヴァード大学教授のライシャワーとエリセーエフの編集。ライシャワーは東京の宣教師家庭に生まれ育った日本研究者。戦後、駐日大使をつとめた。

8 『日本語熟語集』(Japanese phrase book) 1943年 アメリカ陸軍作成。

9 『草書体辞書』(Sōsho dictionary)1944年 アメリカ海兵隊下士官作成。

49

第二部 アメリカ戦時情報局員——戦時下

3 戦時情報局入局——対日心理戦

　1941年9月、ブラウンはUP通信社に入社したが、42年9月、請われて戦時情報局（OWI）ニューヨーク支部に入局した。

　OWIとは、1942年6月に戦時情報の収集と分析、およびアメリカ軍の政策を宣伝する心理戦実施のために設けられた情報機関である。同じ情報機関の戦略事務局（Office of Strategic Service—OSS）が出所不明の謀略的要素のつよい宣伝をおこなったのとは対照的に、出所の明らかな宣伝をおこなったので、前者はホワイト・プロパガンダ、後者はブラック・プロパガンダと呼ばれた。

　OWI局長にはエルマー・デイヴィス（Elmer Davis）という元新聞記者で、放送界でも活躍したという異色の人材が登用された。OWIは大きくアメリカ国内部門と海外部門に分かれ、ブラウンは海外向け部門の極東地域専門官として対日心理戦に加わり、おもに宣伝ビラ作成に携わった。

◆◆戦時情報局ニューヨーク支部に入局◆◆

1 髭をはやしたブラウン　戦時下か。
2 ブラウン、ラジオ番組に出演　*Talks, Vol.7, No.20*, 1942年4月号　ラジオ番組「アジアのスポットライト」（'Spotlight on Asia'）に出演し、「日本国民」（'The people of Japan'）について話した。
3 エルマー・デイヴィス戦時情報局長　1943年3月6日撮影　記者会見の場で日本とナチスが発行した中立国向け宣伝出版物を紹介している。LC蔵
4 戦時情報局ニューヨーク支部の建物　同支部は3つの建物に分かれた。そのひとつ、西57番街のアルゴノート・ビルディング（Argonaut Building）の現況。外観は当時のままの姿をとどめている。

◆ビラ作成から撒布まで（中国・ビルマ・インド戦線の例）◆

1　**日本兵向け投降ビラの割り付け**　NARA蔵
2　**ビラの折りと断裁作業**　画面中央では、アメリカ人スタッフがインド人スタッフに説明している。NARA蔵
3　**ビラの梱包**　ロール状にまとめて「紙爆弾」を作る。NARA蔵
4　**ビラの投下**　ビラはゆるめに梱包され、落とされた時にプロペラの後流で梱包が解かれ、撒布される仕組みとなっている。NARA蔵
5　**カチン族の若者**　ビルマ（現ミャンマー）の山岳少数民族。拾ったビラをジャングルの村々に届ける役目を担った。NARA蔵
6　**レド（インド）のOWI海外事務所にて**　1944年8月　レドはビルマルートの重要地点。カール・ヨネダ（前列左から4人目）やケンジ・ヤスイ（左から3人目）といった日系人もOWIでビラ作成に携わった。ビルマ戦線で作戦を終えたふたりは、日本兵の遺留品である寄せ書きが記された日の丸の旗や日本刀を持ち帰った。遺留品は日本軍の状況を知る手がかりとなった。NARA蔵

◆◆宣伝ビラ担当◆◆

1 OWIニューヨーク支部が置かれた建物
フィスク・ビルディング(Fisk Building)の現況。ブラウンの部屋は18階にあった。左手前に見えるのは、同じく支部が置かれたアルゴノート・ビルディング。

2 ブラウンの自宅アパートの現況 OWI時代の住まい。マンハッタンの北部にあり、コロンビア大学に近い。

3 OWIニューヨーク支部海外部門組織図
1945年3月1日現在 ブラウンは、極東地域担当専門官であると同時に、各専門官を統括するニューヨーク検閲部の部長代理であり、また出版部太平洋宣伝ビラ課にも籍を置いた。NARA蔵

4 プロパガンダ用日本語彙集［1942年12月1日］ ワシントンの日本語専門家が作成したとある。同音異義語の説明とともに、空欄が設けられて漢字が書き入れられるようになっている。その側に鉛筆書きで訂正やコメントが記されている。

Courtesy of the National Archives and Records Administration, RG208.

5 最近の極東放送から得た日本語訳語一覧
1943年6月28日 ポートランド(オレゴン州)の海外放送情報局(FBIS)作成。

6 近年の日本映画リスト 「戦略事務局(OSS)報告—日本の映画:心理戦面から」 1944年3月30日 開戦前の1938〜1941年に製作され、その後も日本及び日本占領地域で上映中の日本映画20本を選び、プロパガンダという観点から分析している。「チョコレートと兵隊」(38年)「支那の夜」(40年)や「丹下左膳」が挙がっている。なおブラウンは、戦後の対日処理政策の一環であるアメリカ映画配給案の策定にも関わった。

7 投降ビラを作成する際の注意書き アメリカ軍の優勢を伝える、投降が恥でないことを説得する、また掲載する捕虜の写真には目隠しを入れるなど、注意深い配慮が示されている。

8 英米の対日心理戦計画概要 英米は共同して「日本軍をあらゆる面で根底から突き崩し、日本占領下の諸国民の抗日闘争を激励し、ドイツと日本との間に亀裂をもたらし、枢軸国と中立国間の信頼を破壊する」ために心理戦を展開した。9頁にわたる行動計画書で、表紙右上に「Mr. Don Brown」の書込や、「機密」の赤いスタンプ印、レ点の書込がある。

9 戦局報道記事ファイル おもに対日戦線を扱ったイラストの切抜。ブラウンがビラ作成の参考資料として集めたものか。

◆関わった宣伝ビラ◆

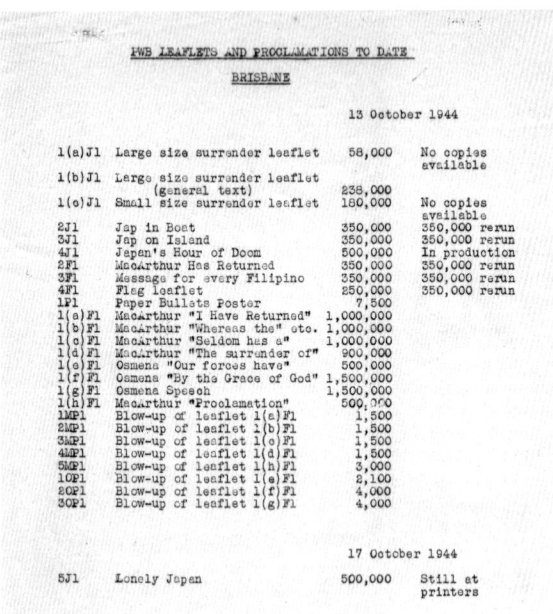

1　オーエン・ラティモア（Owen Lattimore）
アメリカの著名な中国研究者で、蒋介石の私的顧問もつとめた（1941〜1942年）。42年にサンフランシスコ支部長としてOWIに入局。

2　オーエン・ラティモアからの書簡　1944年7月20日　ブラウンは、OWIワシントン本部にいたラティモアから、対日宣伝ビラ作成支援のため、オーストラリアのブリスベーン行きを命じられた。ブリスベーンには、マッカーサーの司令部が置かれていた。

3　ブラウンのオーストラリア行きの目的
Washington Weekly Intelligencer, No.1, 1944年7月26日号　OWIニューヨーク支部で発行された、海外事務所向け回状のスタッフ動向欄記事。現地事務所の宣伝ビラ作戦の立ち上げに協力し、同時に現地が必要としていることを学び、今後の計画に活かすことがその目的だと記されてある。NARA蔵

4　ブリスベーンで作成した宣伝ビラ類一覧
［1944年10月］　ブラウンが滞在中に作成されたもの。左からビラ番号・種類・作成枚数・増刷数などが記されている。マッカーサーを扱ったビラが6種類もあり、その内の3種類の作成部数が各100万枚というのが際だっている。
NARA蔵

5　ブリスベーンで作成した宣伝ビラ各種
左の図版4の一覧に記載されているビラの現物。

CONFIDENTIAL Prager

OUTPOST BUREAU

Action: Mr. Williamson

FYI: Don Brown　　　　　　　　　Mr. Bernard (wa)
Mr. Lattimore (wa)　　　　　　　File
Mr. Buss (sx)　　　　　　　　＊Mr. Underhill
Dr. Fairbank (wa)　　　　　　＊Mrs. Parran
Mr. Linen　　　　　　　　　　＊Mrs. M. Allen
Mr. Berrett (wa)　　　　　　　＊Col. Greenwell (wg)
　　　　　　　　　　　　　　　＊Col. Thomson (wa)

May 10, 1944

The following is a copy of a letter to Mr. Don Brown, from Mr. Robert Kleiman, Chief, ICS Operations, in India, dated April 18, 1944.

The "sushi" surrender flyers and plastic plates arrived April 13 — 19 days after they were sent from New York. We are certainly pleased with them and expect to try #13-B sometime in the near future. Hope to be able to send you prisoner of war reactions in a couple of months.

Courtesy of the National Archives and Records Administration, RG208.

FRONT COVER
Imperial Poem, Morning at Shrine's Garden

　How peaceful the dawn at God's Garden.
　　Hope the world to be the same

BACK COVER

　East and West friendly intercourse and prosper.
　　For such a world I pray,
　　At the beginning of the year.

TEXT

　How peaceful the dawn at God's Garden.
　　Hope the world to be the same

---

6 ビラ「勇者生あり」（表裏）　大皿に盛られた鮨の写真を全面にカラー刷で載せ、投降を呼びかけたもの。投降時に示す「生存證」付き。

7 ニューデリー支部からブラウン宛て書簡　[1944年5月10日]「鮨」の投降ビラとそのスライド写真（plastic plates）を受け取った礼を述べ、またこのビラに対する日本兵捕虜の反応を知らせるとも書いている。スライド写真はブラウン・コレクションに現存。NARA蔵

8 ビラ「御製神苑の朝」（表裏と英文解説）ビラに記載された日本文の英訳や、解説が添付されている。解説文には、ブラウンの手による訂正書込（神苑の訳：God's Garden→Shrine's Garden）がある。

第二部 アメリカ戦時情報局員——戦時下

4 戦時情報局の日本関係スタッフ

OWIは、対日心理戦をおこなうためにアメリカ全土から人材を集めた。アメリカ人の日本研究者やブラウンのような滞日経験者、在米日本人や日系2世が集められ、対日心理戦に加わった。たとえば、戦後『菊と刀』を著す文化人類学者のルース・ベネディクトは43年にニューヨーク支部に入局し、日本研究部門にいたことは知られている。放送部門には、日本政治史家で日系2世のジョン・M・マキがいた。日本人スタッフとして、八島太郎（岩松淳）や石垣綾子（マツイ・ハル）、国吉康雄らがいた。また前線に派遣され、ビラ作成に携わった帰米2世の塚原太郎（オーストラリア）やカール・ヨネダ（インド）らがいた。

ブラウン直属の部下となったのは帰米2世の藤井周而だった。新聞発行の経験をもつ藤井が作成した宣伝ビラはすばらしい出来だったと、ブラウンは回想している。藤井は程なく共産主義者であるという理由でOWIを解雇され、OSSに移った。

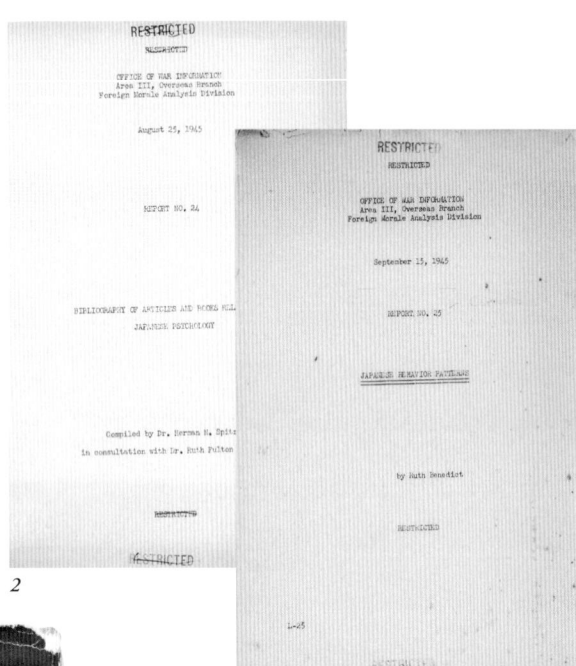

1 ルース・ベネディクト（Ruth F. Benedict）
（R. Benedict, *Patterns of culture*, 1934年より）
アメリカの文化人類学者。1943年にOWIに入局し、日本研究に携わった。

2 ベネディクトが関わったOWIの報告書
1945年　関係論文及び文献リストと、「日本人の行動パターン」。前者に訂正書込あり。

3 ベネディクト著『菊と刀』
（*The chrysanthemum and the sword*）、1946年
OWIで取り組んだ日本研究が元になった。日本人の行動パターンと、その背後にある考え方を分析した。48年に翻訳が出版されると、日本文化研究に大きな影響を与えた。

4 J・M・マキ（John McGilvrey Maki）
1943年11月撮影　ワシントン州生まれの日系2世。ワシントン大学を卒業し、戦前の日本に留学した。日米開戦後の42年、海外放送情報局（FBIS）に入り、東京の内外ラジオ放送の分析を担当した。43年にOWIに移り、対日心理戦に加わったが、宣伝ビラではなく放送部門にいた。当時のポジションは、海外班極東部門日本地域担当専門官。戦後、GHQ民政局スタッフとして再来日した。LC蔵

5 J・M・マキ著『日本軍国主義』（J. M. Maki, *Japanese militarism, its cause and cure*）
1945年　戦時下で刊行した日本政治史に関するマキの最初の著作。ブラウンは45年にニューヨークで入手した。

4 LC-USW3-039698-E

6 石垣綾子（マツイ・ハル）（Haru Matsui, *Restless wave*, 1940年より） 1926年に渡米し、画家の石垣栄太郎と結婚。日米開戦後もアメリカにとどまり、夫妻で日本軍国主義を批判した。戦時下、OWIニューヨーク支部に勤務。戦後、石垣は、すぐに帰国を望み、GHQのブラウンに便宜をはかってくれるよう頼んだが、うまくいかなかった。51年に帰国し、評論家として活躍した。

7 マツイ・ハル著『憩いなき波』（*Restless wave*） 1940年 石垣綾子がペンネームで出版した自伝。『ニューヨーク・タイムズ』などの大手新聞で取り上げられ、日米開戦後は日本を知るための推薦図書として広く読まれた。

8 八島太郎（宇佐美承著『さよなら日本』晶文社 1981年より） 絵本画家、本名は岩松淳。1939年に渡米し、戦時下、OWIニューヨーク支部で対日心理戦に加わり、宣伝ビラを作成した。

9 八島太郎著『新らしき太陽 The new sun』 1943年 自らの投獄体験をもとに軍国主義下の日本の状況を描いた。ニューヨークで刊行。「ドン・ブラウンへ、同じ時代に生きる歓喜をもって、タロウ・ヤシマ」という自筆献辞がある。

10 岡繁樹 ニューデリー、1945年撮影（岡直樹他共編『祖国を敵として』1965年より） 高知県生まれで、1908年に渡米。44〜45年、イギリス軍情報部の下に入り、カルカッタでOWIと協力して投降を呼びかける放送原稿や宣伝ビラ作成に携わった。戦前、カリフォルニアで邦字新聞、『桜府日報』を経営していた時の活字をインドに持っていき、ビラや新聞を作成した。

11 『対日宣伝ビラ戦』（*Leaflet War on the Japanese*） イギリス南東アジア方面軍司令部心理戦課作成 岡繁樹旧蔵のビラ作成解説パンフレット。安芸市立歴史民俗資料館蔵「岡家資料」

第二部 アメリカ戦時情報局員——戦時下

5 アメリカの宣伝ビラ

ブラウンの手元に残ったビラは、アメリカが作成したビラ全体からすれば、ごく一部に過ぎない。またブラウンは作成に直接携わったわけではなく、その修正や管理を担当したようである。残されたビラの中には、内容の英訳やコメントなどを記した解説文が添付されているものもあり、ビラの原稿も一部残っている。

ビラは対象ごとに、日本兵、日本国民、日本占領下のアジアの他国民向けに分けられる。日本兵向けビラは、日本兵の戦意を喪失させ、投降を呼びかけた内容になっている。日本国民向けビラは、戦争を指導する軍部や同盟国の指導者を非難し、また国内では報道されない戦地での日本軍敗勢を伝えたり、空襲を予告して避難を呼びかけた。日本占領下のアジア諸国民向けビラは、各国語あるいは少数民族語を用いて作成され、日本軍の統治政策を非難し、日本軍への非協力、アメリカ軍への協力を呼びかけた。

1 ビラ「桐一葉」（表裏）　桐の葉を精巧に模したビラ。表に「落つるは軍権必滅の凶兆なり、散りて悲哀と不運ぞ積るのみ」と記し、厭戦感をあおった。有名なビラであるが作成者ははっきりしない。
2 ブラウンからワシントン本部宛て書簡　1943年7月31日　機密ビラが民間出版物に掲載された問題について、ニューデリー支部がビラ「桐一葉」を公開・複写禁止とした例をあげ、管理の徹底化と予防策の必要を述べている。NARA蔵
3 ビラ「皇軍乃千死行進曲」（表裏）　1944年3月作成　中国・ビルマ・インド方面軍派遣のOWI心理戦班によって作成された。当時流行った「愛国行進曲」の替え歌を作って厭戦感をあおったが、日本兵にとっては陳腐な内容で効果はうすい、と評された。
4 ビラ「今此ンナ悲惨ナ最後ヲ遂ゲルカ…」（裏のみ）　ビラの表は日本兵の屍を、裏面では優待されている捕虜の生活を写した写真を載せ、祖国の将来のために、と投降を呼びかけている。

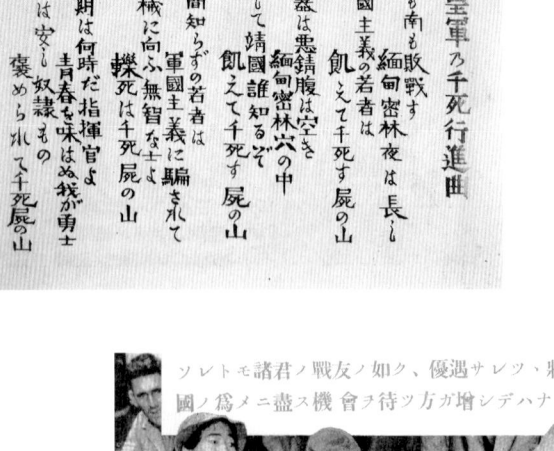

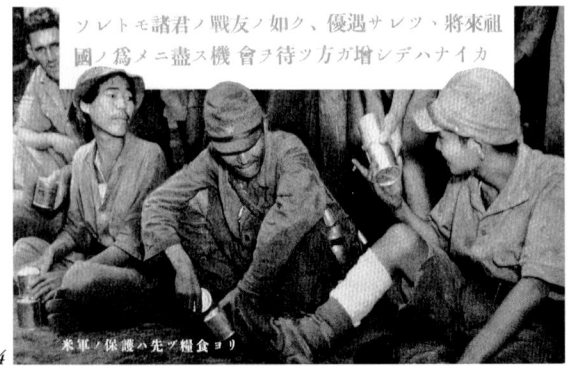

◆日本兵向け◆

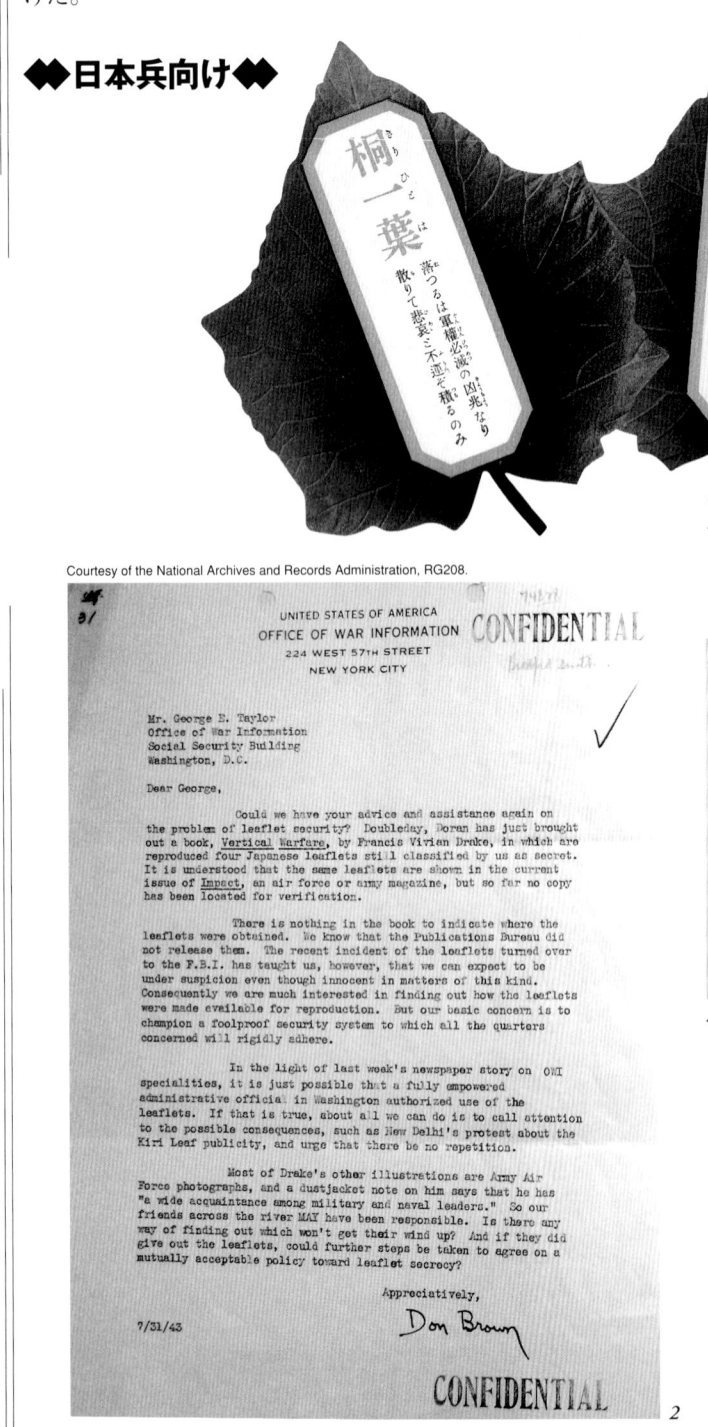

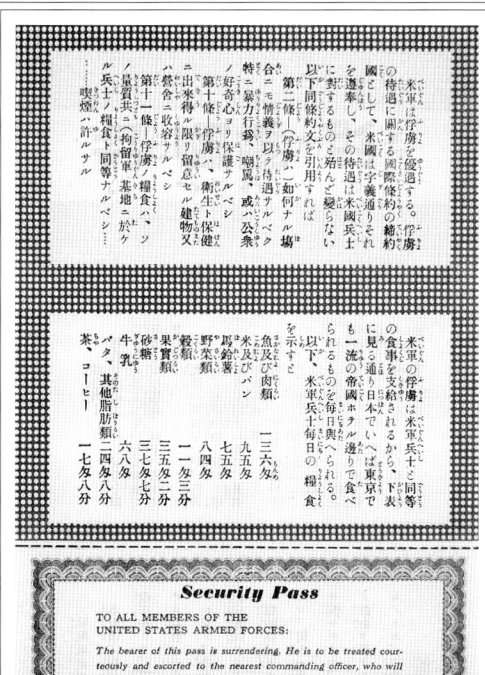

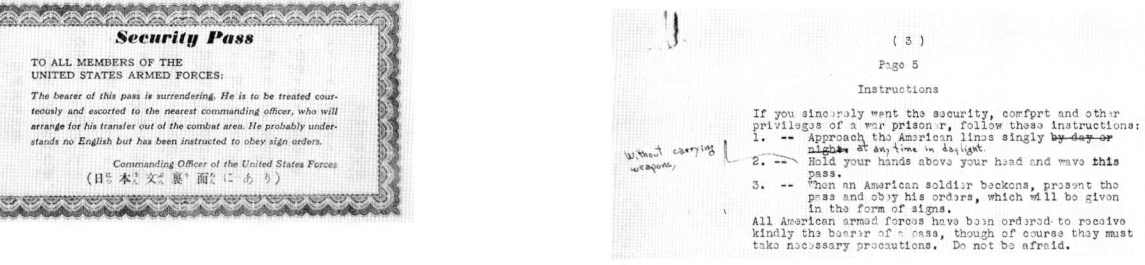

5 ビラ「**此の真相を知れ**」（表裏） 捕虜の扱いを取り決めた国際条約文を示して優遇を約束し、また捕虜の食事を具体的に挙げ、「帝国ホテル辺りで食べられるものを毎日与えられる」とある。下段は切り取りミシン目の付いた投降票。

6 ビラ「**此の真相を知れ**」の英文解説 投降時の注意書の箇所で、ブラウンの訂正書込がみえる。

7 「**南太平洋時報**」（表）［1944年］8月25日発行　日本兵向けに新聞も作られた。日本軍の敗勢を伝える各地の戦局や日本国内状況を詳細に報じ、情報に飢えた日本兵には効果的だとされた。4頁建て。

8 ビラ「**飢餓を求むか　それとも据え膳を喰ふか？**」（表裏）［1944年3月］　ビルマ戦線で作成、撒かれたビラ。この頃、ビルマ駐屯日本軍はインド侵攻を開始した（インパール作戦）。

9 ビラ「愈ゝ死に直面する日本兵」(表裏)〔1944年3月〕 ビルマ戦線で作成され、撒かれたビラ。絵は、アメリカと連合して日本軍と戦うイギリス空軍部隊を描いたもの。

10 ビラ「来る日の悶へ」(表裏) フィリピン諸島の上で苦しむ日本兵の絵。1942年3月、日本軍のフィリピン攻略戦に破れてオーストラリアに逃れたマッカーサーが、44年10月、フィリピン奪還作戦を開始した。このビラはその作戦に向けてブリスベーンで作成された。

11 ビラ「何事も相談」(表裏)「安全通過證」と書かれた投降票付きビラ。

12 ビラ「一歩先は軍部の捨て駒」「投降票」に「自発投降者」という、投降を肯定的にとらえた表現がみえる。片面のみの印刷。

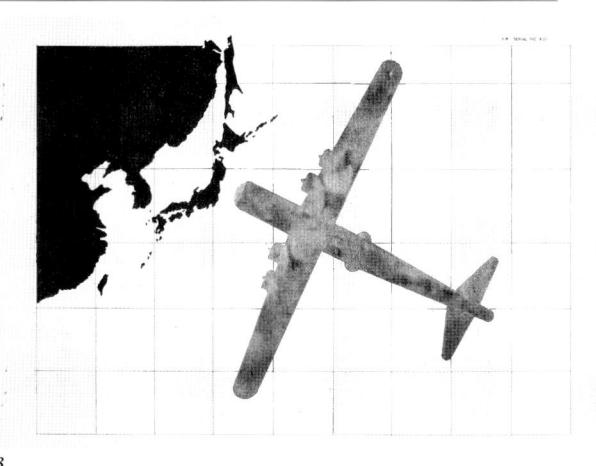

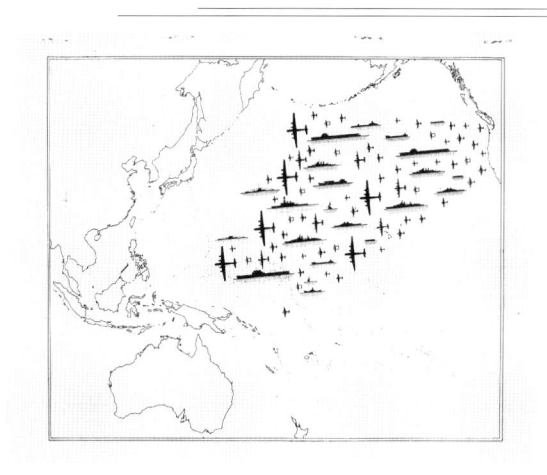

13 ビラ［米国の新「巨人」爆撃機が…］（表）［1944年8月］ 日本本土に向かう大きな機影は、長距離戦略爆撃機のB29である。44年6月、中国の成都を出撃したB29は日本本土を初めて爆撃した。マリアナ諸島のサイパンなどを占領すると、11月、そこから東京を初めて空襲した。

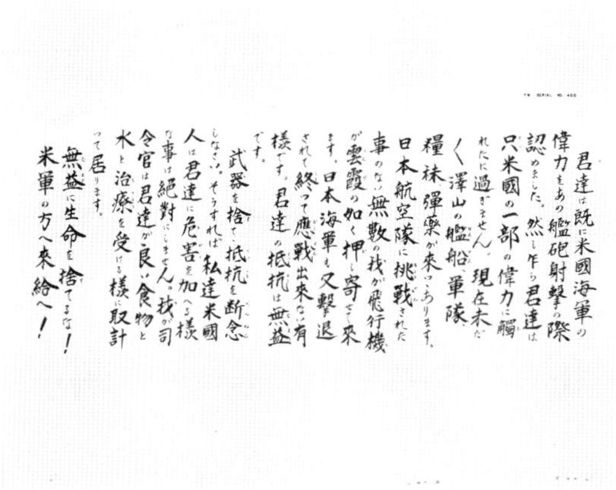

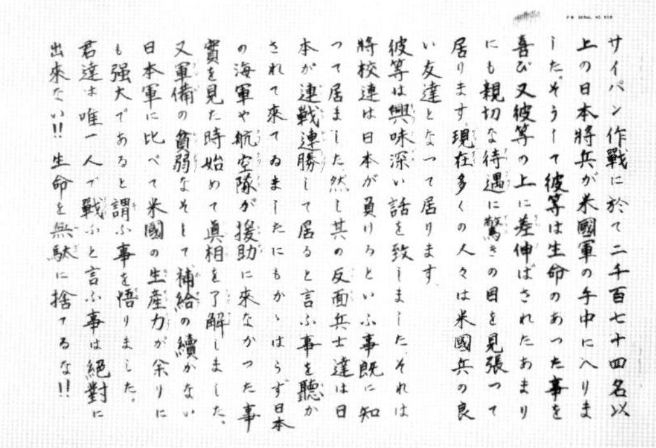

14 ビラ「君達は既に米国海軍の…」（表裏）［1944年8月］ 無数のアメリカ軍の飛行機が艦船と共に「雲霞の如く押し寄せ来」るさまを描いている。

15 ビラ「考」（表裏）［1944年8月］ 44年7月のサイパン島陥落が記されている。

16 ビラ「日本ハ勝利ノ見込ナシ」（表） ビラの内容から1944年に作成され、太平洋地域で撒かれたと思われる。ハングルも併記して、朝鮮人労働者にも同様に呼びかけた、とある。

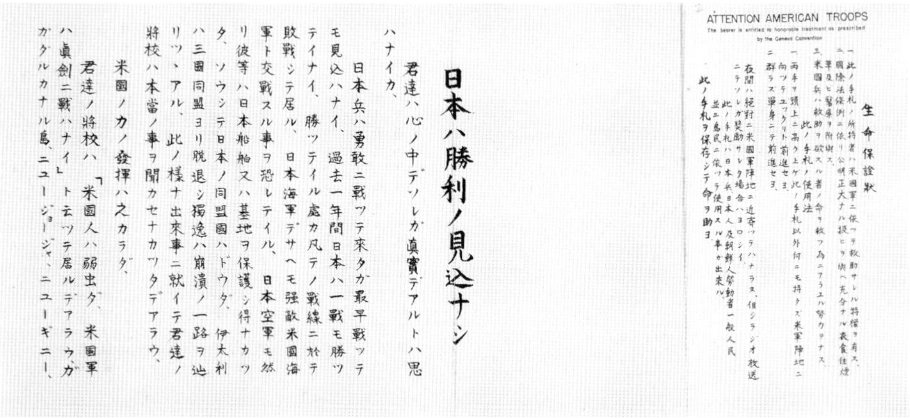

17 ビラ［仏像］（表）［1944年8月］ 奈良・薬師寺の聖観音像（白鳳期）の絵。裏面で関東大震災時にアメリカが日本を援助したことに触れ、「慈悲」深い国であるとアピールしている。

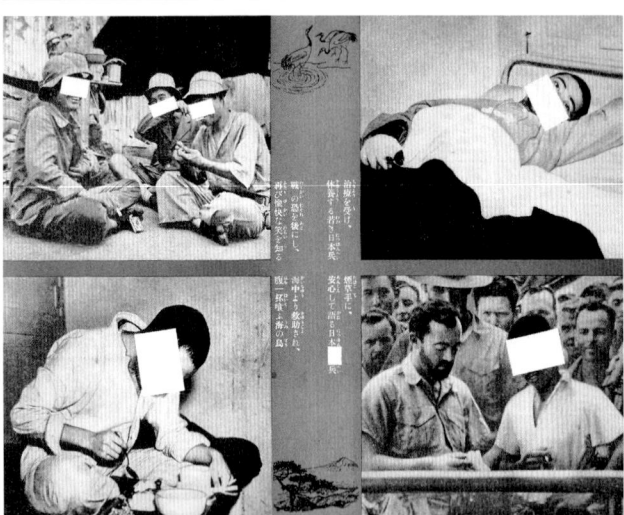

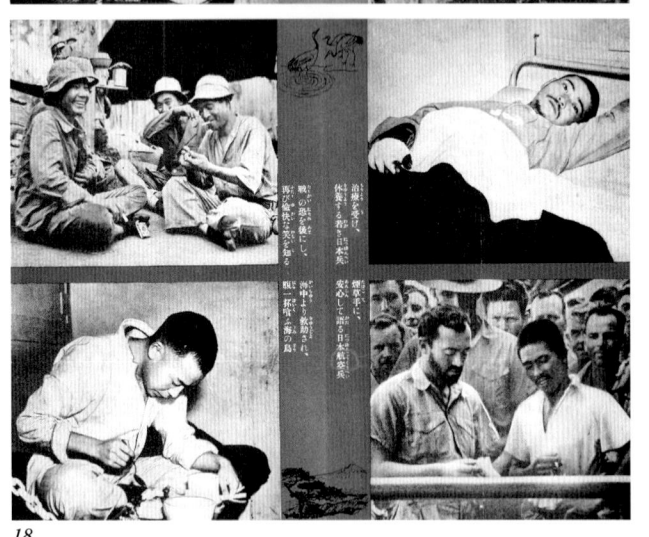

18 ビラ「優待慈悲　聯合国」(表裏)
表(上)は同じであるが、裏面の捕虜の写真に目隠し用白枠のあるもの(中)と、ないもの(下)の2種類が残っている。

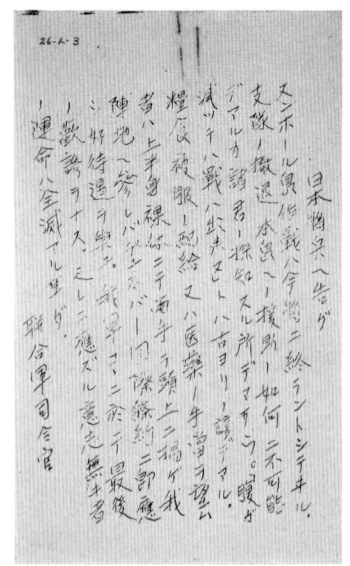

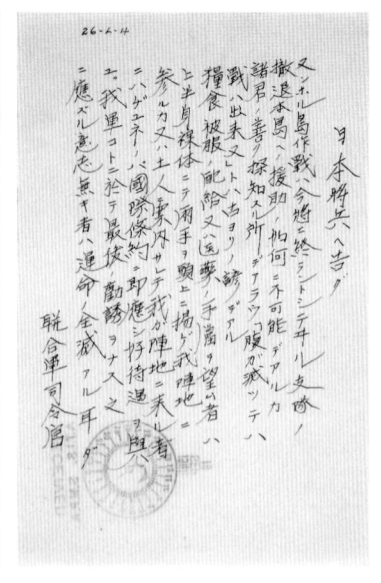

19 ビラと原稿「日本将兵へ告グ」　右が原稿、左が完成ビラ。字句の相違、ビラに誤字(勧誘→歓誘)がある。原稿の裏面にアメリカ南西太平洋軍の受取時刻印あり(1944年9月10日)。

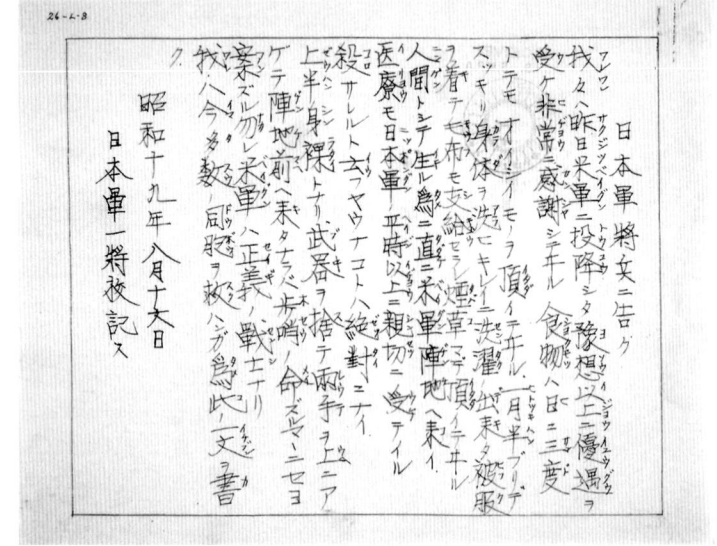

20 ビラ原稿「日本軍将兵ニ告グ」　「昭和十九年八月十六日　日本軍一将校記ス」として、すでに投降した将校が投降を呼びかけるという体裁をとったビラ。アメリカ南西太平洋軍の受取時刻印あり(1944年9月10日)。

21 ビラ[散る花を追ひかけて行く嵐かな]
添付の解説は、デザインに桜の花びらを用いた理由を「日本人は四季と折々の花々を愛で、花々には特別な意味を持たせている。春の花、桜はその散り際のはかなさや潔さで、日本では人の死に例えられる」と記している。1942年にビルマ戦線でイギリス軍が撒いたビラとされる。片面のみの印刷。右上にみえる「J32」という手書き文字は、日本関係ビラ32番の意味か。

◆日本国民向け◆

1 ビラ「日本軍部は独逸の車夫」（表裏）
ヒトラーを乗せて車を引く日本軍部の風刺画。ヒトラーは自伝、『我が闘争』の中で日本人はアーリア人より劣るとみなした。ビラはこれを受けて「日本民族は劣等なる蛮族であると声明」したヒトラーに利用されていると書き、軍部を批判した。『我が闘争』は戦時下の日本で抄訳が出版されたが、問題箇所は訳出されなかった。

2 ビラ「呪ふ九月」 日本で9月におこった関東大震災などの過去の災害を挙げ、厭戦感をあおった。太い斜線は雨をイメージしたものだと解説文にある。アリューシャン列島のキスカ島、アッツ島攻略に触れているので、戦争初期の1942年9月頃の作成か。印刷は片面のみ。

3 ビラ「無敵日本海軍今何処？」（表裏）
1944年7月のサイパン、テニアン、グアム陥落までが記されているので、その直後の作成か。1941年12月8日（日本時間）の真珠湾攻撃が、アメリカ時間の12月7日で記されている。

【ビラ1 表面】
日本軍部は独逸の車夫

【ビラ1 裏面】
獨乙人の車夫になったのでせうか？
全世界は苦笑せしめませんか？
日本男子たる者が斯くの如き仕事しか出来ぬやうになつたのでせうか？
皆さんは笑つてゐるのです。
如何にお人好しにも日本軍部が獨乙に利用されてゐるかヒトラーは公然と「日本民族は劣等なる蛮族である」と声明してゐます。一体何時からしてゐる獨乙人の内心思つてゐる如く、

日本人は人足の如き仕事しか出来ぬやうになつたのでせうか？
東京を濶歩してゐる獨乙人の数を考へて御覧なさい。彼等は如何に獨乙人の提灯持ちになつて全てゐるかを裏切るぞ交渉中であるのです―日本軍部が獨乙の手下になつて「聖戦」を続けてゐる。此の漫画によつて如何に全世界が日本の軍部を嘲笑してゐるかがお分りでせう。
一何にくやしからう〜日本人の花柳界に集つては獨乙人のお人好しを笑つてゐることか？同時に日木の「盟友」たる獨乙の密使は英米聯合國に対して欧洲に平和を

【ビラ2 英文解説】
```
Jap. Leaflet                          J.48.

                BAD NINTH MONTH

The ninth month - the year of the tragic Kanto earthquake!

This year too, unhappily, Tokyo is frantically building
evacuation centres and the people are anxious about the
Allied air raids which are certain to come.

Again this September has seen a fierce earthquake at
Tottori which caused heavy damage - there have been typhoons,
heavy rain and floods - remember the terrible Kansai flood
disaster in Showa 13 (1938)?

Compare the position of the Japanese forces, compelled to
retreat from the Aleutians and the rising tide of the offensive
of the United Nations!

No wonder Japan's hopes have sunk into the grave.


            (Japanese script in black over red-brown
             diagonal 'rain' effect).
```

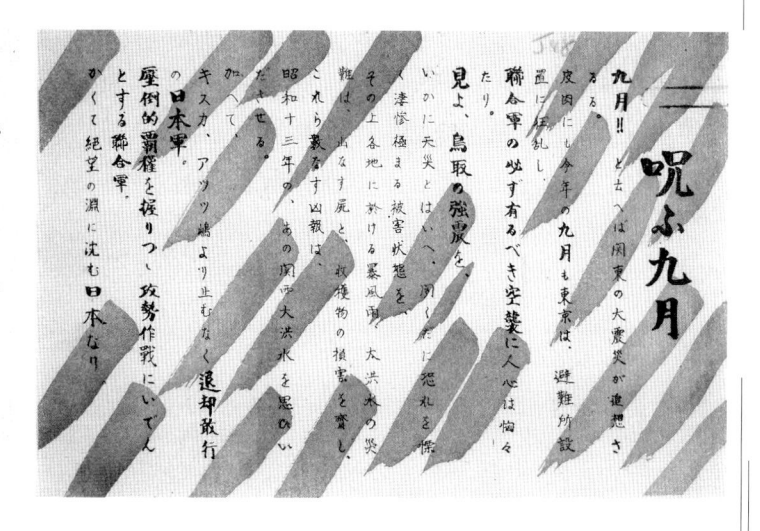

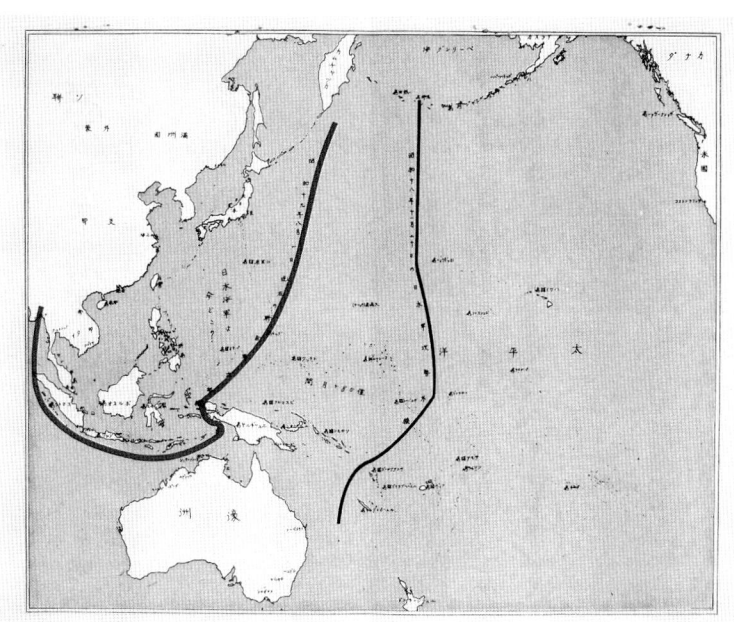

【ビラ2 本文】
呪ふ九月

九月‼　と去年は関東の大震災が連想される。皮肉にも今年の九月も東京は、避難所設置に忙しい。聯合軍の必ず有るべき空襲に人心は悩々たり。見よ、鳥取の強震を、同じく九月には悩礼を極むる天災、はい、同じく九月には悩礼を極むる被害状況を、津浪に次ぎ暴風雨大洪水の災いかに天災は、同じく九月には悩礼を極むる被害状況を、山なす屍と載なす凶報あの関西大洪水を思い出されよ。昭和十三年のあの関西大洪水を思い出されよ。キスカ、アッツ島より止むなく退却敢行とする聯合軍、歴例的襲撃を続けつゝ攻勢作戦にいでんとかくて絶望の淵に沈む日本なり

【ビラ3 本文】
無敵日本海軍今何處？
昭和十六年十二月七日日本は米國を不意打した。
それから‼
米國軍は昭和十八年十一月猛烈に進軍を開始した・
そして‼！
ギルバート島は昭和十八年十一月二十日米國軍の手に歸した。
昭和十九年七月にはサイパンもテニアンもグアムも米國軍に占領された。
次は？
日本本土？

◆アジアの他国民向け◆

1 ビラ「5ルピー日本軍票」〔1944年2月〕軍票とは戦地で使われた代用通貨。表（左）のデザインは同一だが、裏面でビルマ語、少数民族語のカチン語・シャン語で日本軍に食料などを提供しないよう、呼びかけている。ビルマ戦線の心理戦班で作成された。

2 ビラ「台湾人注意!!!」（表裏）中国語と日本語で、日本の軍事施設からの避難を呼びかけた。1944年10月、アメリカ軍は大規模な台湾空襲をおこなったが、その頃のビラか。

3 ビラ「荒鷲落地似水鴨!」（表裏）中国語と日本語で、台湾向けに作成。日本の航空部隊は国内で報道されている程の力はないとして、カモの如く落ちる荒鷲と揶揄した。

4 ビラ「此是大家将要看到之景況」(表裏)
中国語・日本語併記。「これはみんなが間もなく看ることになる状況である」と記した。

5 ビラ「進攻東京,有許多條路線。」(表)
「東京に進攻するにはたくさんのルートがある」と記した。

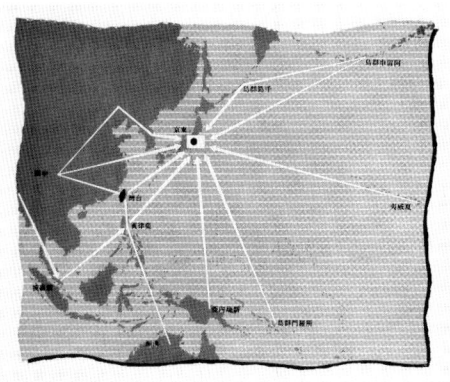

6 ビラ原稿「警告台湾人諸君」中国語のみ。裏面(下)に、アメリカ南西太平洋軍の受取時刻印あり(1944年9月10日午前11時)。

7 ビラ「バターン、フィリピン人英雄たちの聖地」(表裏)英語・タガログ語併記。表(上)は、フィリピン、ルソン島のバターン半島の絵。1942年、日本軍はアメリカ軍をバターン半島に追いつめ、5月、対岸のコレヒドール島要塞を攻略し、フィリピンを占領した。裏面は、その地名にちなんで名付けられたアメリカ航空母艦「バターン」の進水式の写真。

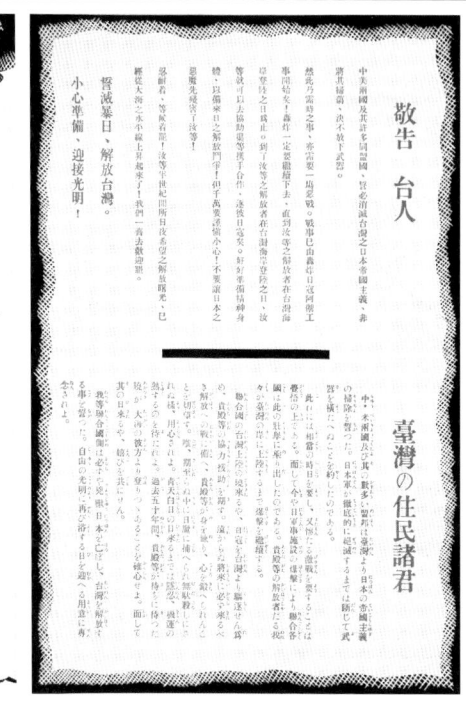

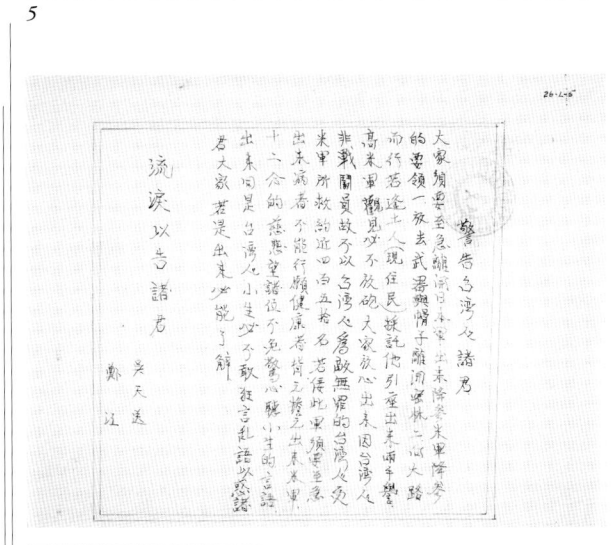

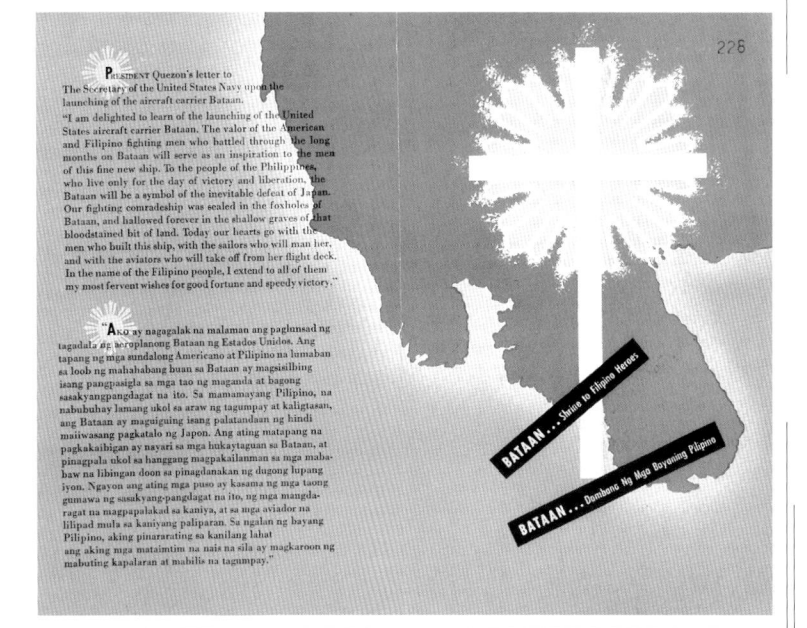

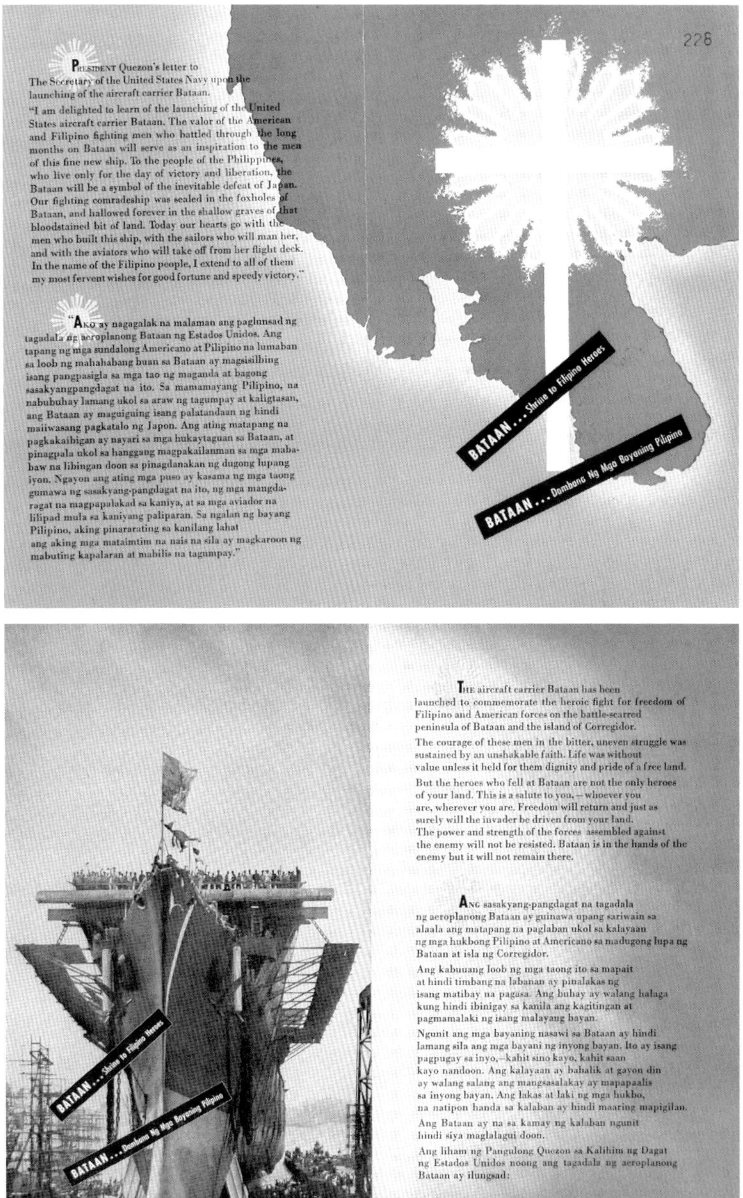

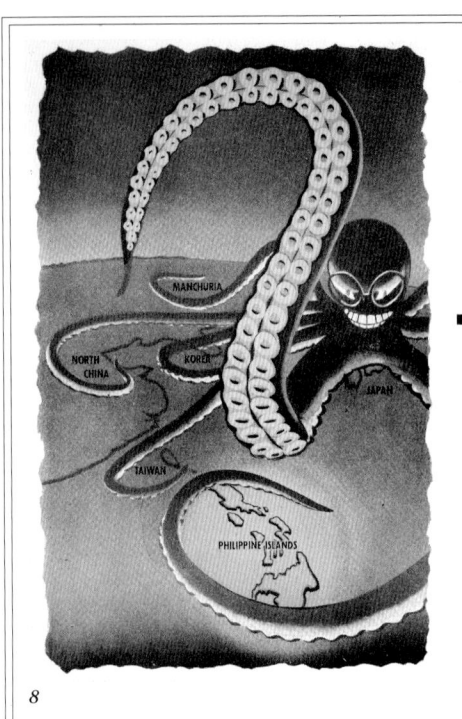

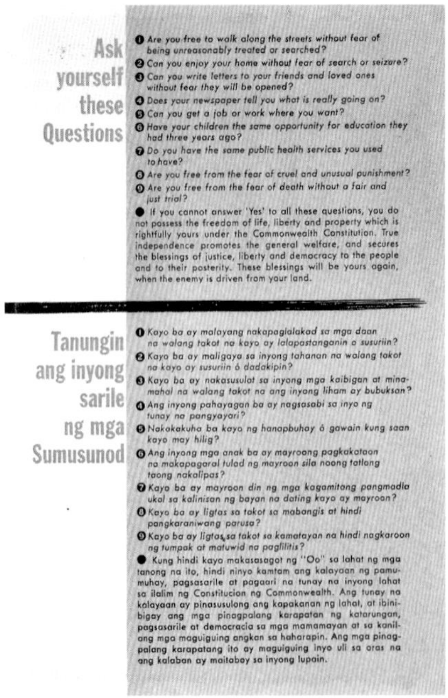

8 ビラ「自問しなさい」（Ask yourself these questions）（表裏）英語・タガログ語併記。フィリピンを獲得したタコ（日本）の絵。日本軍占領下で、自由を奪われていないか、と問いかけた。

9 ビラ「どちらが好きですか」（Which do you like? This or this）（表裏）英語のみ。日本軍占領下のフィリピン向けビラ。日米のフィリピン人への対応の違いを示して、日本軍への抵抗を呼びかけた。

10 『朝鮮自由報』 1945年7月7日号（裏面と英文解説）アメリカ軍の久米島占領や対馬海峡での日本船攻撃を報道。解説では、ハングルを用いる効果として、日本人がその使用を認めないので、それを使うことにより、アメリカが朝鮮人の独立を支援していることを表明できるとある。

11 ビラ［朝鮮人への呼びかけ］［1944年8月］（表）表はハングル、裏面は英語。

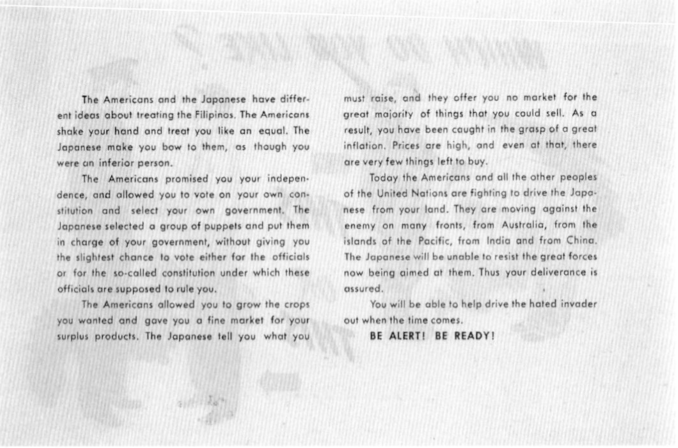

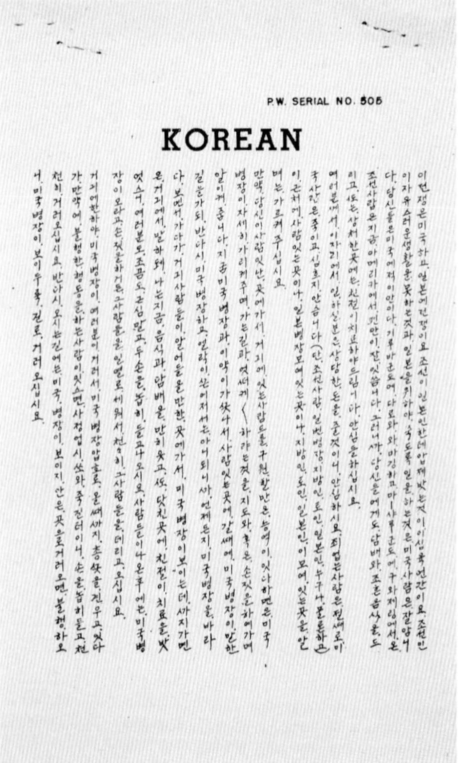

ブラウンと対日宣伝ビラ
山極　晃

　ブラウンは大戦中、戦時情報局（OWI）ニューヨーク事務所で主に対日宣伝ビラの業務に関わっていた。

　彼は、「アリューシャン列島やその他の太平洋諸島」向けの宣伝ビラの供給を担当したと語っている。確かにブラウン・コレクションにはアリューシャン、アッツ島に関係したビラが比較的多い。しかしブラウンが実際にどのビラの作成に関与したのかを特定することは難しい。それは一枚のビラを作るにも、テーマ、構想、文章、レイアウトなど、何人もの手が加わっており、しかも彼も認めているように、日本人にむいたビラを作るうえでは、部下の日系二世、藤井周而の方がすぐれていた。藤井は子供の頃、日本で教育を受けた帰米二世で、日本語に堪能で、戦前ロサンゼルスで邦字紙『同胞』の編集に長く携わっていた。

　また対日宣伝ビラは彼の部署だけで作られていたわけではない。ブラウンが前線に発送したビラのなかには、「運賀無蔵」、「桐一葉」、「北東（鬼門）から」、「鮨」など多数のビラが入っているが、「運賀無蔵」は別の部署で画家の八島太郎が作ったものであり、「桐一葉」もブラウンの手になるものではないと思われる。むしろブラウンはビラ草案の回覧、修正や、完成したビラの発送、保管、ファイル、さらにはビラに関係する諸部門や前線との連絡・調整など、主としてビラの管理業務面の仕事に携わっていたようである。

　44年7月、彼はオーストラリアに出張した。当時マッカーサーは米軍のフィリピン進攻に備えて、軍の心理作戦機構の再編を図っていた。オーストラリアにいた二十数名のOWI要員たちもそれに編入された。ブラウンの任務のひとつは彼らのビラ作戦に協力、助言することであった。

　オーストラリアでは、当時大量のビラが準備され、とくにマッカーサーの写真ビラや、「私は帰ってきた」声明ビラなどは百万枚単位で発行された。

　OWIのビラは、ホワイト宣伝、つまり米軍という出所を明らかにした宣伝で、出所を秘匿または偽って攪乱を図るブラック宣伝とは区別される。しかし、OWIの宣伝も、敵（日本軍）の戦意を低下させ、抵抗力を弱め、日本軍の降伏を促進させること、および作戦地域や日本の支配下にある現地諸民族に働きかけて、彼らの日本軍からの離反を図り、米軍への支持と協力を得ることにあったから、日本側から見れば、それは危険な「謀略宣伝」に他ならなかった。

　日本軍は神経質すぎるほど、「謀略宣伝」を恐れ、兵士たちがビラを拾ったり、見たり、所有することを禁止した。

　しかし「謀略宣伝」と言っても、それは、嘘をついたり、騙したり、たぶらかしたりすることとは違う。最も効果的な宣伝は事実や真実を伝えることである。嘘をつけば、信用されないし、嘘とわかった時の反動はより大きい。そこが日本の大本営発表の考え方とは違うところである。

　米軍は、ビラは日本兵士に受け入れられるものでなければならないと考えていた。初期のビラには米軍の力を誇示し、日本軍に降伏を迫るものが多かったが、その後ビラの効果を上げるために、さまざまな工夫をこらして努力した跡が見うけられる。

　例えば、捕虜を優遇していることを示すために、日本兵捕虜の生活や介護の姿を撮った写真ビラがいくつも作られているが、そのほとんどは捕虜に目隠しをつけ、誰であるかわからないようにしている。米軍のある文書によると、捕虜は家族に知られることを極度に恐れており、家族に知られるぐらいなら死んだほうがましだと言っているという。

　日本軍は兵士達に、捕虜になることは、本人はもとより、「一家の恥」だという教育を徹底しておこなってきた。だから捕虜になった兵士たちは常に恥辱感にさいなまれ、それが家族に及ぶことを恐れていた。ビルマ戦線の米軍ビラの中には、わざわざ「家族保護のための目隠し」と断っているものもある。

　ブラウン・コレクションのビラには、同じビラながら、目隠しをしたものとしないものとがあるが、これは珍しい。おそらく前者は後者の修正版ではないかと思われるが、いかにもとってつけたような目隠しである。前線からは、目隠しをせず、所属部隊もわかるようにしたほうが、日本軍に及ぼす影響は大きいと言う意見もあったが、認められなかった。

　また、日本兵に降伏を呼びかけたビラには、投降する時に米軍側に示す「投降票」や「通行票」が付けられているが、初期にはその表面に「降伏する（I Surrender）」と書かれていた。しかし日本兵は「降伏」や「投降」、「捕虜」という言葉をひどく嫌っていることがわかると、次第に、「降伏する」から「抗戦をやめる（I Ccase Resistance）」に変え（南西太平洋戦線）、さらには「投降票」のかわりに、「生存証」とか、ついには「何事も相談」というものまで作られるようになった。

　ビラの文章も、始めは米軍の圧倒的な軍事力に抵抗しても勝ち目はなく、敗戦は必至だ、だから降伏せよというような、直接的な主張が多かった。しかし、後には「諸君はよく戦った」と相手を讃えたうえで、しかし勝敗はもう決まっているのだから、命を無駄にするな、家族のため、新しい日本の再建のために、生きのびよ、と諭し、そのために、「諸君の戦友たち〔捕虜たち〕に合流せよ」と訴えるビラが多くなる。

　もちろん、これは日本兵にたいする同情というより、非戦闘手段で成果を挙げることによって、米軍の犠牲を少なくしたいという心理戦争の意図があることは言うまでもない。『紙の爆弾』（A PWB Manual）というパンフレットも「一人の日本兵捕虜を捕らえることは、一人の米軍兵士の生命が救われる」ことだと心理戦争を軽視する傾向にある米軍兵士たちに訴えている。

　米軍では早くから天皇を非難したり、攻撃したりするビラは控えるよう指示されており、先に挙げた米軍の文書も、天皇についての非好意的な表現は日本兵の敵対心を掻き立てるだけだと戒めている。従って天皇を直接対象にしたビラは少ない。

　ブラウン・コレクションにも、天皇に関するビラは平和を祈願する天皇の戦前の御製があるのみで、これも「陛下の大御心を」欺いて戦争を始めた軍部の批判である。しかも「軍部首脳者は畏れ多くも　　陛下を欺き奉ったのです」と、当時の日本で天皇に関して使われていた言い回しをなぞり、「陛下」の頭の二字下げなど、細心の注意が払われていたことがわかる。

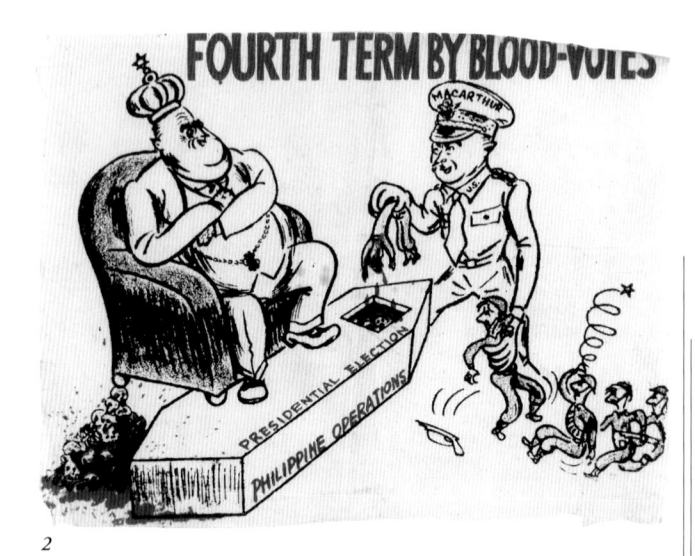

第二部 アメリカ戦時情報局員——戦時下

6 日本の宣伝ビラ

　日本軍が作成した宣伝ビラ約40点もブラウンの手元に残っていた。おそらく戦時情報としてアメリカ軍が戦場で入手し、OWIのブラウンの部署に回ってきたものだろう。アメリカ側は日本軍のビラを集め、分析を加えてもいる。

　日本軍が連合軍を対象として作成したビラは、総じて性に訴えて厭戦感をあおった内容のものが多いとされるが、ブラウン・コレクションのビラも、そのような類のものが多い。

　アジア諸国民に対して作成したビラには、日本が開戦直後に掲げた「大東亜共栄圏」建設の方針を反映して、欧米諸国の植民地支配からの解放と独立を呼びかけたものがある。

1　ビラ「投降票」女性のヌード写真を掲載。1942〜43年のソロモン諸島、ガダルカナル島の戦闘で日本軍がアメリカ軍に向け撒いたビラのコピー。アメリカ太平洋艦隊司令長官ニミッツから送られてきた、とメモにある。

2　ビラ「血の票で得た第4期大統領職」マッカーサーとフィリピン大統領ケソンの関係を風刺したもの。印刷は片面のみ。

3　ビラ［アメリカ軍の補給路を断つ］フィリピンへと向かうアメリカ軍に対し、補給路を断つ（鮫や蟹で表現）と脅した内容。印刷は片面のみ。

4　ビラ「資本家は際限なく赤を欲する」フィリピンでは、資本家の利益を守るため赤絵の具をチューブから絞り出すように、アメリカ兵の血が流されている、と訴えている。印刷は片面のみ。

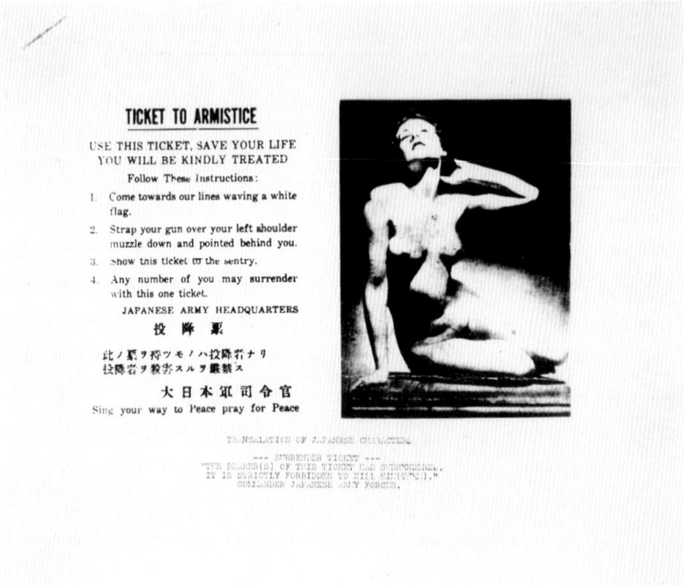

5

PANAAD GITUMAN

Kun ang yutang Haponanon mao na ang mosaad, sa walay duhaduha siya motuman gayud sa maong panaad. Lunhaw pa tingali sa inyong panumduman nga tungod sa Pakto de Alyansa sa miaging tuig siya mipasalig sa tumang pagpanalipod sa Pilipinas. Karon iya nang gitumau ang iyang pulong.

Hibaloi ninyo nga kadtong mga Amerikanhon didto sa Leyte nga nangahas pagbalik aron paglupig kaninyo, nag-atubang na sa ilang mapait nga silot. Dili gani takus hisgutan ang ilang pag-auhi dinhi sa Pilipinas, labi na nga sila matunaw lamang dayon inig pakakita sa Adlaw nga Nagasilang.

Ang hingpit nga pagkapukan sa Amerika diuhi niining hinungdanong panagaway sa Pilipinas dili na malilong.

Hinumdumi ninyo nga ang katapusang kadauganan sa yutang Haponanon mao ra ang makahatag sa inyong matuod nga kagawasan ug kabulahanan.

6

7

紀元節
KIGENSETSU
(The Song of the Foundation of Japanese Empire)

8

"Merry Christmas and a Happy New Year!"
Can't He Be Original?

9

5 ビラ「約束は果たされつつある」（裏）
タガログ語・英語併記。日本軍は約束したフィリピン防衛を必ず実行するという内容。マッカーサー軍のレイテ島上陸に触れているので、1944年10月頃の作成か。

6 ビラ「オーストラリアが悲鳴を上げる」
ニューギニア島でアメリカ兵とともに戦うオーストラリア兵に向け作成された。留守のオーストラリアではアメリカ兵がオーストラリア兵の恋人に乱暴をはたらこうとしている絵。両国兵士の分断をねらったもの。印刷は片面のみ。

7 ビラ「紀元節」（表）戦前の祝日、紀元節（2月11日）の式典で歌われた。五線譜と、カタカナおよびローマ字書きの歌詞が記されている。裏面には、歌詞の英訳が載っている。

8 ビラ［クリスマス・カード］（表）裏面では、恋人からの手紙の体裁をとり、アメリカ兵に早く帰国するよう訴える文章が記されている。厭戦感をあおったもの。

9 ビラ「3つの脅威に気を付けろ!!!」（表）フィリピン、ミンドロ島のアメリカ兵に向けたビラ。ミンドロ島で恐いのは、タマラオという野生水牛とマラリアを伝染する蚊、そして最も脅威となるのが日本兵である、という意味の絵（裏面に説明文あり）。

第二部 アメリカ戦時情報局員──戦時下

7 アジア太平洋戦争の情報収集

　OWIに入局したブラウンは、ニューヨーク支部の出版部(Publication Bureau)太平洋宣伝ビラ課(Pacific Leaflets Section)で、太平洋諸島の日本兵向け心理戦ビラの作成にあたった。その後、ニューヨーク検閲部(New York Review Board)所属の専門官(Regional Specialist)を兼務し、極東地域すなわち日本関係の情報収集と分析をおこない、また戦後の対日映画政策立案にも携わった。

　OWIでの活動の中で、ブラウンの手元には太平洋地域を中心とした日本兵捕虜、各地の戦闘写真、アメリカ国内の新聞に掲載された風刺画の写真や切り抜きなどが多数集められ、現在それらの写真が約800枚残されている。ブラウンは「戦争宣伝写真」(War Photos Propaganda)と名付けている。写真はアメリカ陸海軍や海兵隊などが撮影し、OWIの写真室でキャプションと整理番号が付けられた。(寺嵜弘康)

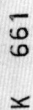

1　『マイアミ・ヘラルド』新聞の風刺画
アメリカの圧倒的な空軍力を示して、国内の戦意昂揚をねらったもの。エンライトの画で、原題は「すっかり当惑して」(Hot and Bothered)。
2　クライブ・アプトンの風刺画　日本の軍国主義者が、馬のように遮蔽板をつけられた日本国民に車を引かせている絵柄で、原題は「共存共栄」(Co-Prosperity)。
3　裸の日本兵捕虜　軍服は着用しておらず下着姿のままで、伏し目がちに不安そうに見える。ブラウンは写真の裏に、ギルバート諸島(中部太平洋)で沈没した日本海軍哨戒艇から救助された乗員たちと記載している。
4　移送される日本兵捕虜　アメリカ哨戒水雷艇に乗せられてソロモン諸島ガダルカナルへと移送される日本兵捕虜たち。写真の裏右上に「DB」との記載があり、ドン・ブラウンのものであることを示している。

5 マッカーサーのレイテ島上陸 1944年10月20日、マッカーサーはレイテ島のパロビーチ（レッドビーチ）に上陸し、フィリピン民衆に向けて「私は帰ってきた」（I have returned）と放送した。水筒に口をつけているのはオスメーニャ・フィリピン大統領。

6 少女を抱きかかえる日本兵捕虜 アメリカ軍のサイパン島攻撃は25日間におよび、兵士だけでなく市民や女性・子どもたちも多数犠牲になった。この士官はアメリカ軍の捕虜になった後、民間人の救出作業を担った。

7 アメリカ兵から煙草をもらう日本兵捕虜 1945年2月19日から始まる硫黄島の激戦は、日米両軍ともに多数の死傷者を出した。小笠原兵団（2万1千人）は壊滅し、アメリカ軍の捕虜になったものは1千人であった。

8 北千島への空襲 北千島にはパラムシル（幌筵）島やシュムシュ（占守）島などに日本軍守備隊が配置されていたため、アメリカ軍は空襲を実施した。写真は1944年12月の第11陸軍航空軍のB24爆撃機による機銃掃射攻撃。

9 老婆を治療所まで運ぶアメリカ兵 沖縄戦では多数の沖縄県民が犠牲になった。アメリカ軍は激戦に備えて6隻の大型病院船を用意し、負傷兵の治療に備える一方で、民間人への治療をおこなった。

10 **横浜に焼夷弾を投下するB29** 横浜への空襲は、第21爆撃機集団ルメイ司令官の命令（作戦任務第186号）により第58、第73、第313、第314の航空団（B29計517機）がマリアナ基地から出撃した。

11 **B29の編隊** 1945年5月29日午前9時過ぎから横浜市内の5箇所の平均着弾点を目標に、焼夷弾3万1274個（約2570トン）が投下された。日本軍の反撃を受けて3機のB29が撃墜された。

12 **空襲により炎上する横浜市内** 左下に根岸競馬場（だ円）が見える。この空襲による被害は、死者3649人、重軽傷者1万197人、民家の全焼7万8949戸を数え（1945年6月4日、神奈川県警察部調べ）、横浜の中心部はほぼ焼失した。なお、近年の研究によれば、この空襲による死者は8000人にのぼると推定される。

13 **京浜地帯の空襲分析図** アメリカ軍は空襲の効果を分析評価している。格子状の網掛け箇所は川崎空襲の壊滅的被害の箇所、横線の網掛け箇所は横浜空襲の潰滅的被害箇所、丸点の網掛け箇所は人口希薄地帯を示す。

14 **大阪大空襲** 1945年6月1日午前9時頃からはじまったアメリカ第21爆撃機集団による大阪市街地への大規模な空襲。509機のB29が約2890トンもの焼夷弾を投下した。B29の右翼脇に大阪城が見えている。

15 **神戸大空襲** 1945年6月5日の早朝7時過ぎから神戸市街地への大規模な空襲が実施された。マリアナ基地を出発したB29約530機が約3100トンもの焼夷弾を投下し、その結果、神戸市街の50％をこえる建物が破壊された。

第三部
GHQ民間情報教育局情報課長
……占領・戦後期……
（1945～1980）

　1945年8月14日、日本政府は日本軍の無条件降伏を求めるポツダム宣言を受諾し、連合国の占領下に置かれることとなった。翌15日、天皇の戦争終結の詔書が放送された。占領の行政機関となったのが、連合国最高司令官総司令部（GHQ/SCAP）であり、一般にGHQと呼ばれる。

　ブラウンは1945年12月、再来日をはたした。厚木飛行場から横浜を経由して東京に向かった彼は、その時のようすを書簡に「横浜に入ると、風景の中に、がれきや、壊れた建物、さびたブリキの簡易避難所、焼き尽くされた車や市街電車が見え、人びともみすぼらしくて生気がなく、痛々しかった。交通量はかなりあったが、その大半はアメリカ軍のものだった。…英語の道路標識がいたるところにあった。横浜の建物の多くには軍の表示板がかかっていた」と記している。

　東京に着くとGHQの特別参謀部13局のひとつ、民間情報教育局（Civil Information & Education Section－CIE）に入り、やがて情報課となる部署に配属された。情報課はおもに日本の出版やラジオ、映画などのメディアの民主化政策をおこなう部署で、ブラウンは1946年7月に情報課長となり、1952年の占領終了時まで、その重責を担った。また新聞出版用紙割当制度の確立と運用もブラウンの重要な任務であった。

　1951年9月8日、サンフランシスコ講和条約が調印され、日本の国際社会への復帰が決まった。翌52年4月28日、講和条約が発効すると同時にGHQが廃止され、占領は終わった。

　GHQ廃止後、ブラウンはアメリカ極東軍司令部渉外局へ異動となり、57年頃までつとめた。軍退職後も日本にとどまり、民間の日本研究団体である日本アジア協会の活動に力を注ぎ、1980年5月17日、名古屋の友人の病院で亡くなった。74歳であった。

第三部 GHQ民間情報教育局情報課長──占領・戦後期

1 占領開始

　1945年8月14日、日本政府は日本の降伏と戦後処理を定めたポツダム宣言の受諾を連合国へ申し入れた。翌15日、天皇の戦争終結の詔書が放送され、日本は連合国に無条件降伏した。9月2日、東京湾のアメリカ軍艦上で、重光葵外務大臣と梅津美治郎参謀総長の2人がそれぞれ政府と大本営を代表し、降伏文書に調印した。

　敗戦後、日本は連合国の占領下に置かれた。占領の行政機関となったのが、連合国最高司令官総司令部(GHQ/SCAP)であり、一般にGHQと呼ばれる。この組織は、連合国最高司令官とアメリカ太平洋陸軍総司令官の2つの総司令部の機能をあわせもった2重構造であり、両方のトップがダグラス・マッカーサーであった。

　9月17日、東京日比谷の第一生命ビルを本部とし、本格的な占領政策を開始した。10月2日、GHQに特別参謀部13局が設置された。そのひとつ、文化的側面の非軍事化・民主化を担当したのが民間情報教育局(CIE)で、すでに9月22日に設置されていた。

1 降伏文書調印式 1945年9月2日、東京湾のアメリカ戦艦ミズーリ甲板で調印式がおこなわれた。右から、署名する梅津美治郎参謀総長、サザーランド参謀長、マッカーサー。

2 敗戦直後の厚木飛行場 1945年8月29日、連合軍本隊第1陣の第188パラシュート歩兵連隊が到着。翌30日、到着したマッカーサーを護衛し、司令本部の置かれる横浜へ向かった。

3 占領軍の日本勧業銀行監察 1945年9月30日、GHQから29の金融機関の営業即時停止が命じられ、翌10月1日、クレーマー経済科学局長(中)とアメリカ戦略爆撃調査団ワイルズ(右)が、山際大蔵次官(左)立会で監察をおこなった。

4　降伏文書を手にしたトルーマン米大統領
1945年9月7日、ホワイト・ハウスで日本の降伏文書と天皇布告書を披露し、天皇裕仁の署名を指し示している。左からスチムソン陸軍長官、マーシャル陸軍参謀長、トルーマン、キング艦隊総司令官、D・アチソン国務次官補。

5　「プレス・コード(Press Code)」発令書
1945年9月21日　民間検閲支隊(CCD)発令第152号。GHQは、9月19日にプレス・コードを、22日にはラジオ・コードに関する覚書を出し、メディアの占領政策批判を取り締まる姿勢を明らかにした。検閲は民間諜報局(CIS)下のCCDが担当したが、CIEも映画検閲や出版物の翻訳認可など、検閲の一部を担った。英語・日本語併記。

6　GHQの組織図　1946年8月時点(竹前栄治著『GHQ』1983年より)　占領初期の組織図。その後、占領政策の進展具合によって改編がおこなわれた。

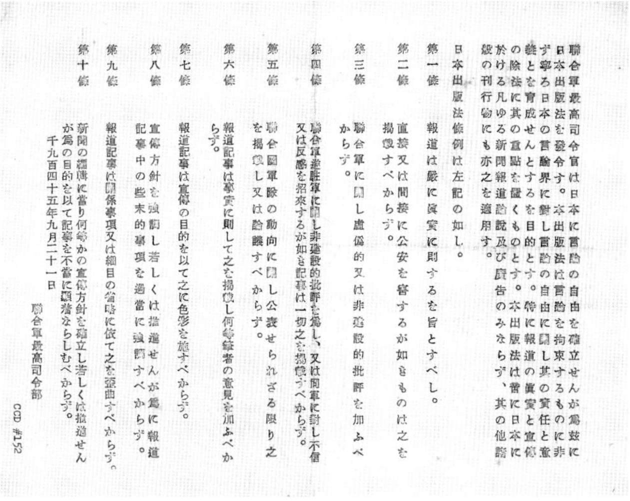

7　ダイク(K.R. Dyke)CIE初代局長　(竹前栄治著『GHQ』より)　戦時中から太平洋陸軍で対日心理戦に携わった。

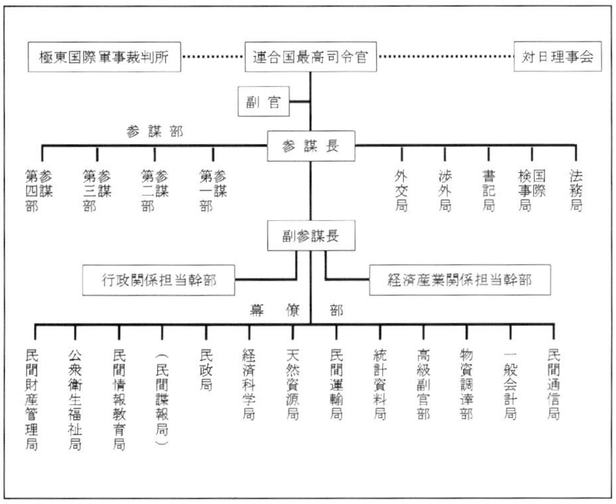

8　CIE作成「日本の雑誌出版の現状報告」
1945年12月1日　雑誌200誌を取り上げて、戦前から今日までの状況を分析し、今後取り組まなければならない課題を記した。

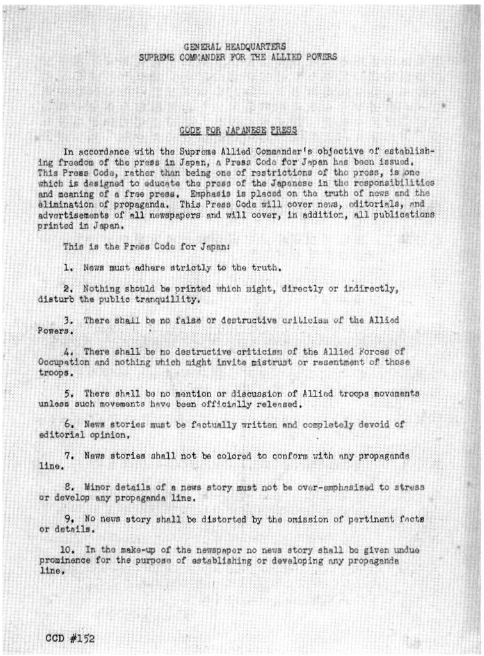

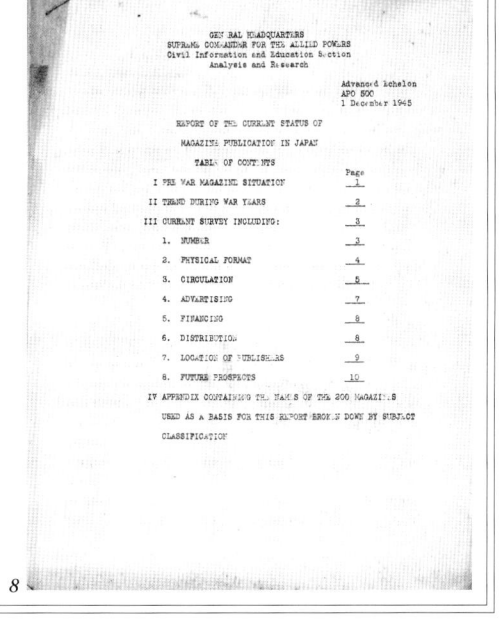

第三部 GHQ民間情報教育局情報課長——占領・戦後期

2 敗戦直後の横浜・東京

　OWIは、戦争終結後も1945年10月に国務省と合併するまで、業務をつづけた。ブラウンの属したニューヨーク支部でも、戦時中からおこなってきた軍提供の写真の受け入れ作業をつづけた。

　日本の降伏調印式のようすや、進駐した横浜でのマッカーサーの姿、連合軍捕虜のやせ衰えた姿、敗戦間もない日本各地のようすなどをとらえた写真が、ニューヨーク支部に送られ、それぞれに説明文が付された。その一部がブラウンの手元に回ってきたのであろう。

　1945年12月、再来日を果たしたブラウンは、ニューヨークに住む友人宛ての最初の書簡で「惨状はこの上なかったが、ともかくさまざまな報告で言われているような全滅という状態ではなかった」、と敗戦後の東京を実際に目にしての印象を記した。

1　マッカーサーと2人の将軍　マッカーサーは9月2日の降伏調印式に、日本軍の捕虜となっていたパーシバル英中将(左)と、ウェインライト米中将(右)を招き、横浜の司令部で出迎えた。前者はシンガポールの、後者はフィリピンの攻略戦で共に1942年に捕虜となった。

2　1945年9月2日の降伏文書調印式　中央、杖をついているのが政府代表の重光葵、右隣が梅津美治郎。

3　大森の捕虜収容所　1945年9月はじめに撮影されたもの。収容所の屋根に書かれたP.W.(Prisoner of War)は捕虜の意味。アメリカ海軍の飛行機が屋根すれすれに飛んでいるのがみえる。収容所の正式名称は東京俘虜収容所本所(大森区入新居)。関東・信越地域に16分所、3分遣所があった。敗戦時、内地には3万2418人の連合国軍捕虜がいたが、直ちに救出された。

4　日銀監察　1945年10月1日におこなわれた。中央の座っている人物が渋沢敬三日銀総裁、渋沢の左隣がクレーマー経済科学局長、右隣が山際大蔵次官。9月30日にGHQから営業即時停止を命じられた金融機関のひとつ。

5　台湾銀行東京支店を警備するアメリカ兵　1945年9月頃の撮影。台湾銀行は、1899年に開業した日本統治下の台湾の中央銀行。日本の台湾経営に大きな役割を担った。9月30日にGHQから営業即時停止を命じられた金融機関のひとつ。

6　日本軍の武器を破壊するアメリカ兵
1945年8月30日、富津岬（君津市）に上陸したアメリカ海兵隊は砲台のひとつを占拠し、野戦砲や小銃類を破壊した。

7　横浜駅西口の石油集積場　1945年9月はじめの撮影か。敗戦直前の空襲で被害を受けたと、説明文にある。戦前、スタンダード石油の所有地だった。

8　日本の少年たち　1945年9月頃、東京での撮影。少年たちは、大人の日本人を真似た尊大さと軍国的精神が窺える若き「兵士」の顔をしている、と写真の説明文は記している。

9　バラックの裏庭を耕す家族　戦後の東京の風景。大豆の配給量が少ないので、その足しにするため野菜を作っていると、写真の説明文は記している。

10　大豆の配給に列を作る人びと　1945年9月頃の品川での光景。米の代用として10日分の大豆の配給を受ける人びと。大豆を入れる容器も、やかんや乳母車、手提げとさまざまである。列の先頭の赤ん坊を背負った女性が左手に持っているのは、配給通帳。

11　青空靴修繕屋　1945年9月頃、東京での撮影。空襲で店を焼かれた靴屋が、路上で靴修繕をしている。周りにいるのは順番待ちの客。衣料品類が不足したので、履きつぶした靴でも修繕して使った。

第Ⅲ部 GHQ民間情報教育局情報課長——占領・戦後期

3 再来日、そしてGHQ入局

　1945年12月1日、ブラウンは厚木飛行場に降り立った。敗戦間もない日本にGHQスタッフとして戻ってきたブラウンは、直ちに東京へと向かい、東京放送会館に設置された民間情報教育局（CIE）に入った。

　CIEは、総務、教育、宗教、情報、美術・史跡、調査・分析の6つの課に分かれていた（1946年8月16日時点）。ブラウンが課長となった情報課のおもな任務は、メディアの分野において、非民主的思想を排除し、民主的思想と実践の定着を図り、一般日本人に占領目的と政策を周知させ、また日本人の戦争犯罪を公表し、市民の自由を謳って、日本人が自ら問題解決をするよう指導することであった。

　CIEは日本人にたいする情報提供のGHQ公式チャンネルであった。　（山本礼子）

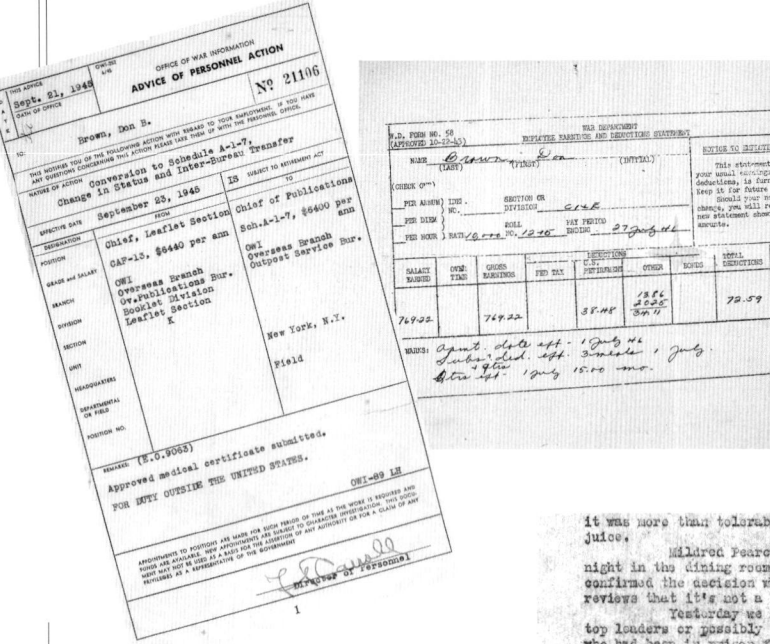

1　ブラウンと同窓生　1949年　東京で偶然にピッツバーグ大学同窓生の訪問を受け、同年8月、ピッツバーグの地元紙で報道された。
2　ブラウン宛て人事異動通知書　1945年9月21日　9月23日付で、OWI局内の宣伝ビラ課長から出版課長へ異動した。
3　給与明細書　1946年7月1日　当時、陸軍省雇いとなっていたブラウンの月給は769.22ドルであった。46年1月、ブラウンは友人宛に「とてもよい本に出会わなければ使えそうもないほど多額の給与明細書をついに作ってもらった。12月の生活費は33.60ドルで、充分な食事と洗濯代を賄うにはこれで充分だ。給料から引き出さなくてもほとんど生活できる。PXの外には騙されて巻き上げられない限り、金を使う値打ちのある物はほとんどない」と書き送った。
4　1946年の戦後初のメーデー　11年振りで復活した第17回メーデー。右から社会党の加藤勘十、共産党の徳田球一と野坂参三。46年2月に民政局員として再来日したJ・M・マキが読売新聞社から入手した。J・M・マキ氏寄贈
5　志賀義雄の来訪を伝えるブラウンの書簡
（控）　1945年12月20日　10月10日の政治犯釈放で、共産党の志賀も18年の獄中生活をおえて出獄した。「昨日、われわれの事務所に志賀義雄がやってきた。彼は日本共産党の指導者のひとり、いやまさに指導者そのものだ。…彼はひじょうによく英語を理解した。これほど長く獄中にあった人としては、彼のバイタリティーは驚くべきものだ。それに見るからに知的で、オープンで、ユーモアのセンスもあり、人を惹きつけずにはおかない。…日本で、そしてGHQで『共産主義者』が自由に動き回っているのに慣れるのは少しばかり難しいことだ」と友人に書き送った。
6　ダイクからCIE全スタッフ宛て回状（写し）
1946年2月1日　ダイクCIE局長が一時帰米するにあたり、不在時は運営委員会体制をとることを通知した。ブラウンも運営委員4人の内のひとりとなり、政策・企画と、ラジオ・新聞・出版、映画部門の担当となった。
7　東京放送会館（*The history of broadcasting in Japan*、1967年より）　CIEが設置された。
8　ニュージェント（D.R. Nugent）第2代CIE局長　ダイクに代わって46年5月に就任し、占領終了までその地位にあった。これは1947年6月18日にブラウンに贈呈した写真。右下に、ブラウン宛て自筆サインがあり、ふたりの間の厚い信頼関係が見てとれる。
9　陸軍省からブラウン宛て任命書　1946年7月1日、ブラウンは陸軍省よりCIEの課長職を任命され、19日GHQ人事部よりCIE情報課長に任じられた。すでにブラウンはOWIから国務省、さらに陸軍省へと異動となっていた。
10　CIEの活動内容案内　CIEが日本側に対し出版活動の参考としてもらうため発表したもの。各課、各係ごとにその活動を具体的にあげた。紹介したのはブラウンが統括していた情報課の部分。

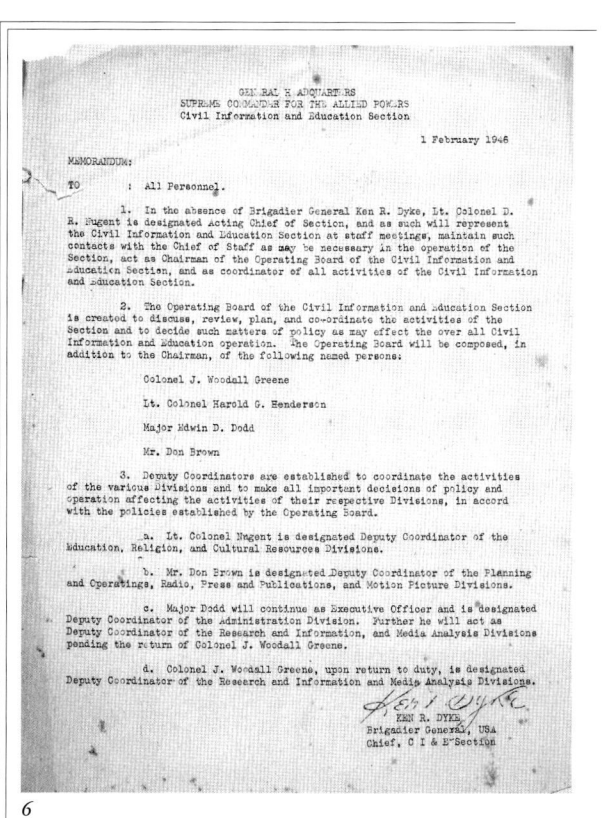

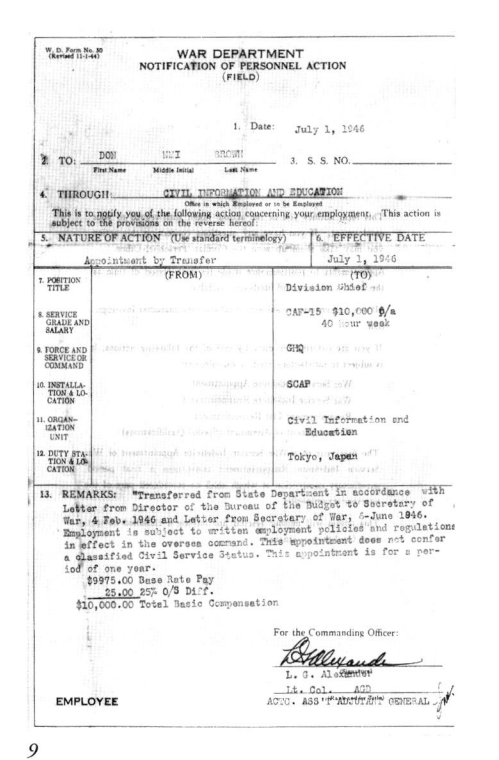

ブラウンの横顔 ③

1945年、[陸奥は] UPのマイルス・ボーンに呼び出され、記者となった。NHKのビルに事務所があったので、ブラウンが再来日していることがわかり、互いに行き来し、食事も年に何回かいっしょにしたことがあった。再会した時の最初の言葉は、「日本人を殺す役目から逃れることができた」だったか。親日的なことばだと思った。何を検閲しているのかと尋ねたら、もっぱら映画の指導をしていると答えた。記者クラブで見た外国のニュースフィルムをもとに「日本敗れたれど」を製作したが、検閲にひっかかり許可されないだろうということで、ブラウンに助けてくれと話した。ブラウンは何も答えなかったが、上映許可となり、大いに人が入り儲けた。ブラウンのようなよく日本を理解していた親日家が検閲官であったので、日本にとっては幸いだったと思う。(陸奥陽之助)

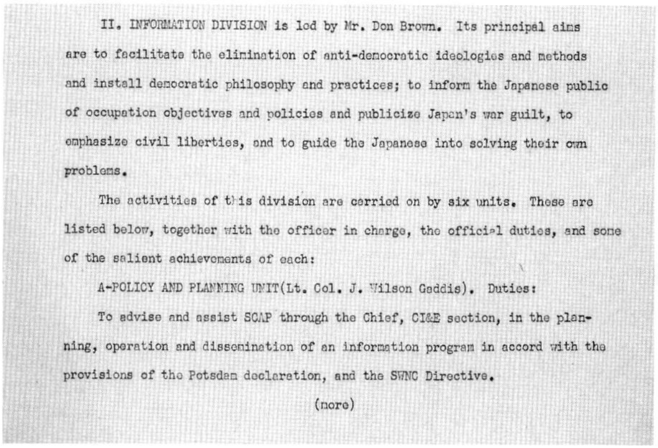

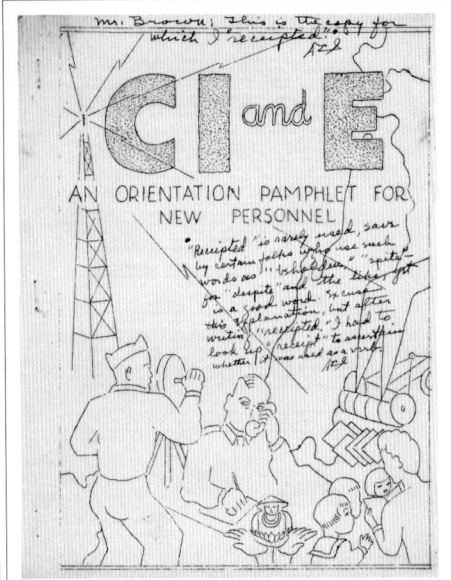

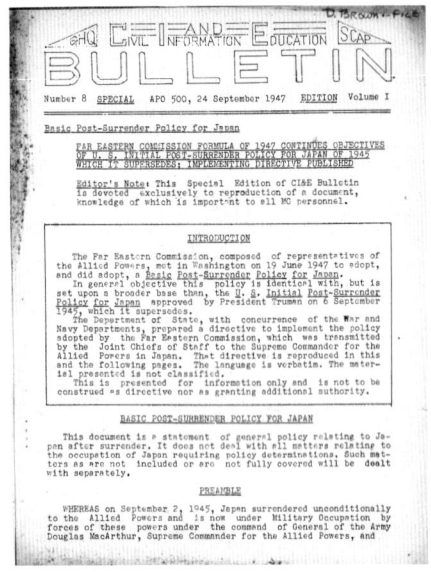

11 「CIE新人向け案内」（*CI and E, an orientation pamphlet for new personnel*） 1947年 CIE入局者向けに作成されたCIE案内パンフレット。日本理解のための新刊書としてライシャワー著 *Japan, past and present* とベネディクト著『菊と刀』を推薦している。

12 **CIEの組織図** 1947年2月22日時点（「CIE新人向け案内」より） 並列している5つの課（Division）の左端が情報課（Information Division）で、その下に政策・企画など6つの班（Unit）が置かれた。

13 「**CIE報**」 *CI&E Bulletin, Vol.1, No.8,* 1947年9月24日号 月2回刊行の部内報。この号は47年6月19日の極東委員会で日本占領基本政策継続が決定したのを受け、その周知を図ったもの。日本占領は実質的にアメリカが独占したが、連合国側はこれを監視するため極東委員会を設けた。

14 **GHQ発行地図**（部分）（*City map: Central Tokyo*） 1948年 丸の内地域の主要な建物はGHQに接収された。東京駅（11）、GHQ本部の第一生命ビル（34）、アーニー・パイル劇場（43）、東京PX（49）、CIEのラジオ東京ビル（東京放送会館、58）、ブラウンの宿舎の第一ホテル（63）。

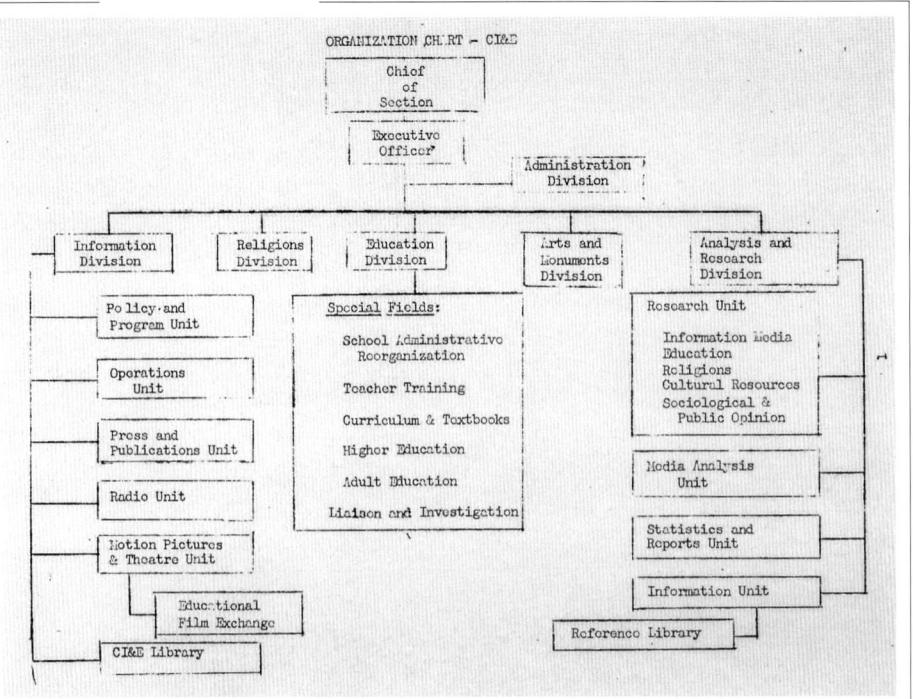

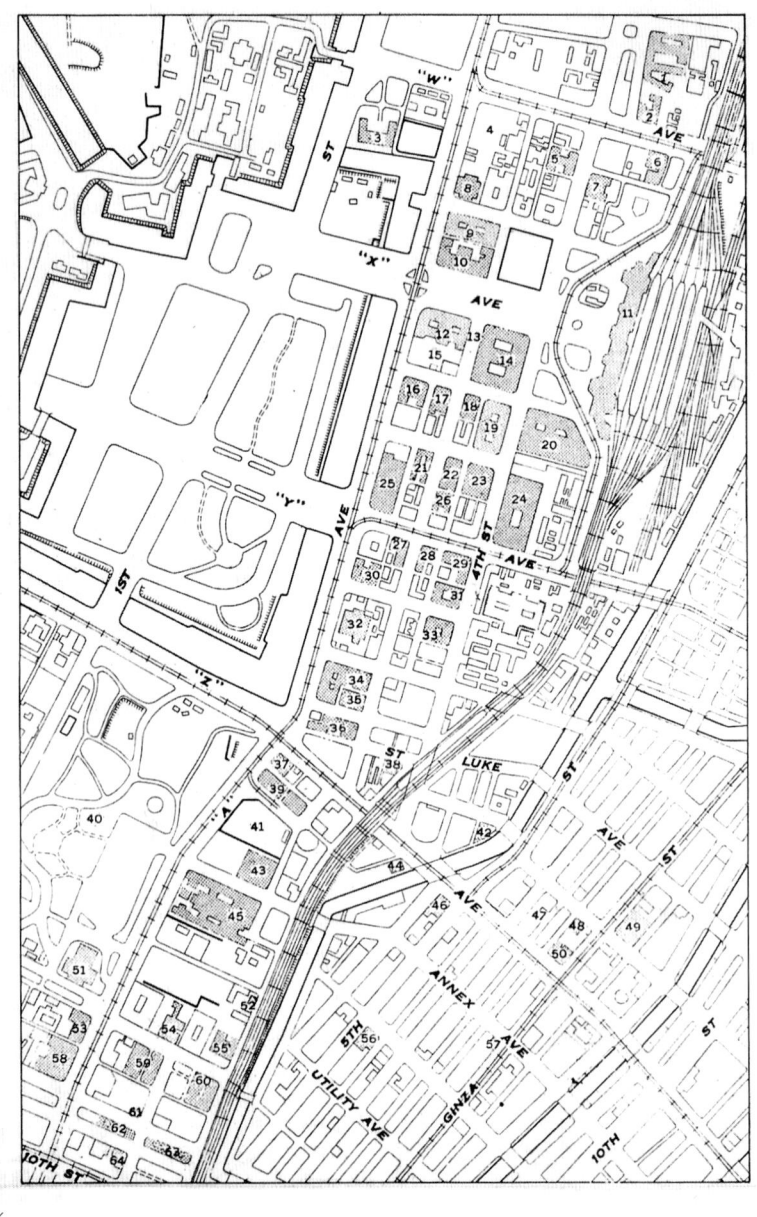

15　ブラウンとCIE日系人スタッフたちか
東京新聞撮影、年月日不明　中央奥にブラウンが、最前列右にニュージェントCIE局長がいる。

16　ブラウンとドロシー・エドガーズら
どのような集まりかは不明。ブラウンは前列左から3人目。その後ろはD・エドガーズ。戦前、『ジャパン・アドヴァタイザー』の同僚であり、1946年、情報課の政策・企画班にいた。

17　情報課組織図　組織は何度か改編された。この組織図は作成年が不明だが、課(Division)や班(Unit)が設けられていることや、部署・人名などから、1947年末～48年初め頃に作成されたと考えられる。ブラウンは、約80人のアメリカ人スタッフを統轄する情報課のトップの地位にあった。ブラウンの書込みがある。

18　ユニオン・クラブ役員会でのブラウン
1951年4月撮影　後列左がブラウン、右は情報課管理係長のR・ウォーカー(Robert O. Walker)か。3人の女性は不明。同クラブはCIE内の親睦団体か。

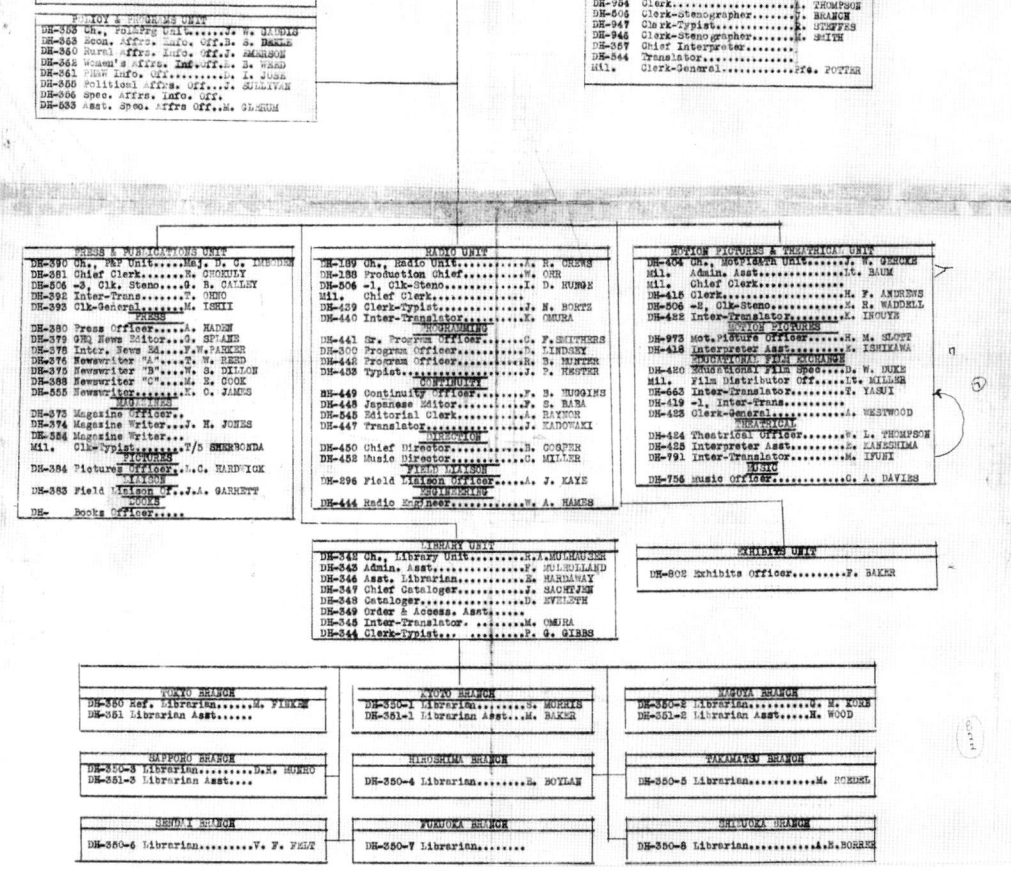

4 CIE情報課のおもな活動

　情報課は、初期は係もなく担当者が置かれただけであったが、しだいに組織化され、改編も何度かおこなわれた。おもな部署として政策・企画、新聞・出版、放送、映画・演劇、CIE図書館(インフォメーション・センター)の係が設けられ、メディアのあらゆる分野における、非軍事化と民主化の実現をめざした占領政策が推し進められていった。また政策・企画係では、ウィードらを中心にして日本女性の政治・社会参加を促す活動もおこなわれた。

　1948年にCIEが発行した情報課の活動をまとめた報告書(*CIE, Information Division, activities*)は、写真を多用してわかりやすく紹介しているので、これを中心にそのおもな活動を具体的に紹介しよう。

◆◆政策・企画◆◆

6

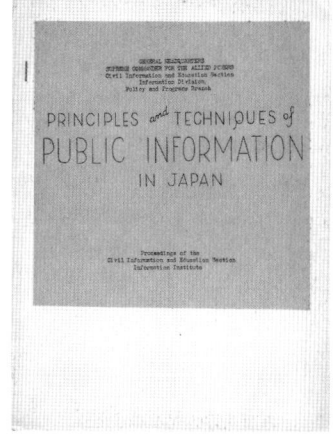

7

8

9

10

1　ガーディス(J.W.Gaddis)政策・企画係長
2　ウィード(Ethel B. Weed)婦人問題担当官
右側の婦人がウィード。オハイオ州クリーヴランド出身。1944年、アメリカ陸軍婦人部隊(WAC)に入隊し、45年10月来日した。51年に帰国するまで情報課政策・企画係で日本人女性の地位向上に尽力した。陸軍中尉。

3　戦後の第1回総選挙投票風景　1946年4月10日の新選挙法の下で実施された総選挙で、婦人参政権が日本で初めて認められた。89人の婦人が立候補し、39人が当選を果たした。ウィードらは日本人女性に権利の行使を呼びかけた。

4　戦後の第2回総選挙　1947年4月25日の総選挙時、トラックの上から婦人有権者に投票を呼びかける東京の婦人運動家ら。

5　横浜で開催された婦人指導者大会　1947年4月1・2日、伊勢佐木町にあったアメリカ軍施設、フライヤー・ジムで開かれた神奈川県東部婦人団体講演会風景。6000人の地域の婦人リーダーが集まり、民主的組織の基本理念や教育改革、婦人の労働基準などを学んだ。

6　広報講習会で話すニュージェント局長
1949年7月12日撮影　CIE情報課政策・企画係は、1949年7〜10月に計13回、東京放送会館で日本政府および民間の広報関係者を対象とした広報講習会を開催した。広報の原則と技術について補佐し助言をあたえることが目的であった。

7　CIE主催の広報講習会風景　1949年7月12日撮影

8　CIE主催の広報講習会報告書　各講演内容と質疑応答が記録されている。

9　『広報の原理と実際』　1951年　報告書は翻訳され、公刊された。責任者であるブラウンがおこなった講演2本も収録されている(「政府広報部存在の意義」・「職業としての広報」)。

10　公衆衛生列車展覧会　1947年11月に開始した移動展覧会。3両編成の専用列車を仕立てて全国を巡り、衛生についての専門的なアドヴァイスを日本人に与えた。

83

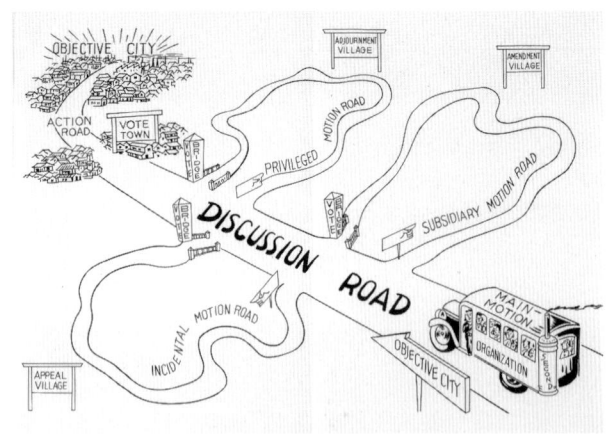

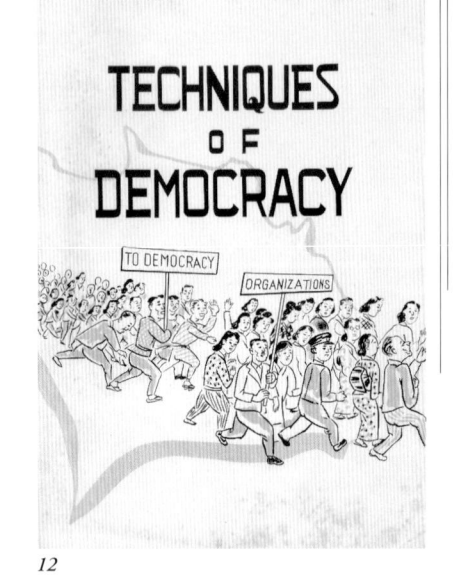

11　村のパブリック・ミーティング風景
情報課は、地方でも民主化の実践としての討論会を開くよう促した。

12　四国軍政部発行「民主主義の方法」
(*Techniques of democracy*)［1947年］民主化の具体的方法を絵入りで説明したパンフレット。上の絵は、組織化された一行がバスに乗り、討論路(Discussion Road)を通って、回り道も経験しながら選挙町(Vote Town)や行動路(Action Road)を経て目指す市(Objective City)に到達するという内容。1949年、作成者の民間教育官よりインボデン新聞・出版係長宛てに送られた。

13　国会図書館へ図書を贈呈するブラウン
1949年11月30日、赤坂の国会図書館で、CIE局長代理としてケア物資の一環である科学関係図書167冊を金森徳次郎館長に贈呈した。

ブラウンの横顔 ④

　1949年春頃から52年の占領終了時まで、ブラウンの下で主要邦字新聞の社説などの記事翻訳と、ブラウンと来訪者との通訳にあたった。『ジャパン・タイムズ』に載った募集記事を、親友の鶴見和子が教えてくれたことがきっかけ。ブラウンからの指示は英語だった。日本語はしゃべれないのではなく、しゃべらなかったのだと思う。当時のCIEの重要な仕事のひとつに新聞社、雑誌社への用紙割当があり、一々ブラウンの許可が要った。来訪者は用紙割当の陳情者が一番多かった。とっても相手を尊重するような、やさしくて同情的な態度で接していたが、根本のところではちっとも甘くなかったと思う。割当を増やしましょうという返事はしなかった。そのニュアンスを陳情者に伝えるのは難しかった。（総司令部民間情報教育局情報部［課］長ドン・ブラウン付特殊通訳翻訳員、森安由貴子）

ブラウンの横顔 ⑤

「CIE情報課の日本人スタッフとしての日々」

　戦後、学校［津田英学塾、1943年卒業］に来た募集に応じて東京中央郵便局で検閲の仕事をしていた頃、兄［細菌学者の川喜田愛郎］の友人のGHQ将校からCIEで働かないかと誘われ、CIEを訪ねた。入ったのは1946年2月頃か、冬だった。

　最初はブラウンの下で働くことになっていたが、婦人問題担当の婦人将校、エセル・ウィードの秘書が突然辞めたので、ウィードの方に回された。その少し前に椛島敏子が新聞検閲部署からウィードの下にひっぱられて来ており、また少し後に浦和の民政部から高橋［当時、富田］展子がやはりウィードの下に回されてきた。加藤シヅエの紹介だった。

　事務所はラジオ東京ビル［東京放送会館］にあった。細長い大部屋で各セクションごとに間仕切りがあり、ブラウンの部屋だけは少し大きくて、間仕切りではなくドアが付いていた。

　ブラウンはほとんど無口で、うるさいことは言わない人だった。最初の印象は、ただそこに人がいた、というだけだった。ブラウンのポジションはわからなかった。情報課長になったこともわからなかった。不思議に思うかもしれないが、その頃は、組織全体の仕組みなど考えもしなかった。だからブラウンの仕事内容もほとんどわからなかった。

　［伊藤が］勤めはじめた頃、ウィードは婦人参政権問題に熱中し、全国を遊説していた。その通訳に椛島と交代で行った。高橋も何回か行った。1946年4月10日の総選挙後も、投票だけでなく政治に関心をもたせ、婦人団体を組織させようと同様の活動をおこなっていた。ウィードは、昔の婦人運動家タイプで、とにかく口数が多く、そのヴァイタリティーに辟易していた人が多かったと思う。

　ウィードの元には、加藤シヅエや、神近市子、ハル松方らがよく来ていた。彼女たちと接触することで、ウィードはかなりの仕事をしていた。たとえば婦人民主クラブの宮本百合子の組、市川房枝を中心とする組、加藤シヅエの組などいろいろあったが、むしろそちらからの働きかけがつよかった。ハル松方は『クリスチャン・サイエンス・モニター』の記者でアメリカ人と同じような存在だったので、彼女は別だった。

　日本の女性の中にいろんな勢力があり、ウィードらが日本の女性に積極的に働きかけていたというよりも、彼女たちがウィードに働きかけて自分たちの勢力を伸ばそうと競合していたと言える。ウィードの考え方は公平だったが、地域婦人会とは折り合いが悪く、もっと上手に対応できないかという声があった。来客への対応は［伊藤たちがいる］部屋でおこなわれ、英語ができる人は別扱いだった。ただ地方へ出かけた時は打って変わって誰とでもよく話をしていたが。

　ウィードは男社会の組織の中で、女性だというので得をしていたところもあった。ナチに追われた民法学者のオプラーや、ブレイクモアらがウィードの理論的支えとなった。ブラウンもウィードの味方であり、彼女に不満を言う人にたいして盾となって擁護していた。ウィードは他の人への不満は言っていたが、ブラウンへの不満を言ったことは全然なかった。

　ある時、政党関係の日本人女性が2人、政治の話をしにウィードに会いに来たことがあった。数日して、今度は若い方の人がひとりで来訪し、10分くらい経った頃に突然、大泣きに泣き出した。みんなが困っていると、隣の部屋で聞いていたブラウンがいとも優しく彼女を部屋の外に連れ出したことがあった。後でわかったことだが、その人は精神に変調をきたしていたらしく、そんな時にとっさに行動をとれるブラウンに感心したのを覚えている。

　初期のアメリカ人スタッフは普通のアメリカ人で、質が良かったが、1947年の2・1ゼネストの後、彼らが帰国し、その替わりとしてやって来たのは、植民地での仕事に就くという考えを持った人たちで、いろいろ問題があった。

　津田の先輩でもGHQを辞めた人がたくさんいる。［伊藤も1950年にウィードらとアメリカ各地を回った後、翌51年にCIEを辞め、津田で英語を教えはじめた］。辞めてから朝起きると、ああ嬉しい、［CIEに］行かなくてもよい、日本の勤めがあると思った。アメリカ人は個人的には親切だったが、例えば部署の報告書などは日本人には見せず、アメリカ人と日本人はまったく違う世界にいた。占領とはそういうものだ。日本の占領は、占領としてはひじょうに優れていたと思うが、被占領者の立場にある者にとってはほとんど生理的に嫌なものであったし、今でも嫌だという気持ちに変わりはない。

　占領について語ることが嫌な理由に、当時もそう思っていたが、実際の占領政策はそれ程大したことをしている訳ではないのだが、それがさも大層なことをしているかの如く扱われることにあった。今になってみれば、それがアメリカ人のやり方なのだと思うのだが、当時は一日も早くその世界から抜け出したかった。（ウィード婦人問題担当官の秘書兼通訳、伊藤和子［当時は川喜田］）

◆◆新聞・出版◆◆

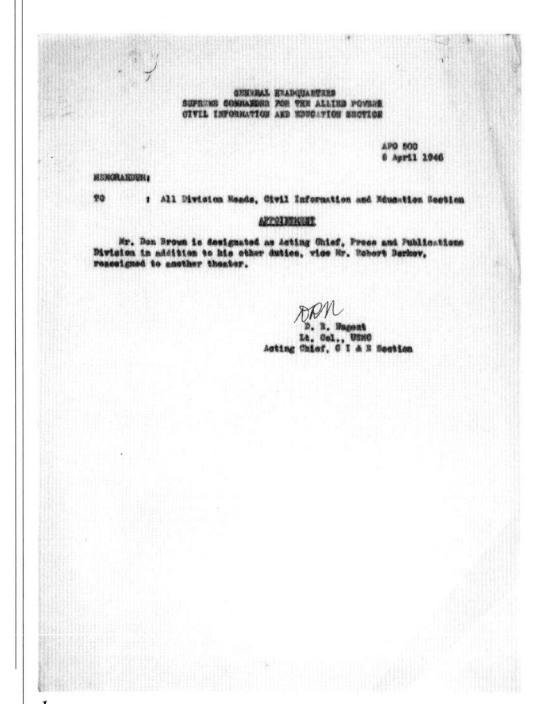

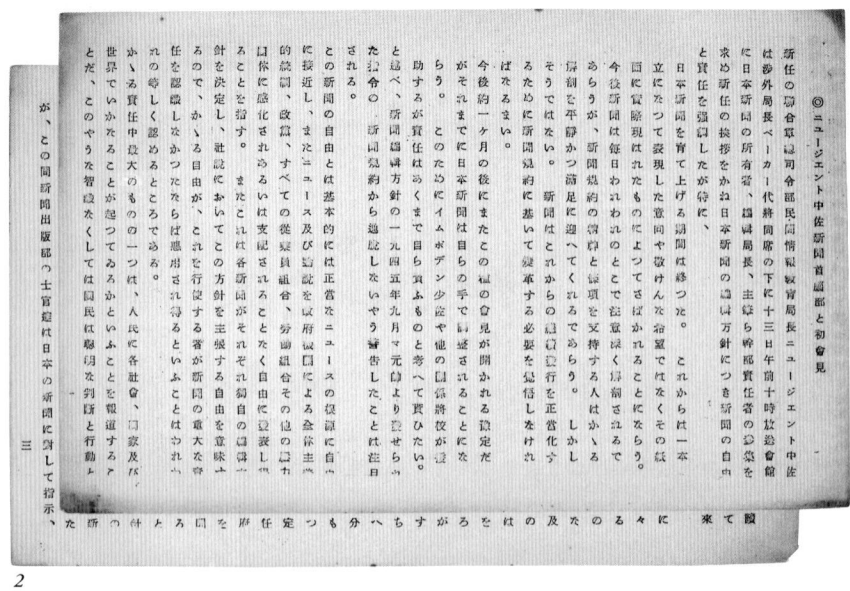

1　新聞・出版担当代理任命の通知　1946年4月8日　初代担当者であったR・バーコフの後任として、当時はCIE局長代理だったニュージェントからブラウンは兼務を命じられた。そのことを部内の各責任者に知らせるメモランダム。

2　ニュージェントの新任会見　第2代CIE局長となったニュージェントが、1946年6月13日におこなった日本の新聞首脳部との初会見の内容を記者発表した。会見では、日本の新聞は自立という新たな段階に入ったとみなし、45年9月のプレス・コードの基準に則った検閲を今後も継続すると明言した。英文本文に付された日本語訳をここでは紹介した。

3　インボデン（D.C. Imboden）新聞・出版係長　1947年6月19日撮影　担当であったブラウンが情報課長に就くと、その後任となった。新聞経営の経験があり、新聞の自由を強調した。

4　インボデンと日本人編集者・新聞記者　[1948年]　日本人ジャーナリストらは毎日、インボデンを訪ね、諸問題を相談したという。

5　記者会見風景　[1948年]日本人向け記者会見の設定・運営も、新聞・出版係の重要な仕事のひとつだった。

6　局内の他の部署が作成した関係報告書　他の部署との情報交換もおこなわれた。これは、調査・分析課調査係が作成した「日本出版統制株式会社（日配）について」の報告書。情報課新聞・出版係の活動に密接に関係する内容であったので、回覧されてきた。報告書のはじめに配布記録が添付されており、CIE局内だけでなく、参謀第2部など他の関係部局へも配布されたらしいことがわかる。

7・8　『アカハタ』編集部宛て抗議文（草案）　1950年3月22日　同紙2月27日号の記事がプレス・コードに違反しているとして、具体例をあげてブラウンの名前で抗議した。この抗議文は翻訳され、『アカハタ』3月27日号に掲載された（図版8）。記事にはブラウンが引いたと思われる赤線がみえる。

9　新聞・出版係のクリスマス会　1951年　中央のワイシャツ姿がブラウン。右後方はインボデンか。

5

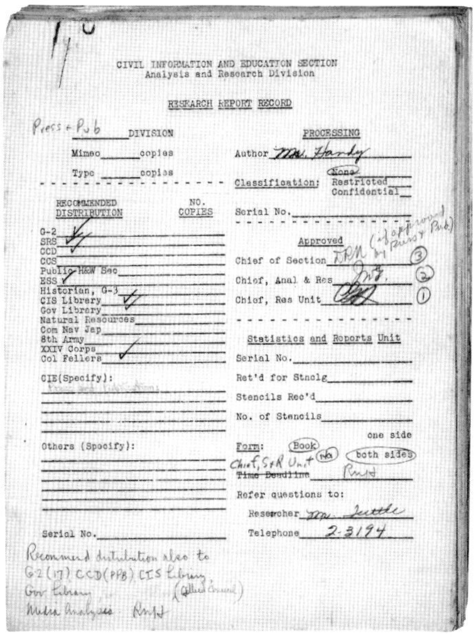

CIVIL INFORMATION AND EDUCATION SECTION
Analysis and Research Division

RESEARCH REPORT RECORD

Press + Pub DIVISION

Mimeo ____ copies

Type ____ copies

RECOMMENDED DISTRIBUTION — NO. COPIES

G-2 ✓
SRS ✓
CCD
CCS
Public H&W Sec
ESS ✓
Historian, G-3
CIS Library ✓
Gov Library
Natural Resources
Com Nav Jap
8th Army
XXIV Corps
Col Fellers ✓

CIE(Specify):

Others (Specify):

Serial No. ____

Recommend distribution also to G2 (17) CCD (PPB) CIS Library Gov Library (Allied Council) Media Analysis

PROCESSING

Author Mr. Hardy

Classification: None / Restricted / Confidential

Serial No. ____

Approved

Chief of Section (if approved by Press & Pub) ③
Chief, Anal & Res ②
Chief, Res Unit ①

Statistics and Reports Unit

Serial No. ____

Ret'd for Stnclg ____

Stencils Rec'd ____

No. of Stencils ____

Form: Book / one side / both sides

Chief, S&R Unit ~~Time Deadline~~

Refer questions to:

Researcher ____

Telephone 2-3194

6

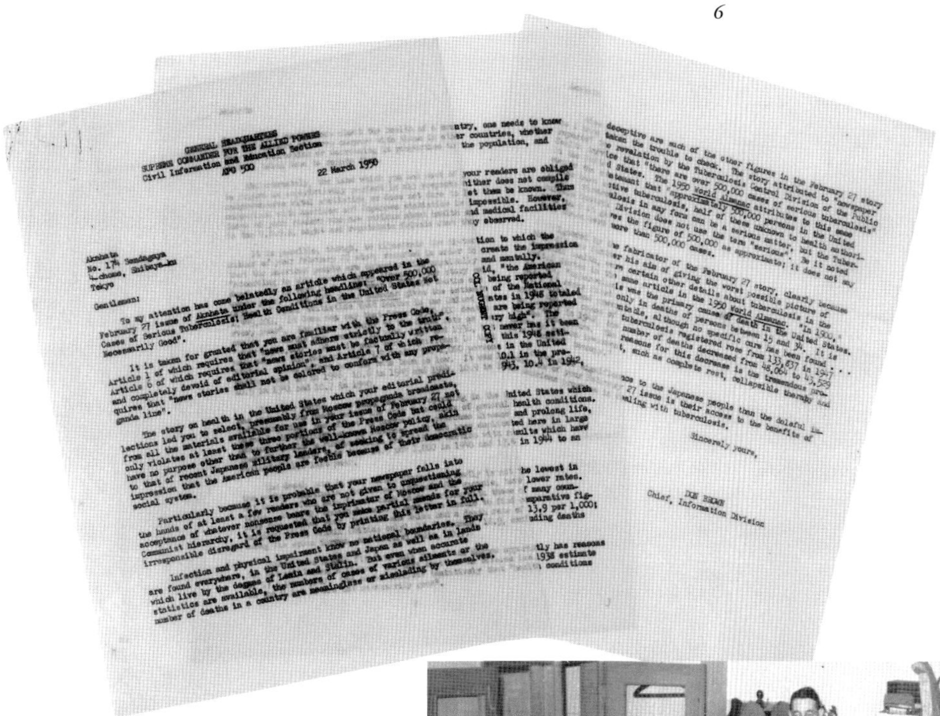

GENERAL HEADQUARTERS
SUPREME COMMANDER FOR THE ALLIED POWERS
Civil Information and Education Section
APO 500

22 March 1950

Akahata
No. 174 Sendagaya
4-chome, Shibuya-ku
Tokyo

Gentlemen:

To my attention has come belatedly an article which appeared in the February 27 issue of Akahata under the following headline: "Over 500,000 Cases of Serious Tuberculosis! Health Conditions in the United States Not Necessarily Good".

It is taken for granted that you are familiar with the Press Code, Article 1 of which requires that "news must adhere strictly to the truth", Article 6 of which requires that "news stories must be factually written and completely devoid of editorial opinion", and Article 7 of which requires that "news stories shall not be colored to conform with any propaganda line".

The story on health in the United States which your editorial predilections led you to select, presumably from Moscow propaganda broadcasts, from all the materials available for use in your issue of February 27 not only violates at least these three portions of the Press Code but could have no purpose other than to further the well-known Moscow policy, akin to that of recent Japanese military leaders, of seeking to spread the impression that the American people are feeble because of their democratic social system.

Particularly because it is probable that your newspaper falls into the hands of at least a few readers who are not given to unquestioning acceptance of whatever nonsense bears the imprimatur of Moscow and the Communist hierarchy, it is requested that you make partial amends for your irresponsible disregard of the Press Code by printing this letter in full.

Infection and physical impairment know no national boundaries. They are found everywhere, in the United States and Japan as well as in lands which live by the dogmas of Lenin and Stalin. But even when accurate statistics are available, the numbers of cases of various ailments or the number of deaths in a country are meaningless or misleading by themselves.

Sincerely yours,

DON BROWN
Chief, Information Division

7

民間情報教育局からの記事訂正申入れ

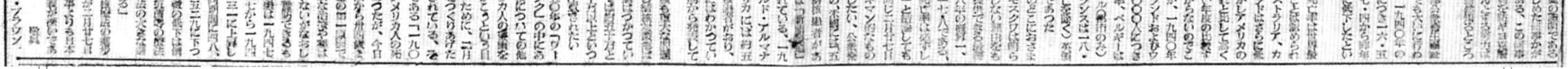

8

9

INITIAL LIST OF 100 AMERICAN AND BRITISH BOOKS TO BE OFFERED
TO JAPANESE PUBLISHERS FOR COMPETITIVE BIDDING

1. Abe Lincoln Grows Up, by Carl Sandburg
2. American Labor Unions, by Florence Peterson
3. Americans: A Book of Lives, by Hermann Hagedorn
4. An Almanac for Moderns, by Donald Culross Peattie
5. Anatomy of Peace, by Emery Reeves
6. Animal Farm, by George Orwell (British)
7. Britain's Way to Social Security, by Frances Lafitte (British)
8. Children's Games from Many Lands, by Nina Millen
9. Child Welfare Outside the School, by Mitchell Kaye (British)
10. China, by Harley Farnsworth MacNair, editor
11. Christian Ethics and Modern Problems, by William Ralph Inge (British)
12. The Chrysanthemum and the Sword, by Ruth Benedict
13. Democracy, by R. C. Alexander and O. P. Goslin
14. Democratic Education in Practice, by Rose Schneideman
15. Economic Policy and Full Employment, by Alvin H. Hansen
16. Economics of Peace, by Kenneth Ewart Boulding
17. Education in England, by W. Kenneth Richmond (British)
18. Education Today and Tomorrow, by R. W. Moore (British)
19. Einstein, His Life and Times, by Philip Frank
20. Electronics in Industry, by G. M. Chute
21. The English Heritage, by Maurice W. Thomas (British)
22. English Local Government System, by John H. Warren (British)
23. English Political Institutions, by Sir John A. R. Marriott (British)
24. English Social History, by G. M. Trevelyan (British)
25. An Essay on Man, by Ernst Cassirer
26. Essentials of Nursing, by Helen Young and Eleanor Lee
27. Frequency Modulation, by August Hund
28. From Economic Theory to Policy, by E. Ronald Walker
29. Gauging Public Opinion, by Hadley Cantril
30. Gladstone, by Francis Birrell (British)
31. Great Teachers, by Houston Peterson, editor
32. Growth of the Law, by Benjamin N. Cardozo
33. Handling Personality Adjustment in Industry, by Robert N. McMurray
34. Heroes of Civilization, by Joseph Cottler and Haym Jaffe
35. A History of Local Government, by K. B. Smellie (British)
36. Home and Family Life, by The British Council of Churches
37. How Britain is Governed, by Ramsey Muir (British)
38. How English Law Works, by W. T. Wells (British)
39. Human Destiny, by Lecomte Du Nouy
40. Of Human Freedom, by Jacques Barzun
41. The Humanities and the Common Man, by Norman Foerster
42. Human Leadership in Industry, the Challenge of Tomorrow, by Sam A. Lewisohn
43. Huxley, by E. W. MacBride (British)
44. Industrial Waste Treatment Practice, by E. F. Eldridge
45. Introduction to the Theory of Relativity, by P. G. Bergmann
46. Japan, Past and Present, by Edwin Reischauer
47. Let's Do Better, by Munro Leaf
48. Liberal Education, by Mark Van Doren
49. The Long Winter, by L. I. M. Wilder
50. Mankind So Far, by William White Howells
51. Meeting of East and West, by Northrup
52. Mind in the Making, by James Harvey Robinson
53. The Miracle of America, by Andre Maurois
54. Modern Democracy, by Carl L. Becker
55. Modern Education, by T. Raymont (British)
56. The Moffats, by Eleanor Estes
57. Mr. Popper's Penguins, by R. T. and Mrs. F. H. C. Atwater
58. Natural Development of the Child, by Agatha H. Bowley (British)
59. New Adventures in Democracy, by Ordway Tead
60. The New Belief in the Common Man, by Carl J. Friedrich
61. New City Patterns, by S. E. Sanders and A. J. Rabuck
62. The Newspaper, Its Making and Its Meaning, by Members of the Staff of the New York Times
63. The Nuerenberg Trial and Aggressive War, by Sheldon Glueck
64. Our Civil Liberties, by Osmond K. Fraenkel
65. Parliamentary Usage, by Emma A. Fox
66. Penicillin: Its Practical Application, by Sir Alexander Fleming (British)
67. Philosophies of Science, by Albert G. Ramsperger
68. The Plans of Men, by Leonard Doob

OVER

---

10 外国語図書の翻訳出版　新聞・出版係図書担当のウィーラー(E.R.Wheeler)と、外国図書の出版について相談する日本人編集者。日本の戦後復興のための科学技術分野を中心とする外国語図書の翻訳出版を奨励・管理した。

11 英米図書翻訳出版権の競争入札風景
日本の出版関係者が図書を手にとって検討している。情報課は落札された図書の出版契約も一手に引き受けた。翻訳権保護も大事な任務であった。

12 初めての新刊翻訳出版許可図書100冊
1948年5月19日　CIEはリストを記者発表で公表した。R・ベネディクトやE・ライシャワー、J・グルーの著作も入っている。6月14日に入札がおこなわれ、53社が計91冊を落札した。

13 H・ミアーズ著作の翻訳出版不許可（草稿）
1949年7月29日　戦前、そして戦後直ぐに労働諸問委員としての来日経験もあるアメリカのジャーナリスト、ミアーズは48年、ホートン・ミフリン社から出版した『アメリカの鏡・日本』（*Mirror for Americans: Japan*）で占領政策を批判し、マッカーサーがこれに反論するという事件があった。翌49年6月、同社に暁書房が同書の翻訳出版許可を申請し、その対応をホートン社がGHQに問い合わせてきた。責任者のブラウンは、この本が占領政策を曲解し、アメリカの世論を代表せず、その翻訳出版は復興中の現在の日本にとって何ら有益なことはない、として不許可の草稿を作成した。8月6日、マッカーサー名で正式に不許可の回答が出された。

14 問題となったH・ミアーズの著書原本
(Helen Mears, *Mirror for Americans: Japan*) 1948年

◆◆展示◆◆

1　**フランシス・ベイカー展示係長**　展示係は1948年に運営係から独立した小さい部署である。展示を通してGHQの政策を紹介・普及することを任務とした。右の女性がベイカー。戦前、日本に住んだことがあり、また戦時下はOWIで対日宣伝ビラ作成に携わった。のちにトマス・ブレイクモア夫人となる。ブラウンの友人でもあった。

2　**F・ベイカー著『ジープでめぐる日本』**（Jeeper's Japan）1949年　占領下の日本でみかける風景を、浮世絵タッチで描いた風刺画。表紙（上）とその中の2点、「でもくらしい（デモクラシー）」（中）と、GHQ本部の第一生命ビル前の光景（下）が題材となっている。

3　**日比谷公会堂での展示風景**　民主的組織とイギリス総選挙についての展示を開催した。展示係は、1948年までに計861回の展示会を開催したという。

4・5　**展示パネル作成中の日本人スタッフ**　展示係の作業場の風景。

◆◆放送◆◆

1 **ラジオ係と日本放送協会の合同会議** 当時、すべてのラジオ番組は、情報課ラジオ係と日本放送協会（NHK）番組編成部門の責任者で構成される週1回のラジオ番組会議で決定された。

2 **講演するB・クレーン** 1947年4月29日に共立講堂で開かれた、放送番組「英語会話」講師、平川唯一を祝う会で講演するクレーン。平川の番組は「カム・カム英語」と呼ばれ、好評を博した。クレーンは戦前、『ジャパン・アドヴァタイザー』でブラウンの同僚であり、戦後は『ニューヨーク・タイムズ』特派員として再来日していた。

3 **日本の高校生とCIE音楽担当官** 1948年6月10日撮影 欧米音楽鑑賞会でのアメリカ音楽についての討論風景。曲は「オクラホマ！」。

4 **GHQの声明文とNHKの報道翻訳文** 1947年3月6日、民間通信局（CCS）が国際電気通信株式会社の持株会社を解体する旨の声明文を発表し、NHKは同6日午後1時より翌7日午前6時までの間、この声明を報道したようである。手前が声明文で、後ろが報道の翻訳文（事前チェックのためか）。

5 歌番組「歌ノ花束」公開放送 めくりに「歌謡　松田トシ子、高倉敏」とある。年代不明。

6 「CIE情報課の活動」（*CIE, Information Division, activities*）1948年　放送係の活動を伝える頁。この報告書は、同タイトルで実施した展示のパネルを写真撮影し、プリントを作成して本の体裁をとったものと思われる。各部署の活動を記録した多数の写真が貴重である。

7 「ネットワーク」第1号（*Network No.1, National Radio Forum, Oct. 9*）国民ラジオ公開討論会「新聞は正確な報道という原則に応えているか？」の翻訳記録。参加者のひとりに志賀義雄がいる。発行年不明。

8 ラジオ係よりCIE局長宛て回状　1950年1月25日　ソビエトの日本語放送を傍受し、その分析結果をブラウン情報課長経由で提出した。たいへん有用な情報であり、今後の参考になるのでファイルするようにと、ニュージェントはコメントを記した。

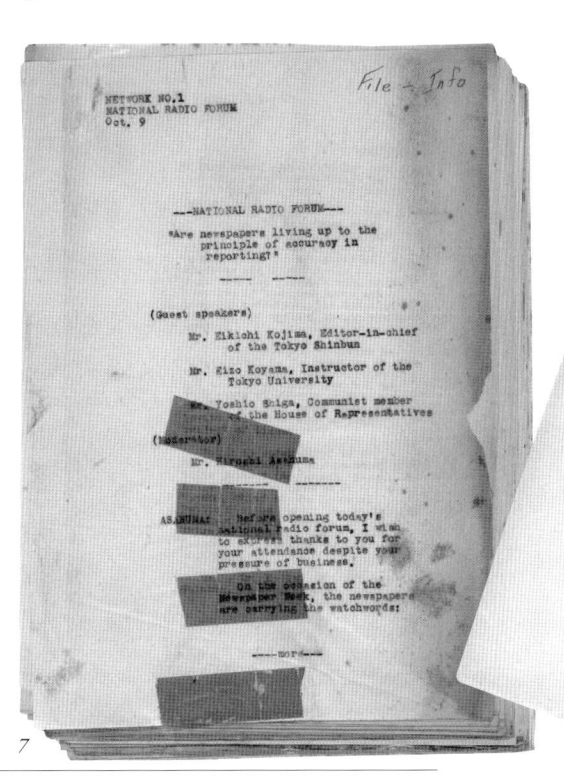

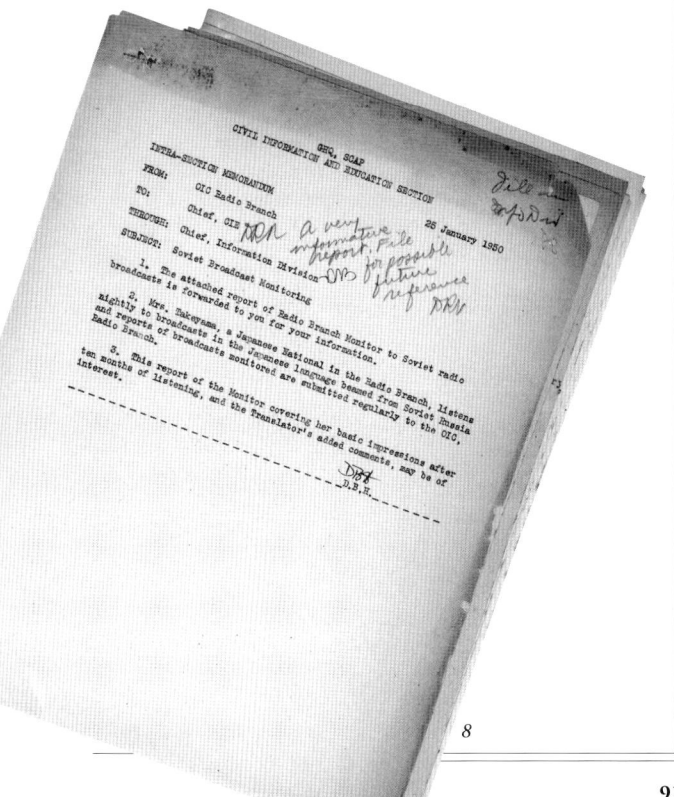

◆映画・演劇◆

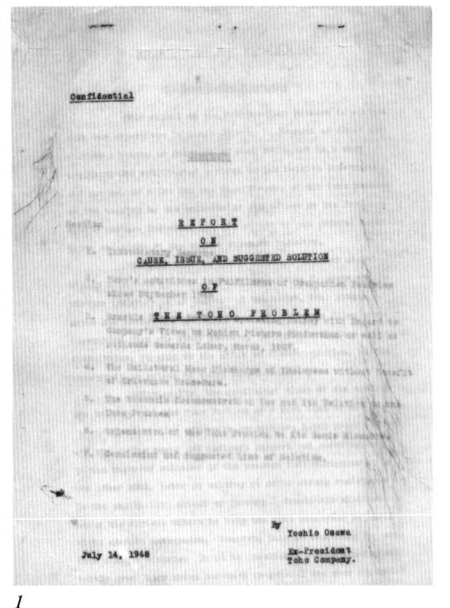

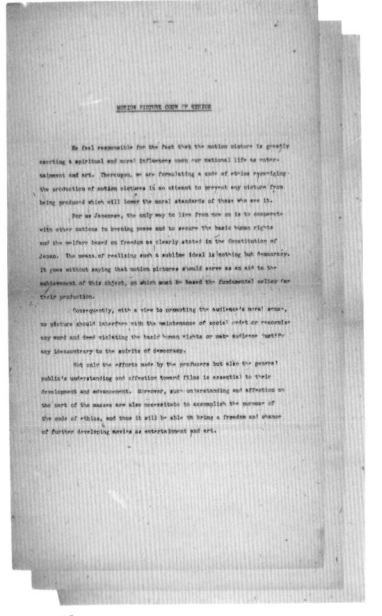

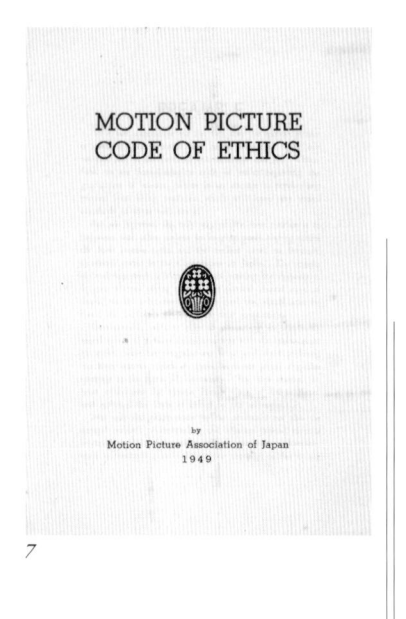

1 東宝争議の報告書 1948年7月14日 映画会社、東宝の大沢善夫前社長が争議中にまとめた「東宝問題の原因、争点、解決策の提案報告書」。「極秘」扱い、とある。東宝争議とは、同年4月に会社側が大規模な人員整理を発表したのに対して労働組合がストを実施し、アメリカ軍戦車も出動するという事態にいたった戦後の大きな労働争議のひとつ。

2 青春スター、伊豆肇・岸旗江・池部良 当時の人気若手俳優。3人は1947年7月に公開された東宝映画「戦争と平和」で共演した。

3 ロッパ一座の有楽座公演 古川ロッパは戦前に活躍した喜劇役者で、一座を率いた。図版は銀座の有楽座で1947年5月におこなった公演を紹介したもの。

4 松竹大船撮影所を訪ねた担当官 映画・演劇担当官の任務のひとつに、定期的に撮影所に出向いて映画製作スタッフに助言をおこなうことがあった。これは松竹大船撮影所を訪ねた時のもの。

5 映画を審査する教育映画担当スタッフ

6 「映画製作倫理規程」草稿 (*Motion Picture Code of Ethics*) 1949年6月14日にGHQの要請を受けて作成された規程の草稿か。正式な規定と比べると、表現や字句に異同がある。

7 「映画製作倫理規程」 日本映画製作者連盟(映連)が作成した。これに伴い映画倫理規程管理委員会(映倫)が設立され、それまでGHQがおこなっていた映画検閲を委員会が代わっておこなうことになったが、実際はGHQの監督下に置かれ続けた。

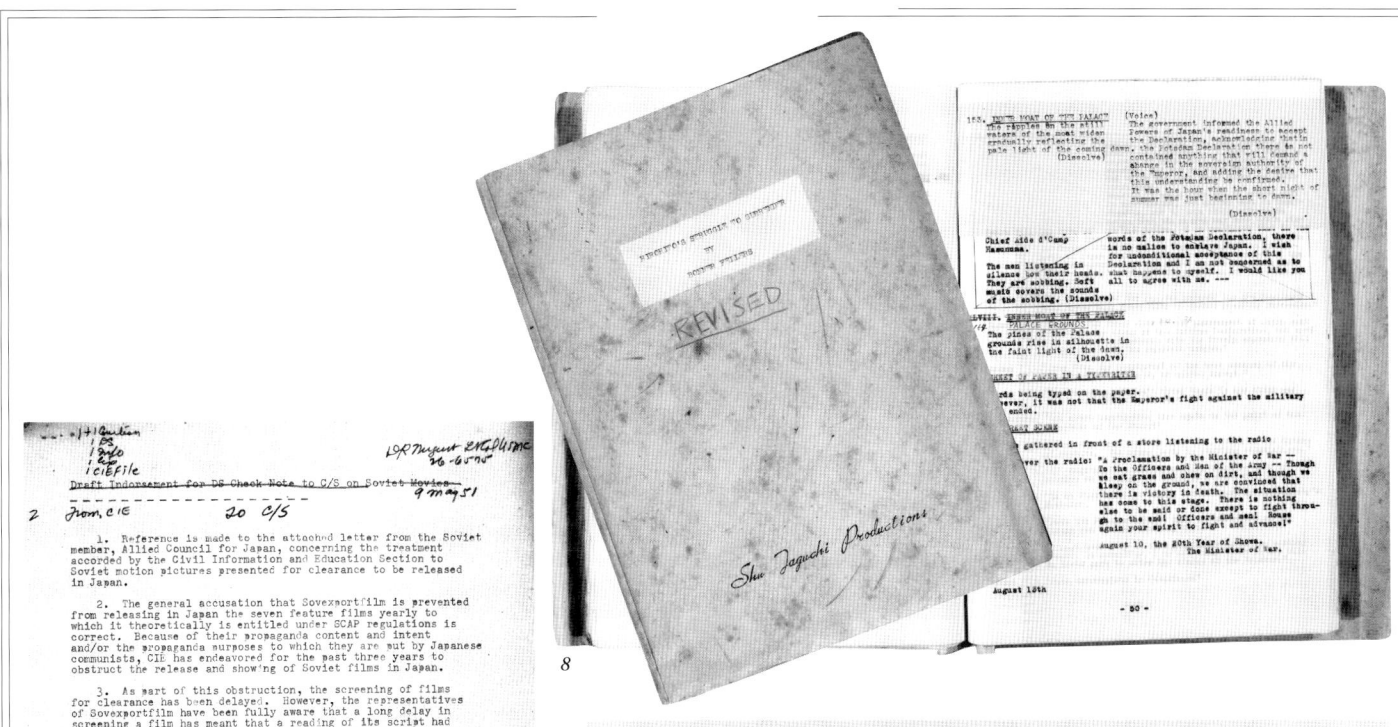

8 **脚本「平和の希求者」**（*A prayer for peace*）シュウ・タグチプロダクションズ作成脚本。マッカーサーの腹心のひとり、軍事秘書のボナー・フェラーズが発表した記事「天皇裕仁の降伏までの闘争」（*Hirohito's struggle to surrender*, by Bonner Fellers）をもとに作成したとある。検閲を受けるために提出されたものか。修正版とある。年代不明。

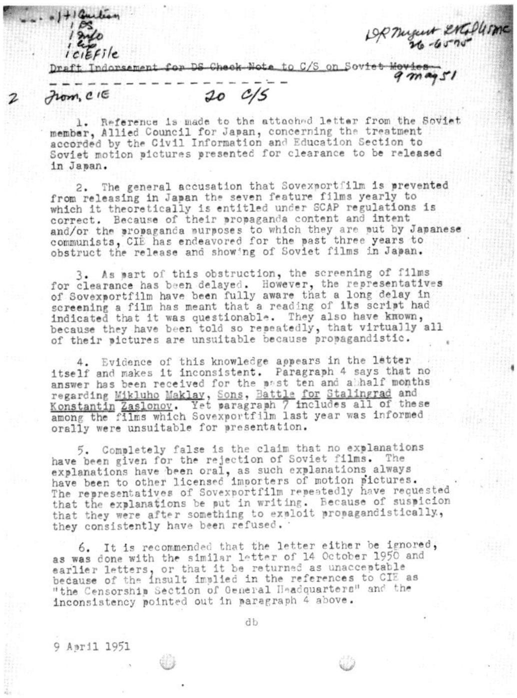

9 **ソビエト代表の抗議文への回答**（草稿）1951年4月9日　対日理事会ソビエト代表から外交局(DS)に対し、ソビエト映画の日本での上映不許可が続いているとする抗議があった。抗議文は直接の責任者であるブラウンへと回され、ブラウンが回答草稿を書いた（文末の「db」は、ドン・ブラウンのサイン）。正式回答はニュージェント局長名で出された。

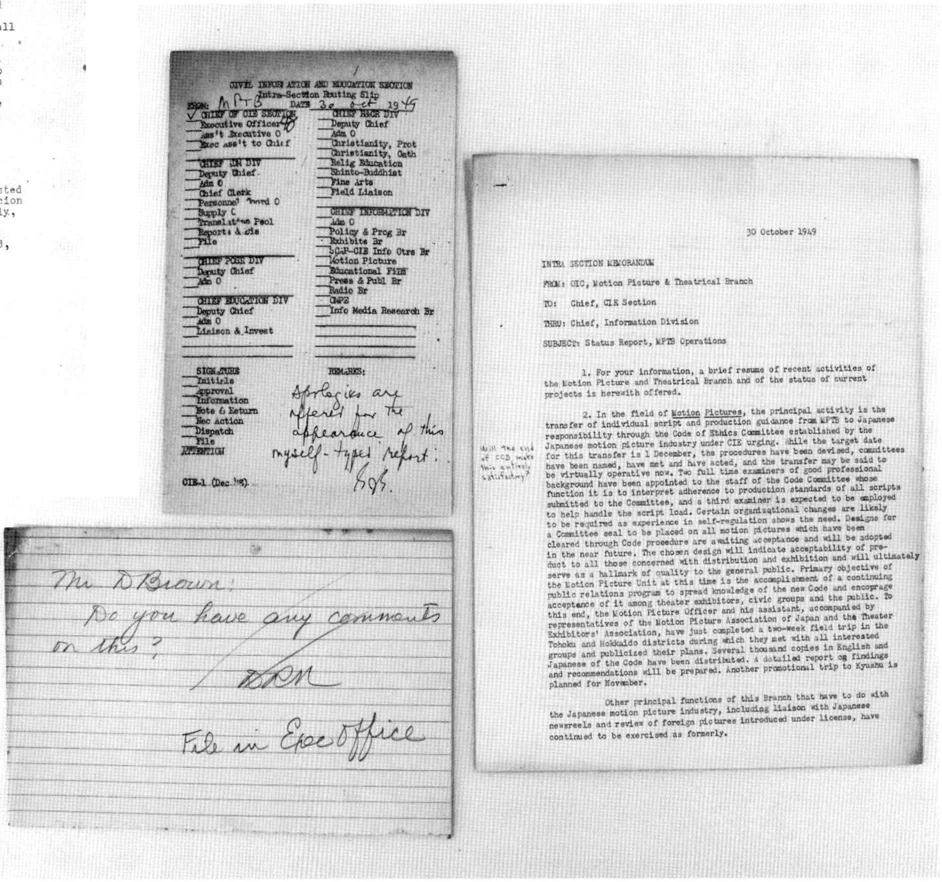

10 **映画・演劇係からのCIE局内回状**　1949年10月30日　映画・演劇係の活動情況報告をブラウン経由でニュージェント局長に回覧した。ニュージェントのブラウン宛てメモ書きと、ブラウンの書込がみえる。

11 **G・J・ガーキ**（G・J・Gercke）**映画・演劇係長**　1946年後半から担当となった。

◆CIE図書館(インフォメーション・センター)◆

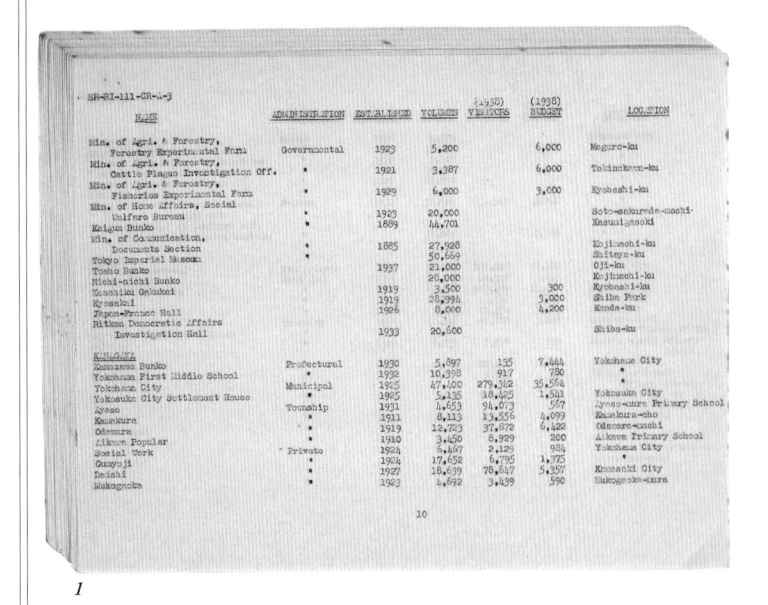

1 蔵書数3000冊以上の日本の図書館リスト
1946年3月16日、調査・情報課が作成したリスト。紹介した頁は神奈川県の部。金沢文庫、横浜一中(現県立希望ヶ丘高校)、横浜市図書館(現横浜市中央図書館)と続いている。横浜市図書館の、蔵書数4万7400冊、38年当時の利用者数27万9342人は飛び抜けている。

2 CIE図書館(インフォメーション・センター)
大阪のセンター開設時の宣伝か。

3 CIE図書館の外観(旧日東紅茶ビル)
1945年11月、CIEは最初の図書館を東京放送会館(NHK)内に設け、アメリカから取り寄せた英文図書や定期刊行物を日本人に開放した。翌46年、日東紅茶ビル(千代田区有楽町)に移転した。右手の建物は三信ビル。

4 CIE図書館の閲覧室(旧日東紅茶ビル)
CIE図書館は全国の大都市23カ所に設置された。神奈川には1948年、横浜市中区にCIE横浜図書館が開設され、さらに弘明寺、鶴見、川崎、小田原、相模原、横須賀に分館が置かれた。

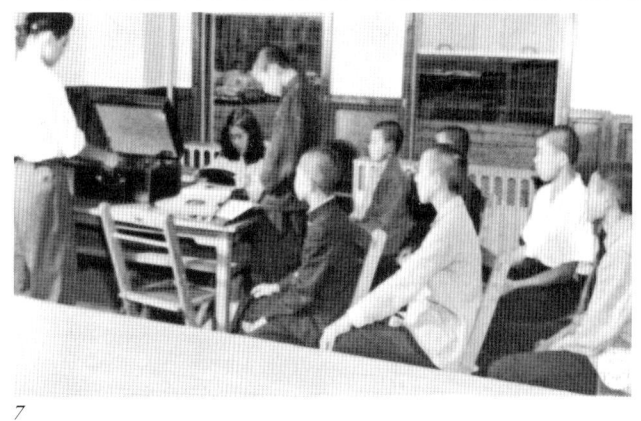

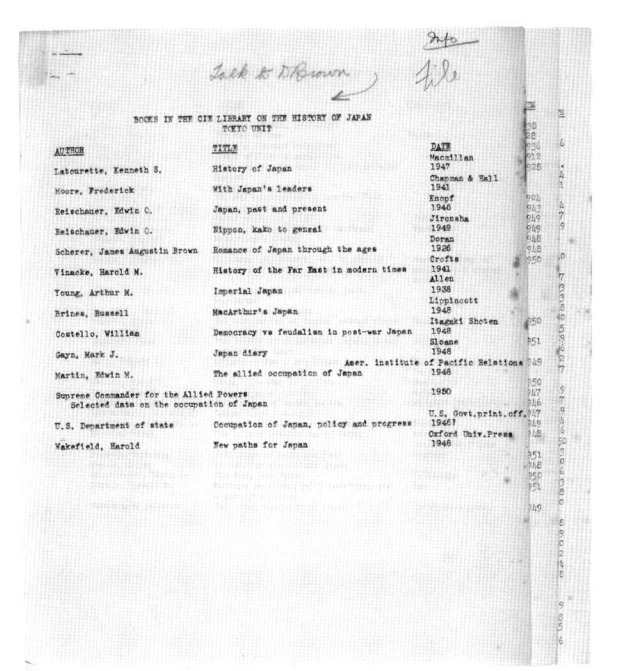

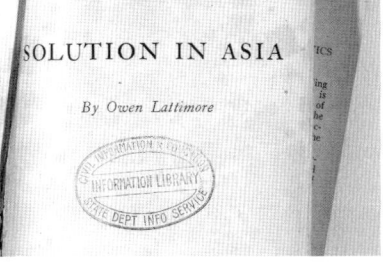

5　CIE図書館での図書展示会か　展示に見入っている右端の人物はブラウン。柱のグルー著『滞日十年』の翻訳本宣伝ポスターから推測すると、1948年頃か。

6　CIE図書館の閲覧室　外国語の図書や新聞雑誌の利用を渇望する多くの日本人が利用した。撮影場所は不明。

7　CIE図書館の音楽鑑賞室　図書館ではまた、映画会、レコード・コンサート、英会話教室なども催された。撮影場所は不明。

8　日本史関係図書リスト　[1951年以降]
CIE図書館東京支部とアーニー・パイル図書館が所蔵する日本史関係図書のリスト。アーニー・パイル図書館とは日比谷のアーニー・パイル劇場(東京宝塚劇場が接収された)に設けられたものか。

9　第1回到着英国書展覧会　アメリカの図書だけでなくイギリスの図書も多数、占領下の日本に入ってきた。丸善写真部撮影とあるので、丸善で開かれた展覧会か。右から3番めがブラウン。撮影年は不明。

10　オーエン・ラティモア著『アジアの解決』
(Solution in Asia) 1945年　CIE図書館蔵書であることを示す、だ円形の蔵書スタンプ(右上、Civil Information and Education, Information Library)が押されている。

第三部 GHQ民間情報教育局情報課長——占領・戦後期

5 新聞出版用紙の割当問題

　戦時下の言論抑圧から一転して、言論の自由が認められた結果、戦後は新しい新聞を発刊したり、戦時中には出せなかった本を出版することを望む人たちが、大量に出現してくる。ところが、そのための紙が足りないのである。この極端に不足している用紙を、日本の民主化に役立ち、しかも公平に分配するために、戦時中の用紙割当の制度が変容しながら続くことになる。情報課長ブラウンの大きな仕事の一つは、どのようにして民主的な用紙割当制度を作り、それを公平に運用するかという点にあった。

　しかしこの用紙割当の問題は、その理念においても利害関係においても、新聞出版関係者の間で激しい対立が渦巻く世界であった。そのためブラウンは、政党やGHQの他部局まで巻き込んだその対立のカギを握る人物として、紛争の矢面に立たされることになる。（赤澤史朗）

1　「追はれる野間財閥　出版界粛正「主婦之友」も廃刊」『読売報知』1946年2月26日号
2月23日、出版界の左派が主導権を握った日本出版協会では、講談社など戦争責任のある7社の懲罰的処分を決定する。日本出版協会ではこの処分に、GHQ民間情報教育局の支持があるものと信じていた。

2　「出版界分裂」『毎日新聞（大阪）』1946年3月27日号

3　石川静夫著 *How was the freedom of the press lost!!* 1946年6月か　著者は、日本出版協会に対抗して結成された自由出版協会の事務局長で、この中で石川はブラウンが、日本出版協会のおこなった講談社などへの処分を、GHQが公認したわけではないと語った、と記している。

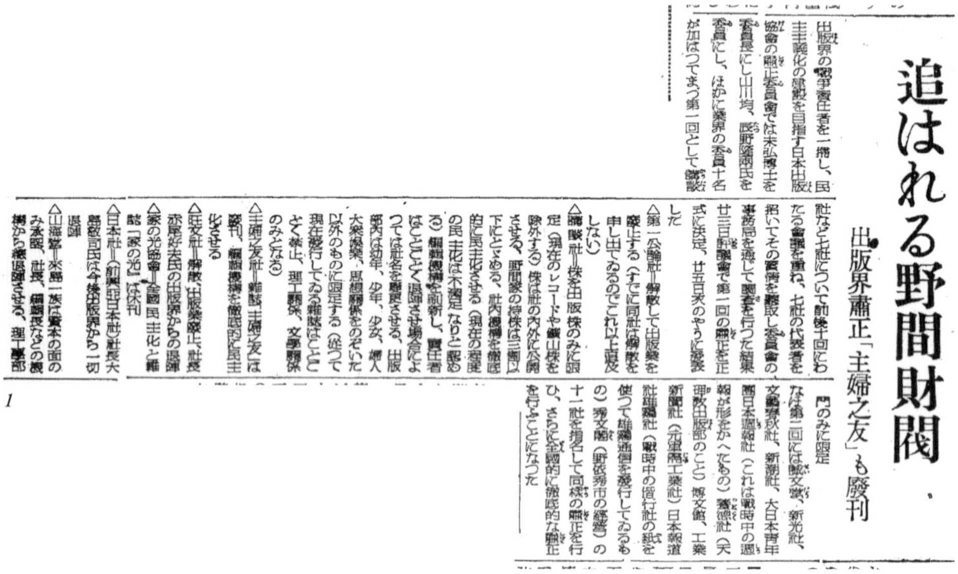

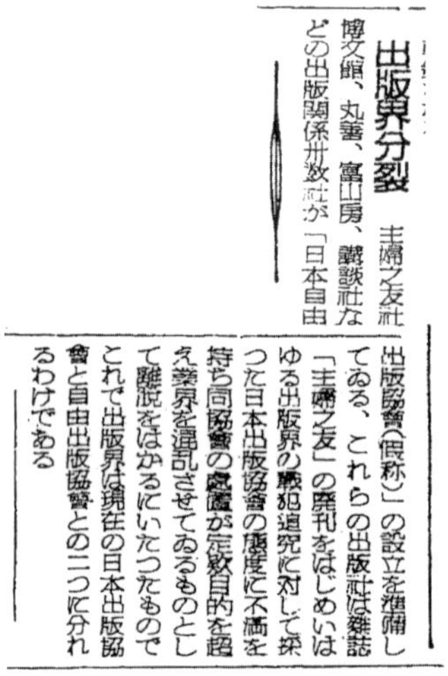

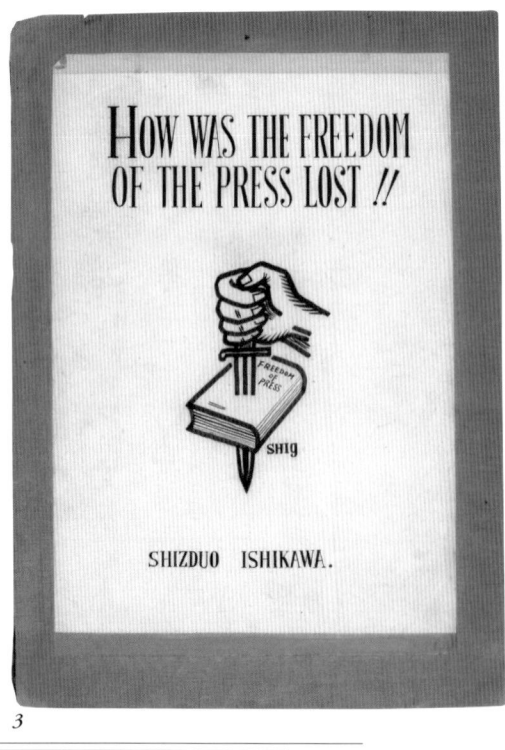

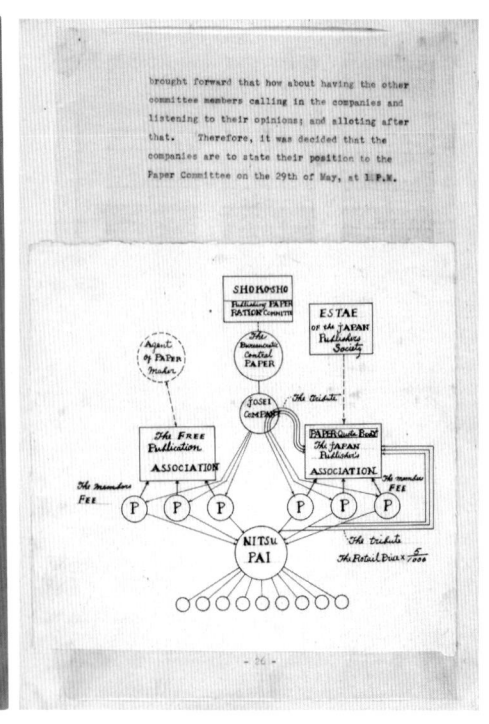

4　ブラウンからCIE局長宛てメモランダム（控）
1946年7月2日　用紙割当を受けられないでいた自由出版協会に属する主婦之友社など4社に対し、ブラウンなどGHQ側では、この4社が戦争責任を認める声明を発し、民主的な改組をおこなうことを条件に、用紙割当の復活を認めることとした。日本出版協会会長の石井満はこの決定に強い不満を抱き、会長職の辞任の意向を漏らしたが、ブラウンは慰留している。

5　用紙割当規程の最終草稿　1946年10月18日
ブラウンが起草したこの用紙割当規程は、用紙統制の主務官庁が商工省から内閣に移管した（1946年7月）後の、用紙割当決定の具体的なシステムを決めたもので、委員の資格や選任、部会・委員会の決定権などに関して42条にわたる詳細な規程を含んでいた。これが1946年11月に、正式に政府の方針として決定され、占領期の用紙統制の基本規程となった。この規程は、日本新聞協会や日本出版協会の用紙割当への関与を認めるとともに、用紙割当委員会への政府による介入を排する仕組みになっており、もともと用紙統制業務の内閣移管の決定がはらんでいた、用紙統制の緩和をはかる可能性を否定するものであった。

6　ブラウンからESS反独占・カルテル課宛てチェック・ノート（控）　1948年5月30日　ESS（経済科学局）が中心となって起草した事業者団体法（1948年7月施行）は、戦時中の物資統制団体が戦後も形を変えて存続することを否定し、その解散を命じるものであった。ESSでは日本出版協会が、解散の対象となる統制団体に当たると認定していた。このESSの方針に対しブラウンは、日本出版協会が必ずしも統制団体とはいえないこと、また協会が出版報道界の民主化に貢献していることをあげて、その解散に反対の意見を述べている。

7　「出版界に三月危機　用紙・底をつく」
『朝日新聞（大阪）』1947年2月4日号

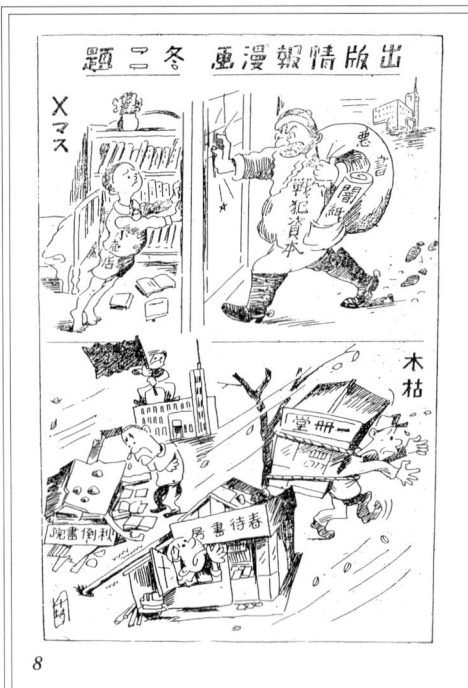

8 「出版情報漫画　冬二題―Xマス・木枯」
『出版情報』1947年1月号　金沢文圃閣復刻版より。

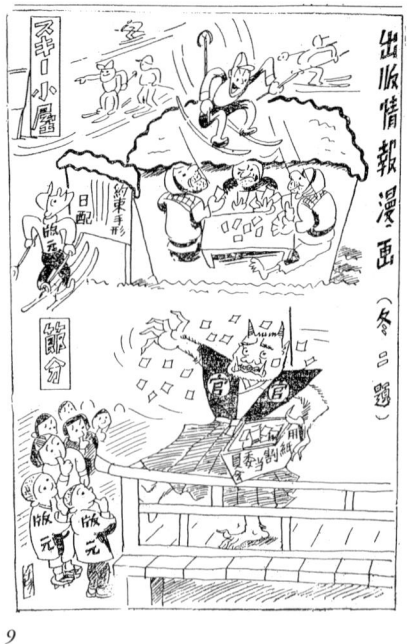

9 「出版情報漫画　冬二題―スキー小屋・節分」『出版情報』1947年3月号　金沢文圃閣復刻版より。

10 仙貨紙見本　1948年2月11日　CIE調査・分析課から情報課宛て回状添付。仙貨（花）紙とは、統制外で入手できる粗悪な用紙のことで、その中でも、より上質なものと普通の仙貨紙の違いがあった。右下の束が見本。

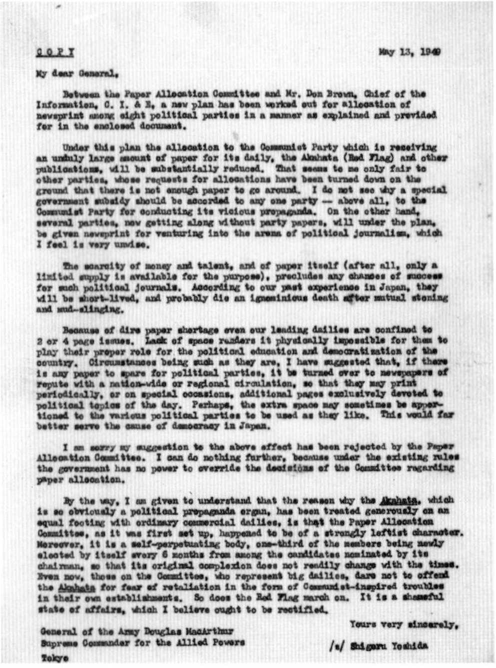

11 日本出版協会創立3周年記念大会　1948年11月9日、明治大学で講演するブラウン。

12 日本出版協会長石井満　1948年5月24日、英米図書出版権競争入札会場で。左から2人目。

13 吉田茂からマッカーサー宛て書簡（写し）1949年5月13日　吉田首相は、本来は一般日刊紙に与えられるべき用紙が、政党機関紙向けに割当てられ、結果として共産党が用紙割当で得をしているが、これは用紙割当委員会が左翼的性格を持っているからだと、非難している。

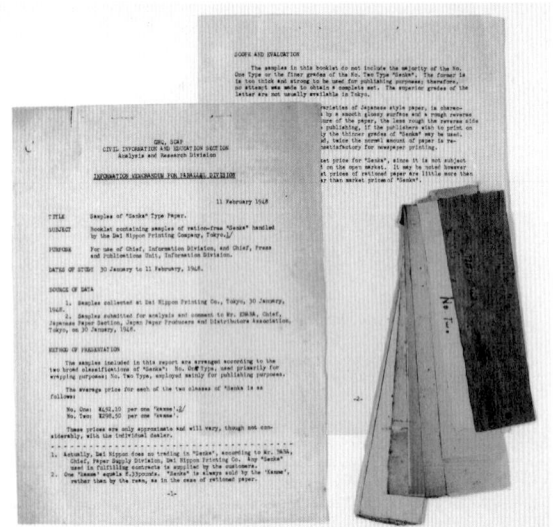

```
Draft Note Verbale in Reply to Prime Minister's Letter on
Party Organ Allocations
--------------------

    1. Note has been taken of your letter of 13 May 1949
concerning the allocation of paper for the publications of
political parties.

    2. It is gathered that you have no objection to the
intended substantial reduction in the allocation for Akahata,
daily newspaper of the Communist Party. You are sceptical,
however, about the giving of paper to other parties to
venture "into the arena of political journalism".

    3. I am informed that nothing in the allocation
adjustment plan compels any political party to publish a
newspaper or take advantage of its right to apply for a
paper allocation. Any party is at liberty to refrain from
taking an allocation and to petition the Paper Allocation
Committee to give its newsprint to general daily
newspapers. As the newsprint concerned would not go very
far toward increasing the pages of general newspapers, the
possibility might be considered of recommending that it be
used to meet the demand of this year's repatriates from the
Soviet Union for subscriptions to general daily newspapers
of their choice.

    4. If your letter is interpreted correctly, however,
what you have in mind is not voluntary relinquishment of
newsprint by such parties as may prefer not to issue
newspapers but rather arbitrary denial of allocations to
all political parties. Apart from its political expediency,
I question whether such repression would be in consonance
with the spirit of Article 21 of the Constitution, which
guarantees "freedom of assembly and association, as well as
speech, press and all other forms of expression".

    5. You regret that the Paper Allocation Committee has
rejected your proposal. I understand that the Committee
never has received the proposal and therefore cannot have
rejected it.

    6. I do not imply that the Committee might have adopted
your proposal. However, had the Committee rejected it without
convincing you of the correctness of its position, I am
informed that you would not have been without authority to
press the matter further. Though it is true, for good and
substantial reasons, that under the Diet-approved law
providing for the Paper Allocation Committee the Government
has no power to override its decisions, it is specifically the
responsibility of the Minister in charge or the director of
the Paper Allocation Agency, under Article XI of the original
Cabinet ordinance concerning the Committee and under a
similar article in the draft new ordinance which is to take
```

14

```
Draft Check Note for C/S on G-2 Report on Akahata Expansion
--------------------

    1. Reference is made to the request of the Chief of
Staff for comment on the G-2 report concerning Communist
counter-measures to the recent paper ration cut.

    2. The Civil Information and Education Section has no
direct confirmation that the Communists have increased the
circulation of Akahata to 233,235 but knows of no reason to
question this figure. It is inclined to believe that the
Communists will make every effort to increase the circulation
further, with success dependent on their ability to finance
the purchase of additional unallocated paper, the availability
of printing facilities, and the working out of distribution.
A circulation of 400,000 to 500,000 probably would be
possible.

    3. The same means of expanding circulation, it might be
noted, are available to all other newspapers and to all
organizations desiring to put out publications to combat
Communism.

    4. The recent adjustment of newsprint allocations for
political party organs which reduced the Akahata allocation
from 82,500 to 21,872 pounds monthly was made with full
realization that the Communists would be able to substitute
unallocated senka for the lost newsprint and therefore would
not need to reduce circulation.

    5. By purchasing and using senka, the Communists are
violating no regulation. Besides being inferior in quality,
such paper costs more than allocated newsprint, unless the
Communists are being given a low price because of providing
the wastepaper which goes into its manufacture. The price of
senka is assumed to be a handicap, but it is not serious
enough to prevent expansion of Akahata's circulation.

    6. If it is desired to get rid of Akahata, only two
ways are seen:

      a. Through outlawing the Communist Party and all
of its activities.

      b. Through catching the newspaper at so flagrant
a violation of the Press Code that it can be taken into
court and sentenced out of existence.

    7. G-2 notes that Akahata now is the twelfth largest
newspaper in Japan. The eleven daily newspapers of greater
circulation have a combined circulation of about 12,700,000.
Of this amount, Akahata's 233,235 is 1.8 percent.

25 July 1949                                              db
```

15

16

17

14 政党機関紙への用紙割当に関する吉田書簡への口述返答ノート（草稿） 1949年5月17日　ブラウンが前記の吉田書簡に反論した草稿。ブラウンによれば、政党機関紙への用紙割当に反対する吉田首相は、言論出版の自由を保障する憲法第21条の趣旨を理解していないのである。また、用紙割当委員会が左翼的性格を持っていて、共産党の『アカハタ』がそれによって有利な取り扱いを受けていたという吉田首相の説は、事実に反していると批判している。

15 ブラウンからG2宛てチェック・ノート（草稿） 1949年7月25日　ウィロビーの率いるG2（参謀第2部）では、1949年2月の総選挙で共産党が議席を伸ばしたのは、共産党の機関紙『アカハタ』が各地で発行部数を増したことに起因するとの調査報告をおこなった。これに対してブラウンは、選挙での共産党の得票増と『アカハタ』の発行部数との関係を示す証拠はないと反論し、G2の報告は憶測に過ぎないと述べた。さらにもし、どうしても『アカハタ』を潰したいなら、共産党を禁止するか、悪名高いプレス・コード違反で裁判にかけるしかないと述べている。

16 「社説　不合理な用紙統制を廃せよ」 『読売新聞』1951年4月11日号

17 『新聞出版用紙割当制度の概要とその業務実績』 1951年　1951年5月、新聞出版用紙統制を終えるに当たって、統制に当たった政府機関が戦後の用紙統制の歴史を総括したもの。用紙統制の基本資料が収録されている。

第三部 GHQ民間情報教育局情報課長——占領・戦後期

6 占領終了後

　1951年9月8日、サンフランシスコで、ソ連・チェコ・ポーランド3ヵ国をのぞいた日本を含む49ヵ国がサンフランシスコ講和条約に調印し、日本の国際社会への復帰が決まった。また同日、日米安全保障条約が結ばれた。

　翌52年4月28日、講和条約が発効すると同時にGHQが廃止され、占領は終わった。

　ブラウンは占領終了前日の4月27日付で、アメリカ極東軍司令部渉外局（市ヶ谷）へ異動となり、57年頃までつとめた。渉外局長は前CIE局長のニュージェントであった。

　ブラウンは極東軍退職後もそのまま日本にとどまり、民間の日本研究団体である日本アジア協会の活動に力を注いだ。とくに紀要の編集や、初期に刊行された紀要の復刻事業に尽力した。

　1980年5月17日、名古屋の友人の経営する病院で肺ガンのため亡くなった。

◆◆アメリカ極東軍司令部渉外局へ◆◆

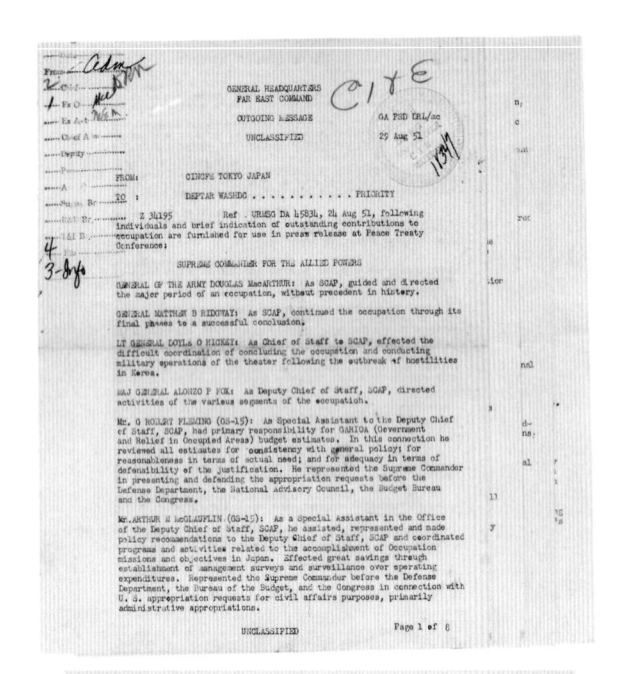

1　サンフランシスコに到着した吉田茂
1951年9月、サンフランシスコ講和条約調印のため渡米した全権吉田に、地元の日系人の女の子から歓迎の花束が贈られた。

2　占領に貢献した人物と功績一覧　1951年8月29日　サンフランシスコ講和条約調印式の記者会見時に提出する功績者リストがCIEに回覧されてきた。マッカーサー以下、8頁にわたって名前とその功績が記されている。ブラウンも挙げられており「ニュージェント大佐の支援の下で、日本の新聞出版と放送界を指導して自由と責任を教え、日本国民に西洋世界の諸文化的制度を知らしめた」とある。

3　陸軍からブラウン宛て再任命書　1952年4月27日　当日付でブラウンは、GHQ（FEC, GHQ/SCAP, CIE, Info. Div.）からアメリカ極東軍司令部渉外局（FEC, GHQ, Public Info. Office）へ異動となり、占領終了後も引き続き日本にとどまることとなった。給与は年間1万1800ドル。

4　友人のこどもたちとくつろぐブラウン
1956年撮影　アメリカ極東軍時代。

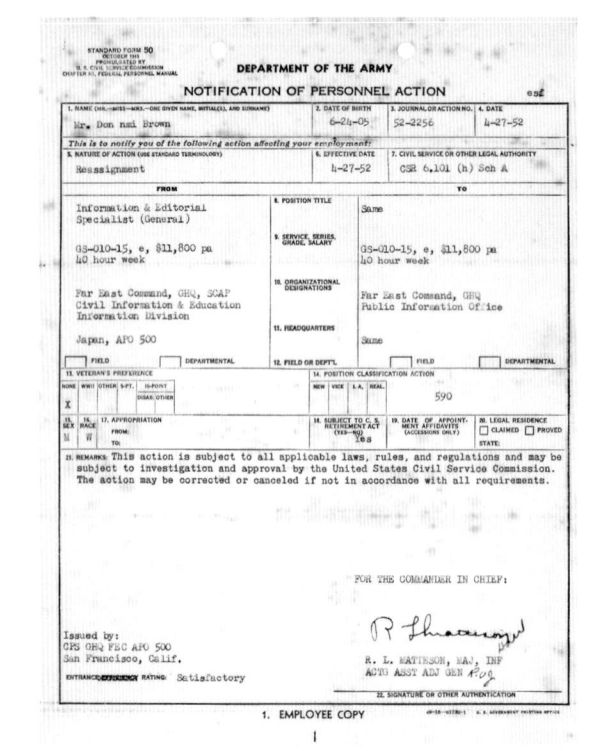

5 混血児問題を取り上げた新聞記事への対応（草稿） 1952年10月28日 アメリカ兵に対する敵意を含んだ記事が英字紙に掲載され、参謀部から問い合わせがあった。ブラウンは記事が掲載された経緯を調べ、日本の世論の動向を分析し、参謀部の取るべき対応を記した草稿を作成した。

6 司令部より吉田首相宛て書簡（草稿）
1953年7月2日 ブラウン作成。労働運動の高まりの中で駐留アメリカ軍に対する反米の動きも増していることを憂慮し、日米関係を保つため、速やかに取り締まるよう忠告した。文末にブラウン作成を示す「db」という文字がみえる。

7 水野浩編『日本の貞操』についての報告
同書は1953年に出版され、アメリカ兵による日本人女性への性的暴力を告発する本として増刷を重ねた。報告書は内容と著者、書評記事などを調べ、「11刷を重ねる売れ行きで、反在日軍事施設と反米感情の醸成に一役買っている」と分析した。ブラウンの作成と思われる。

8 水野浩編『日本の貞操』 蒼樹社、1953年
問題となった著書。蒼樹社は間もなく、続編の五島勉著『日本の貞操 続』を出版した。

9 邦字紙記事抄訳集 1955年7月 東京の主要紙に掲載された関係記事の抄訳。ほぼ毎日作成されていることから、アメリカ極東軍渉外局でのブラウンの日課と考えられる。

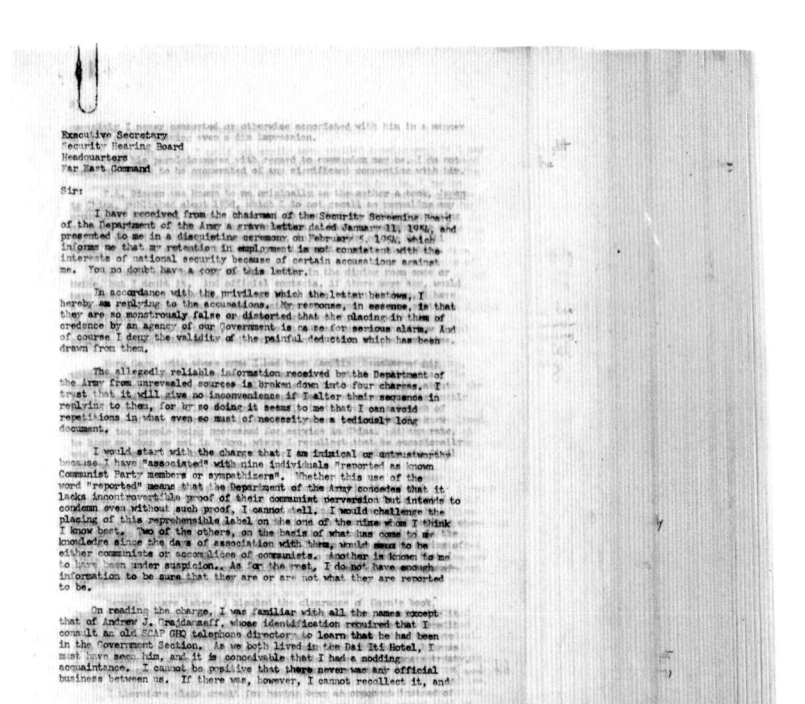

10　極東軍解雇通知書　1954年1月11日、ブラウンは陸軍省国家安全保障審査委員会より、共産主義者の疑いをかけられ、身の潔白が証明されなければ解雇するという通知を受けた。生活クラブ生活協同組合蔵「ブレイクモア文書」

11　ブラウンの弁明書（草稿）［1954年3月］後半部分が欠。弁護をつとめたブレイクモアの手元には修正後の完全な写しが残っていた。弁明書を提出したブラウンは4月、ブレイクモアの弁護を得て、キャンプ座間で査問を受けた。

12　復職と賃金の遡及支払い決定通知書
1954年7月20日　ブラウンは共産主義者の嫌疑が晴れ、復職した。

13　弁護人のブレイクモア　戦前、日本留学中にブラウンを知った。戦時中は戦略事務局（OSS）に属し、戦後、政治顧問部（POLAD）の一員として再来日。民政部（GS）に移り、オプラーと戦後日本の裁判所法、刑事訴訟法改正に重要な役割をはたしたが、占領途中で退職して東京で法律事務所を開いた。ブラウンは軍退職後、ビザ取得のためブレイクモアの事務所に籍を置いた。生活クラブ生活協同組合蔵「ブレイクモア文書」

14　停職取消及び賃金遡及支払い通知書
1954年8月5日　同年2月6日に遡って賃金を支払うとする文民人事部からの通知。この時の給与は年間1万1800ドル。

15　土地購入時の権利証書　1956年10月19日　ブラウンは新宿区市ヶ谷富久町に土地と家を購入した。日本定住を決めたものか。

16　再雇用保留名簿登録通知書　1957年5月29日　ブラウンは所属する第1騎兵師団文民人事部より、ブラウンの希望する地域で欠員がないため通知書受取30日後に解雇となる、もしアメリカ本国での勤務を希望するならば斡旋するとの通知を受けた。ブラウンは斡旋を断り、退職の道を選んだ。

17　「東京都心地図」 Central Tokyo Area（Tokyo and vicinity telephone directory, 1952年10月1日発行より）ブラウンの属したアメリカ極東軍司令部渉外局は市ヶ谷の現防衛庁の場所にあったパーシング・ハイツ（Pershing Heights、地図中の26）と呼ばれた旧参謀本部の建物に置かれた。1958年、日本に返還され、陸上自衛隊市ヶ谷駐屯地として使用された。なお、ブラウンは職場のすぐ近くに住居を構えたことがわかる。

◆引退―日本アジア協会の名編集長◆

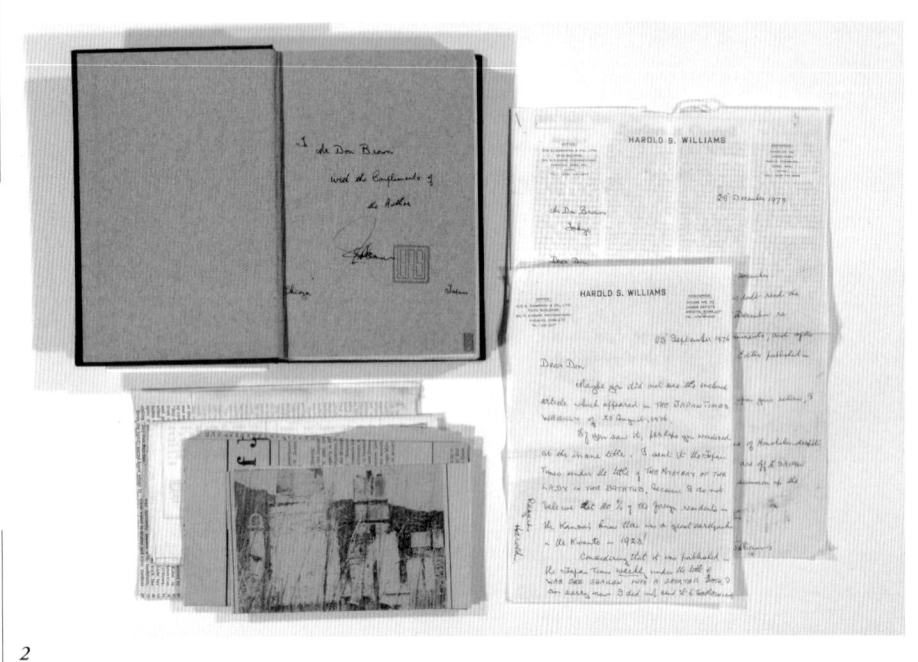

1　**社会科学討論会**　1948年10月13日、日本アジア協会員とアメリカ社会文化科学使節団との討論会がイギリス大使館で開かれ、ブラウンも出席した(左から2人目)。ブラウンは47年の戦後初の同協会総会時より理事をつとめ、亡くなるまで会の活動に力を注いだ。

2　**H・S・ウィリアムズ寄贈図書**　ウィリアムズは、神戸在住の日本関係図書収集家で、日本研究書も著したが、ブラウンから度々教示を受け、著書をブラウンに贈呈した。紹介したのはウィリアムズ著『ミカドの国の外国人』(Foreigners in Mikadoland)[1963年]に挟まれてあったブラウン宛て礼状や献辞、書評記事など。

3　**E・サイデンステッカー訳『蜻蛉日記』**
(原稿) (The Kagerô Nikki: journal of a Tenth-Century Japanese noblewoman, tr. by Edward Seidensticker) 1964年にタトル社より刊行された際の原稿か。訂正書込が多数あるが、ブラウンの手ではない。最初の訳出はブラウン編集の『日本アジア協会紀要』第3期第4巻(1955年)で発表された。

4　**E・サイデンステッカー訳『蜻蛉日記』**
(The gossamer years: The diary of a noblewoman of Heian, Japan) 1964年　タトル社刊行版。ブラウンは最初の訳出である『日本アジア協会紀要』版との異同を記入した。編集者ブラウンの仕事ぶりを窺わせる。

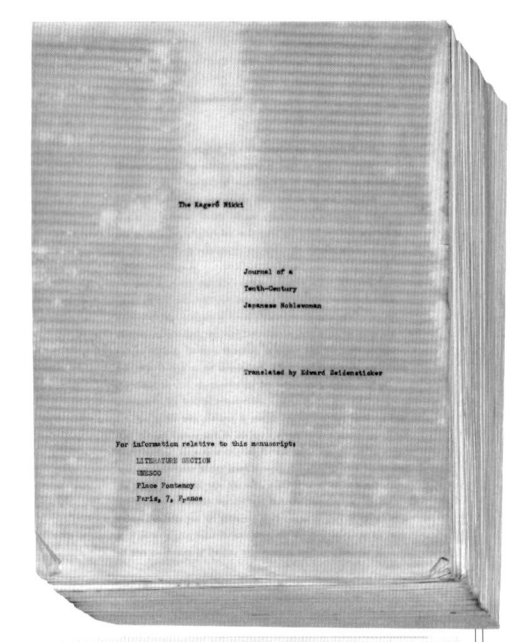

5

6

7

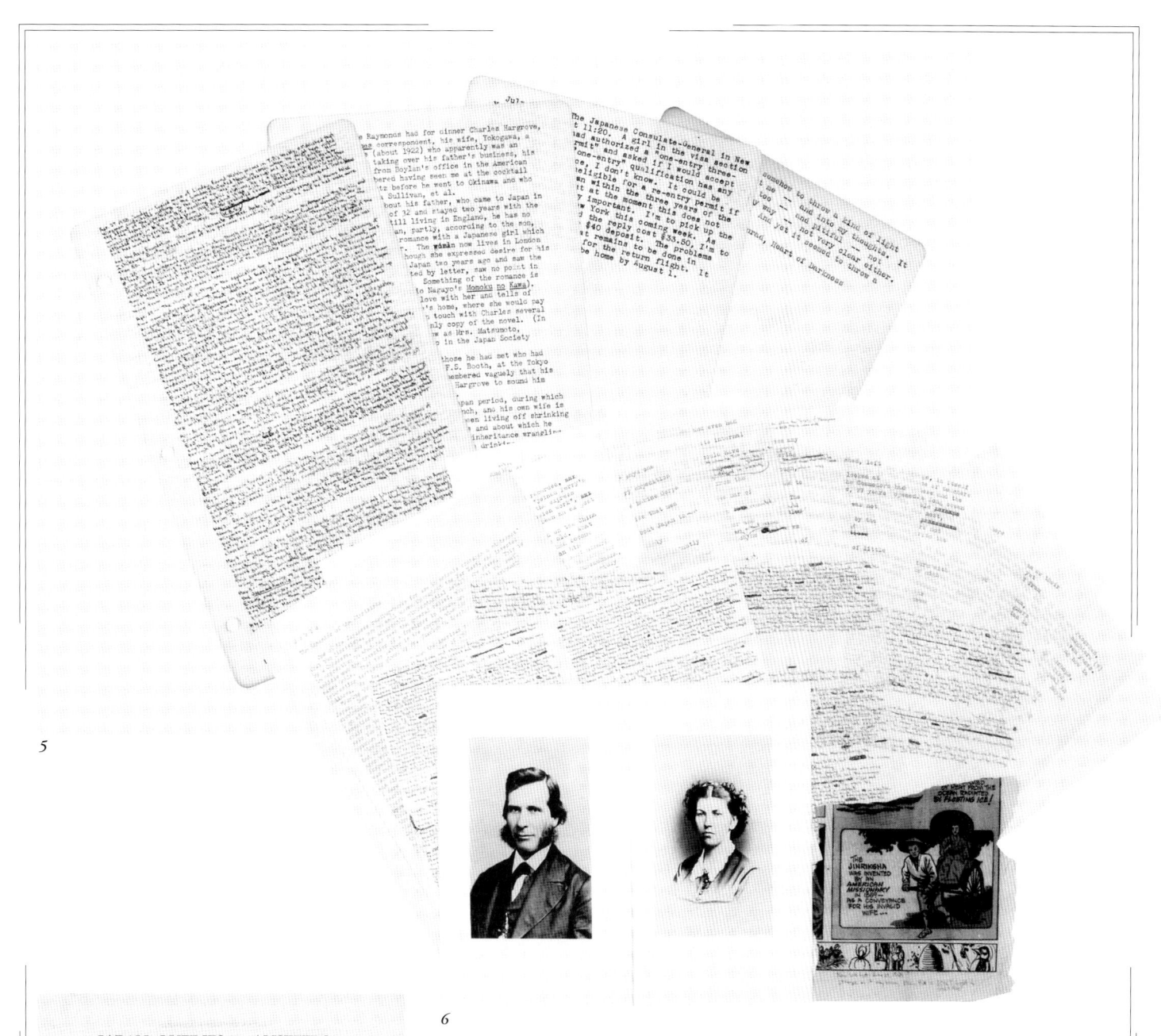

JAPAN QUERIES & ANSWERS

No. 1　　　　　Tokyo　　　　　May, 1955

Here presented is a trial issue of what could become, if the response warrants, a modest publication to serve as a clearing house for information on Japanese matters.

These initial queries — gathered from acquaintances of the editor — suggest the range of serious interest or curiosity that might be satisfied.

A second issue will depend on the help of readers.

Answers to the queries are solicited, as well as new queries.

Don Brown
Central P.O. Box 1470
Tokyo

Japanese Lettering

1-1: There is a style of Roman lettering found often on the covers of books concerning Japan and elsewhere that gives the appearance of having been made with a brush in strokes, usually straight, that are thin at one end and broader at the other. It is wondered when and where this style was first printed and whether the connotation is so exclusively Japanese that it never is used on anything associated with China.
R.P.M.

De Benneville

1-2: Information would be appreciated about James S. de Benneville, adapter or translator of Saito Musashibo Benkei, Ogūri Hangwan, Bakemono Yashiki and Yotsuya Kwaidan and author of More Japonico and Sakuramba. From the prefaces, he seems to have been in Japan from about 1901 through 1915 said to have lived at Omarodani. Who was he, what was his background, and what became of him? And why has his work received so very little recognition?
H.P.

Catholic Cremation

1-3: After the February fire at the Totsuka Garden of Our Lady's Home for the Aged, in which 99 women lost their lives, newspaper photographs showed a procession of nuns carrying urns of ashes of the victims for burial. The Roman Catholic Church is understood, at least in the West, to forbid cremation. Has it modified this policy for its followers in Japan?
R.M.

"Ame no Yoru"

1-4: In the Perry Centennial issue of the Nippon Times, July 5, 1953, page 17, Ki Kimura writes that in 1869 Kumataro Kimura, while studying in the United States, translated and had published in an American newspaper a popular song, "Ame no Yoru" (Rainy Night), of which the first stanza reads:

Through the rain and darkness came
A stranger to our shore.
It was a ship as black as night,
Eight hundred men she bore.

Does anyone know in what paper it appeared, and on what date? Is the full translation available elsewhere?
D.B.

Kabuki Stockings

1-5: In kabuki performances, actors often apparently wear white silk stockings. A stockings are an importation from the West — so am I in error? — and were not in common use when kabuki customs developed, when were they introduced on the stage? And why?
S.T.I.

Japan Punch

1-6: Where can be found a history or account fairly detailed, of the Japan Punch, published in Yokohama in the last century? Does any library have a complete file of this cartoon magazine?
W.J.

Ukiyoe

1-7: What basis there, if any, for the story that ukiyoe prints first attracted notice in the West when used as wrappings or stuffing in tea shipments from Japan?
C.L.I.

Jan Joosten

1-8: In Jiro Osaragi's recently translated novel Homecoming, the main character, on seeing the most behind Tokyo Station being filled in muses: "Nobody cared that this was the famous Yaesu quay, named after Jan Joosten, the foreign

JAPAN QUERIES & ANSWERS

No. 17　　　　　Tokyo　　　　　April, 1959

New questions and responses to current and past questions may be addressed to:

Don Brown
Central P.O. Box 1470
Tokyo

Perry Expedition Children

17-1: Is there substantial evidence that Commodore Perry's 1853 and 1854 visits to Japan were followed by the birth of children sired by his men? From the official narrative of the expedition, one has the impression that the Americans were under two close surveillance to beget, and there is even the observation that "it must be said to the credit of the Japanese women, that during all the time of the presence of the squadron in the bay of Yedo, there was none of the usual indication of wantonness and license on the part of the female sex in their occasional relations with the miscellaneous ships' people". Yet Kikou Yamata, in Three Geishas (New York, 1956, page 52), says that "the national aversion to foreign blood was so great that a number of fair children who were born after the visit of Commodore Perry had all mysteriously disappeared".
L.T.T.

Baba's Kojiki

17-2: Tatsui Baba, Meiji Period advocate of people's rights, is said by Ki Kimura, in Japanese Literature: Manners and Customs in the Meiji-Taisho Era (Tokyo, 1957, page 102), to have published in England in 1876 an English translation of the Kojiki. Has anyone ever seen a copy? Is it the complete Kojiki? Who published it?
C.W.W.

Year's Cadence

17-3: Subtitled "from the Japanese", a poem of twelve stanzas, "Year's Cadence", by R. Christian Duncan, is in the English Review for March, 1936. The first stanza reads:

What of the Morrow?
I climb, seeking an answer —
Snow blocks the mountain.

The ninth stanza, for September, is:

Cometh the Harvest;
One hath grown rice, one silk-worms.
How thin my small hook!

Can this be a translation of a Japanese poem? If so, whose? Or does Duncan mean loosely that it is "from the Japanese" in its ideas or poetic form?
W.K.

Mary C. Fraser

17-4: Mary C. Fraser (Mrs. Hugh Fraser), in Chapter 3 of her A Diplomatist's Wife in Japan (London, 1899), writes, in what would seem to have been originally a letter to a relative or close friend: "Do you remember, many years ago, when I was a child, that charming old Mr. Townsend Harris, whom we young ones hailed so noisily on account of his enchanting stories of a world beyond our ken? I still feel the thrill which used to go through me when he described his hard-won audience with the 'Tycoon'." Is there any way of knowing how Mrs. Fraser, wife of the 1889-94 British Minister to Japan, happened to know as a child the first American Minister to Japan?
T.C.

Franklin's Virtues

17-5: For 12 of the 13 moral injunctions (omitting chastity) set forth in Benjamin Franklin's Autobiography, Empress Shoken wrote a series of poems, according to Ki Kimura in Japanese Literature; Manners and Customs in the Meiji-Taisho Era (Tokyo, 1957, page 116). He gives two of them, one of which, inspired by Franklin's "Eat not to dullness; drink not to elevation", is translated literally as: "When flower-viewing in spring and admiring the maples in autumn, it is best to drink only in moderation." Where may all of her poems in this series be obtained?
C.W.W.

5　ニューヨーク滞在中の日記　1958年5月
1957年頃にアメリカ極東軍を辞めたブラウンは一時帰国し、資料調査や友人との再会の日々を送った。また日本にもどるためのビザも取得した。

6　ブラウンのゴーブル研究　ニューヨーク滞在中、コロンビア大学などで幕末に来日したアメリカ人宣教師、ゴーブルの調査研究をおこなった。書きかけの原稿やゴーブル夫妻の写真ネガなどの資料が残されている。

7　ブラウン編『日本についてのQ&A』
（Japan queries & answers）1955年にブラウンが創刊した小冊子。創刊号（左）と第17号（右）の第1頁。創刊の辞には「日本についての情報を提供する小さな情報センターとして機能していくだろう」とある。読者からの質問と回答を載せる形式をとり、不定期ながらも10年近く続いた。B・H・チェンバレンが著した『日本事物誌』の現代版とでも呼べるような、種々さまざまな事柄が取り上げられた。例えば17号の最初の事項は「ペリー遠征時に生まれた日米混血児」。

DON BROWN†

In March 1980 Don Brown, for the first time in many years, failed to attend a meeting of the Society. His friends were surprised as he had become a pillar of all Society functions. A few days later he wrote saying that he had been taken to hospital in Nagoya and would complete the editing of Volume 15 of the Transactions from his sick bed. He was unable to fulfill his promise before he passed away on 17 May 1980.

Don had been executive editor of the Japan Advertiser when he first came to Japan in the decade before World War II. It was typical of him that before his death he had requested the editor of the Japan Times (successor to the Japan Advertiser) not to print his obituary. It would be unpardonable, however, if no record were made in the Transactions, of which he was editor in fact, though not always in name, from 1950, until the day of his passing. He had been co-opted to the Society's first post-war Council in 1947. For eleven years, 1954–1964, he was a vice-president and thereafter continued as one of the most active of Council members, regularly attending meetings and, between them, spending many days on the routine work without which a voluntary organization would cease to function. After his first three years on the Council, the chairmanship of the Publications Committee and the editing of the Transactions were his responsibilities for a further, unprecedented thirty-one years.

During hostilities Don was back in the United States with the State Department in New York. He returned to Japan with the Occupation as officer in charge of all information media in the Civil Information and Education section of the headquarters of the Supreme Commander for the Allied Powers. For the rest of his life he remained in Tokyo almost continuously, devoting his time to his library, to some teaching, and most of all to the Society.

Don read one paper to the Society on "The introduction of Japanese literature to the English-reading world" and he wrote the Introduction to the reprint issue of the first series of the Transactions in 1964. As editor he was a perfectionist and his insistence on maintaining the highest of standards retarded the regular publication of the Transactions, but his consistent work was known to all who gave their time to the Society's affairs.

In the Society's long history only two men, both Japanese, have served longer on its Council: Professor Masaharu Anesaki from 1907 to 1945 and Fumio Uekuri from 1941 to 1979. Don's thirty-four years of service make him the longest serving Westerner (followed by Basil Hall Chamberlain, who was named to the Council for thirty years). These cold statistics translate into lifetimes of man hours, and stand as records of devotion to which we pay the deepest tribute. Don Brown will be missed.

Douglas Moore Kenrick
President
Asiatic Society of Japan

8 晩年のブラウン 1973年7月、ホノルルでの撮影。68歳であった。

9 『日本アジア協会紀要』校正原稿 第3期第13、14巻(1976、1978年)の分。ブラウンが元気だった頃の最後の編集仕事となる。

10 『日本アジア協会紀要』の原本と復刻版 手前はブラウンが収集した明治時代から刊行された原本の一部。後方が、1964年に雄松堂書店から刊行された第1期(1872〜1922年)全50巻(43冊)の復刻本。当時、同協会副理事長兼編集長であったブラウンが中心となった事業。

11 D・ケンリック日本アジア協会長の追悼文 (『日本アジア協会紀要』第3期第15巻、1980年より) ブラウン死亡時の会長で友人のひとりでもあったケンリックは、つぎのようにブラウンの仕事ぶりを記し、讃えた。
「1980年3月、ドン・ブラウンは長い会員生活の中で初めて協会の会合に欠席した。彼はすべての協会活動の中心であったので、友人らは驚いた。数日後、彼から手紙が来て、名古屋の病院に入院しなければならなくなったこと、病床にあっても紀要第15巻の編集作業はやり遂げるつもりだと書かれてあったが、同年5月17日、彼はその約束を果たすことなく亡くなった。…編集者としての彼は完全主義者であり、質の高い出版を維持しようとしたので紀要の発行は遅れた。彼の徹底した仕事ぶりは協会の仕事に時間を割いたことのある人びとの誰もがよく知るところであった」。

ドン・ブラウンのもう一つの顔──日本関係図書の収集家

中武香奈美

1 コレクション入手の経緯と概要

　これまで、ドン・ブラウンと戦前・戦中・戦後、各時期の日本との関わりを見てきた。戦前は『ジャパン・アドヴァタイザー』記者および通信員として、戦中は戦時情報局（OWI）での対日心理戦メンバーとして、そして戦後はGHQ民間情報教育局（CIE）情報課長としての、いわば「3つの顔」をブラウンはもっていたと言えよう。ここではさらにブラウンの「もう一つの顔」とでも呼ぶべき日本関係図書の収集家としての一面を紹介したい。ブラウンが全時期を通じてもった顔であり、その表れがドン・ブラウン・コレクションである。

　横浜開港資料館（以下、当館）が同コレクションを入手したのは、ちょうど開館した年の1981年であった。ブラウンはすでに前年の1980年に死亡しており、当館は遺産管財人を通じて譲り受けた。

　当館はそれ以前から、ブラウンの友人で当館蔵ブルーム・コレクションの旧蔵者でもあったポール・C・ブルーム（Paul C. Blum 1898-1981）氏から日本関係の新聞・雑誌が充実しているこのコレクションの存在を聞いていたが、生前の本人と会う機会がないうちにブラウンは亡くなった。

　コレクションは約1万点の図書、約800タイトルの新聞・雑誌、および約600件の文書類から構成される。

　コレクション受け入れ当初、当館の関心は専ら文書類よりも約1万点におよぶ日本関係図書と約800タイトルの新聞・雑誌にあった。当館の収集対象資料は開国・開港期のものが中心であり、19世紀から20世紀にかけて国内外で刊行された日本研究書、新聞・雑誌が多数収められた同コレクションは、開館間もない当館にとり貴重な収蔵資料の一つとなった。

　そのため整理作業も図書と新聞・雑誌が文書類に先行した。新聞・雑誌は『横浜開港資料館所蔵　新聞・雑誌目録』（1991年）に収録され、図書は『横浜開港資料館所蔵　ドン・ブラウン・コレクション書籍目録（The Don Brown Collection : a catalogue of books）』（図版1）を2004年に刊行して一般に公開している。文書類の整理は最後となり、現在、原資料保存の手当ても含めて公開に向けた作業をおこなっている。

　また1999年度から同コレクションの特徴を活かした文書目録作成と、コレクション中の文書類を中心に旧蔵者ブラウンの事績を跡付け、戦前・戦中・戦後の日本との関わりを明らかにする研究を横浜国際関係史研究会に委託した。同研究会の活動は本書の「刊行にあたって」のとおりであり、多くの研究成果を上げた。

　以下、コレクションの概要を紹介する[1]。

① 図　書

　図書の多くは19世紀から20世紀にかけて国内外で刊行された英文の日本関係図書であり、人文科学のあらゆる分野にわたっているが、なかでも日本研究書や日本文学の翻訳書が目立つ。

　戦前の年鑑類もよくそろっている。『中華年鑑』（The China year book）（図版2）、『英文日満年鑑』（The Japan-Manchoukuo year book）（図版3）、『英文日本年鑑』（Japan year book）（図版4）、『英文日本人名録』（Who's who in Japan）（図版5）などがあげられる。

　戦時下にアメリカで発行された各種の日本語学習書は、ブラウンのOWIでの活動と関わりのある図書であり、本書第二部でその一部を紹介したので参照されたい。

　占領下の日本で発行された各種の英語学習書や辞書類も、

1 『横浜開港資料館所蔵　ドン・ブラウン・コレクション書籍目録（The Don Brown Collection : a catalogue of books）』2004年

2 『中華年鑑』（The China year book）

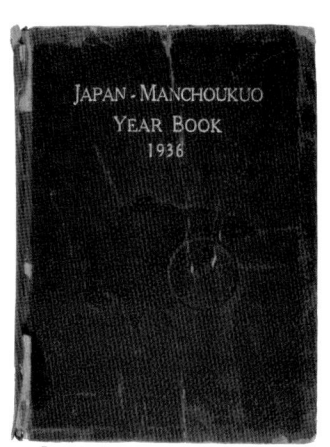

3 『英文日満年鑑』（The Japan-Manchoukuo year book）

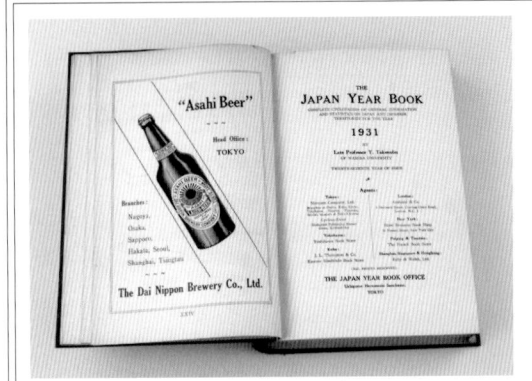

4 『英文日本年鑑』（*Japan year book*）

6 志村つね平作・画『Jeep太郎』 1946年

7 高沢圭一著『日米会話絵本　アメリカの兵隊さんと太郎』 1946年

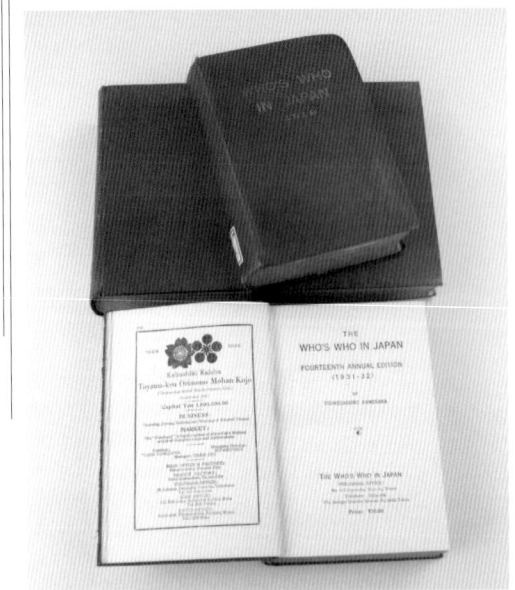

5 『英文日本人名録』（*Who's who in Japan*）

8 山崎一芳著『マッカーサー元帥』 1947年

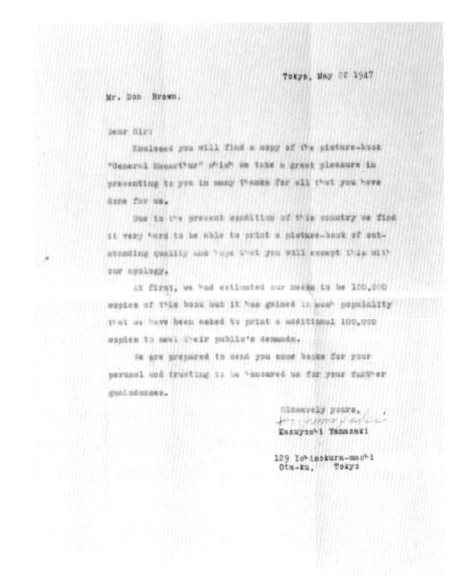

9 山崎一芳からブラウン宛て礼状 1947年5月22日

　GHQのCIE情報課長であったブラウンのコレクションならではの収集図書である。中にはつぎのような子ども向け英語学習書もある。

　志村つね平作・画『Jeep太郎』(1946年)(図版6)は、表紙に「笑ひ乍ら英語がおぼえられる絵本」と記されていて、主人公のジープの大好きな少年、太郎と進駐軍兵士との間で交わされる簡単な日常英会話を紹介したものである。

　高沢圭一著『日米会話絵本　アメリカの兵隊さんと太郎』(1946年)(図版7)は、主人公の少年、太郎と進駐軍兵士との電車の中や上野公園、スキー場、太郎の家で交わす会話を絵入りで紹介したもの。いずれも占領政策を肯定的に受け止める設定となっており、占領下の日本を反映した出版企画と言える。

　また占領期の出版物として、ブラウンが日々使用していたGHQの電話帳が占領初期の1946年3月版から残っている。さらに占領終了後に異動となったアメリカ極東軍時代のものもあり、全揃いではないが占領期のものと合わせて13冊残っている。日本国内に残った数少ない原本であり、本書の口絵で紹介した。

　日本語図書も約500点入っている。英文図書同様、さまざまな分野にわたっているが、戦前の修身の教科書や占領期に刊行された小学校用教科書や副読本などは、ブラウンの主要任務の一つであった用紙統制との関連で集まったものと推測される。

　その一例として、他に山崎一芳著『マッカーサー元帥』(1947年)(図版8)があげられる。この本は、マッカーサーとその政策を讃える内容の絵本であり、山崎は1947年5月22日にブラウンにこの本を贈ったことが本に挟み込まれた礼状(図版9)でわかった。山崎は、1万部発行したが好評につき、さらに1万部の追加発行の要望を受けたとして、暗にブラウンに用紙割当の追加を願い出ている。

　また図書の中に確認できるだけでも約130冊のブラウン宛て献呈図書の存在が、整理作業を通じて明らかとなった。これらの図書からは、出版活動を通じてのブラウンの交友関係を窺うことができる。

　たとえば、絵本画家の八島太郎(岩松淳)や石垣綾子(マツイ・ハル)らからの図書は、彼らが戦時下にOWIニューヨーク支部で対日心理戦に加わっていた頃、同支部にいたブラウンと接触があったことを示しており、これは他の史料でも確認することができた。また戦後、日本出版協会長の石井満とその妹の鈴木哲子から贈られた十数冊の図書は、占領期にブラウンが深く関わった新聞出版用紙割当制度の運営において、ブラウンがとった立場を考察する手がかりの一つとなる。

　高木八尺や坂西志保、岩生成一といった歴史研究者からの寄贈図書もあり、ブラウンは自身が発表した研究は少ないが、日本関係図書の収集家としての交流の広がりを知ることができる。

　このようにブラウン・コレクションの図書は、稀覯本は少ないが、おもに明治期から戦後にかけて刊行された多種多様な図書を擁するコレクションであり、その時々のブラウンの関心、

10 『ジャパン・ヘラルド』（The Japan Herald）

11 『デイリー・ジャパン・ヘラルド』（The Daily Japan Herald）

12 『ジャパン・コマーシャル・ニューズ』（The Japan Commercial News）

13 『ジャパン・パンチ』（The Japan Punch）

14 日米戦争期に刊行されたアジア関係雑誌

おもに仕事上の関心からであろうが、自ら収集した、あるいは手元に集まってきた図書で構成されたものであると言える。日本および日本人理解に努めた一人のアメリカ人の軌跡の上に形成されたこのコレクションは、外から映し出された日本および日本人像がどのようなものであるかを知るための豊富な材料をわれわれに提供してくれる。

② 新聞・雑誌

新聞・雑誌の多くは日本で発行されたものであり、なかでも横浜で幕末・明治期に発行された貴重なものがかなりの数にのぼる。

新聞では、幕末に創刊された横浜初の近代的新聞『ジャパン・ヘラルド』（The Japan Herald）（図版10）の1862年から1865年にかけての号がまずあげられる。同紙は世界広しといえども、大英図書館に創刊号（1861年11月23日号）と翌62年1月にかけて発行された数号が確認されているのみで、日本の初期近代新聞史料として貴重である。同紙の日刊版、『デイリー・ジャパン・ヘラルド』（The Daily Japan Herald）（図版11）の1864年11月18日号・24日号も収められている。

『ジャパン・ヘラルド』とともに、もっとも早い時期の新聞として知られる『ジャパン・コマーシャル・ニューズ』（The Japan Commercial News）の1864年3月16日号（図版12）も入っている。幕末期に翻訳されて『日本貿易新聞』あるいは『横浜新聞』として流布した新聞の原紙であるが、これまでに完全なかたちで現存が確認されている唯一の号である。

この他に『ジャパン・ウィークリー・メール』（The Japan Weekly Mail、1870年に横浜で創刊された週刊紙）や『神戸クロニクル』（The Kobe Chronicle、1897年に神戸で創刊）、ドイツ語紙『ドイッチェ・ヤーパン・ポスト』（Deutsche Japan-Post、1902年に横浜で創刊）などもよく揃っている。

このような諸新聞に掲載されたさまざまな記事は、19世紀の在日外国人社会に関する豊富な情報を提供してくれ、日本近代史研究においてこのコレクションのもつ意味は大きい。

雑誌に関しては、19世紀から20世紀にかけて日本国内外で刊行された幅広い分野のものが集められていると言える。幕末の横浜居留地でイギリス人画家、C・ワーグマンが発刊した風刺雑誌『ジャパン・パンチ』（The Japan Punch）（図版13）のかなりの号数が揃っていることは特記しておきたい。また明治期に日本で刊行された英語学あるいは英文学の雑誌も豊富に揃っている。たとえば『日本英学新誌』・『英語世界』・『実用英語』・『英語界』・『英語青年』・『英語新報』・『英文新誌』などがある。

長く日本アジア協会に関係したためであろう、明治期の日本アジア協会紀要がよく揃っているのに加えて、ロンドンや上海、朝鮮などで刊行された各国のアジア協会紀要もある。

日米戦争時に各国で刊行されたアジア関係雑誌（図版14）も集められている。*Americana; a Review and the Far East*（ニューヨー

ク刊)、*Asia; Journal of the American Asiatic Association*(ニューヨーク刊)、*Bulletin de l'Université l'Aurore : 震旦襍誌*(上海刊)、*China at War*(重慶刊)、*The Far Eastern Quarterly; Reiew of Eastern Asia and the Adjacent Pacific Islands*(ウィスコンシン刊)、*Jungle Victory*(メルボルン刊)、*Talks*(ニューヨーク刊)、*The Twentieth Century*(上海刊)、太平洋問題調査会機関誌の*Pacific Affairs*などがあげられる。これらはブラウンの戦時下の活動とふかく関わっていると思われる。

③ **文書類**

文書類はブラウンの活躍した戦前・戦中・戦後に大別されるが、質・量的に中心となるのは占領期である。

戦前期はピッツバーグ大学での学生時代と国際ジャーナリストとして最初に滞日した1930年代に分けられる。戦中は帰国後のOWI時代が中心となる。戦後は再来日後のGHQ時代と、占領終了後に移ったアメリカ極東軍司令部渉外局や日本アジア協会などでの活動の時代に分けられる。

ピッツバーグ大学時代の文書はそれほど多くない。しかし大学新聞『ピット・ウィークリー』(*The Pitt Weekly*)編集部での活躍を示す新聞記事や関連書簡などが残されており、ジャーナリストとしての出発点であると考えると、ブラウンの事績を明らかにするには見落とすことのできない史料であると言える。

1930年代の国際ジャーナリスト時代のおもな文書として、日記があげられる。1932年から40年にかけて書かれたもので、『ジャパン・アドヴァタイザー』やアメリカの有力紙の通信記者としておこなった取材活動、しだいに強化される日本政府の報道規制や監視体制、そのような状況下での対日本・日本人観などが書き残されている。2冊のノートに書かれているが、しばしばブランクの時期があり、実際にはそれ程の分量はないが、戦前のブラウンの事績を明らかにする上で重要な文書である。この他にテーマごとに細かく分類された51冊の英字新聞記事のスクラップブックなどがある。

1940年に帰国した後、ブラウンはUP勤務を経て42年にOWIニューヨーク支部に入局し、対日心理戦のおもに宣伝ビラ作成に携わった。この時代の関係資料として、ブラウンが関わったものも含む多数のビラのオリジナル(いくつかのビラには解説文が添付されている)とその原稿、ビラ作成の参考資料にしたと思われる日本軍に関する切抜記事、また日本軍作成の宣伝ビラのオリジナルもある。

CIE情報課長時代の文書がブラウンの残した文書中でもっとも多く、そのほとんどはブラウンに宛てた部内回覧文書や報告書、作成文書の写しなどで占められる。公文書として本来ならばアメリカの文書館に保管されてしかるべきものも少なくない。

この時代の重要な文書として、再来日直後にアメリカの友人に宛てた書簡(控)全54通がある。1945年12月3日から翌46年4月16日にかけてタイプライターで作成し、そのカーボンコピーを手元に残したものである。薄い用紙の両面に打たれ、さらに年数もかなり経ているため文字も薄くなっており、判読がむずかしい。また書簡末尾の行が途中で切れ、完全に写しとられていないものもある。しかし、CIEの情報担当スタッフとして日本のメディア全般の民主化政策に取り組み始めたばかりのブラウンの職務内容や日常生活、同僚スタッフや日米の旧友らとの再会、占領開始直後の日本および日本人に対する率直な批評などが、2、3日に1回という頻度で詳述されている。日記代わりともいえるこの書簡(控)は占領初期の占領側スタッフの証言として貴重である。

この書簡(控)には直接・間接に交流のあった約300人の人びとへの言及がある。GHQのスタッフでは、たとえばCIE情報課新聞出版担当のバーコフ(R. Berkov)や婦人問題担当のウィード(E. B. Weed)、CIE教育担当のニュージェント(D. R. Nugent、第2代CIE局長)、民政局(GS)のホイットニー(C. Whitney)局長やJ・M・マキ(J. M. Maki)、ベアテ・シロタ(Beate Sirota)、対敵諜報部(CIS)のソープ(E. R. Thorpe)部長やポール・ラッシュ(Paul Rusch)らの名前が見受けられる。この他、元OWIスタッフのオーエン・ラティモア(O. Lattimore)や石垣綾子(マツイ・ハル)、八島太郎(岩松淳)との交流も記されている。

また、当時CIS調査分析課長であったE・H・ノーマン(E. H. Norman)とも親しく交流したことがわかる10通の書簡も含まれている。これについては後述する。

なお、ブラウンが受け取った書簡はピッツバーグ大学時代と占領期のものが少し残っているが、内容的にはそれ程重要なものはない。おそらく処分されたのであろう。

文書の他に、1000点近い写真資料もある。プライベート写真の他に、戦前期に外国人カメラマンが撮った日本各地のようすや、OWIニューヨーク支部勤務時代に戦争関連情報として集めた各地の日本軍との戦闘場面や日本兵捕虜などを写した約800点の写真もある。ごく一部であるが、本書で紹介した。

1946年に亀井文夫監督が製作した記録映画『日本の悲劇』全4巻の35ミリ・プリントもある。一般公開された後、左翼的偏向があるとして上映禁止、全プリント没収措置を受けた作品である。東京国立近代美術館フィルムセンターやIMAGICA、日本映画新社の協力をえて調査した結果、当時、複数製作された完成版プリントの1本であることが判明した。関係部署のひとつであるCIE情報課長ブラウンの手元に何らかの理由で残ったものであろう。本書口絵で紹介した。

2 日本関係図書の収集

① **図書購入──戦前・戦時下**

図書購入帳といった類のものはコレクションには残っていないが、ブラウンの戦前の日記や、戦後の書簡(控)、図書に記された書込などから、一部であるが入手経緯や値段などを知ることができた。以下、それらを紹介して図書コレクションの成り立ちの一端を明らかにしたい。

これまでに判明しているもっとも古い購入記録は、「1930年4月1日に神戸で」(本の見返しに、自筆で記されていた)入手した『ジャーナリスト・ハンドブック』(Eric A. Allen, *Printing for the journalist: a handbook for reporters, editors, and students of journalism*)である。この年の初めに来日したブラウンは、ちょ

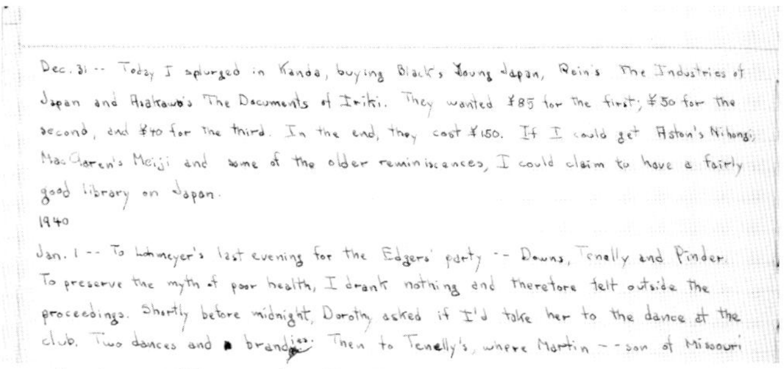

15　ブラウンの日記　1939年12月31日

16　A・スメドレー著『中国の歌ごえ』
（Agnes Smedley, *Battle hymn of China*）1943年

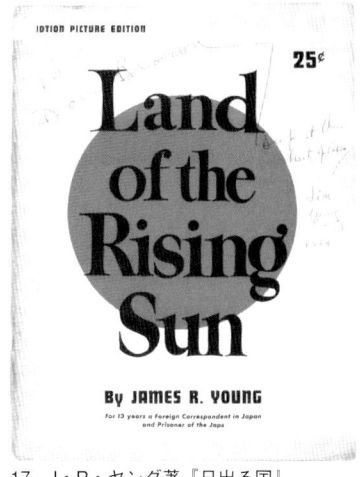

17　J・R・ヤング著『日出る国』
（James R. Young, *Land of the rising sun*）c1943年

うどこの日に『ジャパン・アドヴァタイザー』神戸支局に入社した。ジャーナリストとしての第一歩を踏み出したブラウンに相応しい内容の本であり、購入したものであろう。書込からはその意気込みの程が伝わってくる。

　つぎに古い購入は、日比野寛著『日本臣道論』英訳本（1928年）の「1933年に神田の一誠堂で」の購入であり、同様に図書の書込からわかった。この頃から神田の古本街へ通うようになり、図書の収集が始まったのであろう。

　ブラウンの戦前の日記によると、1938年12月28日に神田の書店で『市民のための科学』（Lancelot Hogben, *Science for the citizen*、1938年）を「わずか9円で購入した」（ブラウンの日記）。それから1年後の翌39年12月31日、同じく神田でJ・R・ブラック著『ヤング・ジャパン』（J. R. Black, *Young Japan*、1880年）、そしてJ・J・レイン著『日本の諸工業』（J. J. Rein, *The industries of Japan*、1889年）、朝河貫一著『入来文書』（*The documents of Iriki*、1929年）を、それぞれ85円、50円、40円のところを150円で一括購入した（図版15）。

　さて、この値段はこの当時、どのくらい高額な買い物であったのだろうか。たとえば1939年当時の東京で、英国製布地を使用した高級注文紳士服1着の仕立て上がり値段が70円であった[2]。この古書3冊で紳士服2着分の値段となる。また1935年の巡査の初任給が45円[3]という数字と較べると、新任巡査の3.3ヵ月分の給料を1回の購入に使ったことになる。またブラウンにとり「わずか9円」は、帝国ホテルの1930年代のシングル部屋1泊の値段、10円とほぼ同等である。一般の日本人からすれば、ブラウンはかなり高額な買い物をしたと言えよう。

　ではこのような出費を可能にした当時のブラウンの給与はどのくらいであったのだろうか。『ジャパン・アドヴァタイザー』が『ジャパン・タイムズ』に吸収合併された1940年10月、社員に支払った最後の給与表[4]が残っている。それによると、最高額は社主の息子で、編集長のウィルフレッド・フライシャーの月額1400円、ブラウンに3番目の額となる700円が支払われた。東京府知事の戦前、1933年以降の年俸は5350円[5]で、月額にすると500円弱である。ブラウンは東京府知事より高額な給与を得、また別にアメリカの新聞社通信員としての収入があったであろうから、さらなる高額を手にしていたことは確かである。独身でもあったブラウンにとり、150円の古書の買い物はそれ程の出費ではなかったのである。おそらく、これ程の額にはならないまでも日常的に、古書購入をおこなっていたと思われる。

　なお、コレクションには『市民のための科学』以外の上記図書はすべて収まっている。この時に購入した図書であろうか。

　さて1940年に帰国後、アメリカでも図書購入はつづけたのであろうか。記録らしい記録はほとんど残っていない。わずかに図書の書込によって、OWIニューヨーク支部時代にA・スメドレー著『中国の歌ごえ』（Agnes Smedley, *Battle hymn of China*、1943年）（図版16）他2冊の新刊書を購入したことがわかるのみである。他の2冊は、タイと中国に関する図書である。

　また2冊のみであるがOWI時代に受けた寄贈書を確認できる。戦前の日本での新聞記者仲間、J・R・ヤングから『日出る国』（James R. Young, *Land of the rising sun*、c1943年）（図版17）を、そしてOWIでブラウンと同じ対日宣伝ビラ作成に携わった八島太郎（岩松淳）からは『新らしき太陽　The new sun』（1943年）を、自筆献辞入りで贈られた。

②　図書購入──占領期

　戦争終結直後の1945年12月に再来日したブラウンは、多忙なCIEの仕事の合間を縫って、しばしば神田や銀座の書店へ通ったことが友人宛て書簡（控）に記されている。戦前の賑わいを知るアメリカ人が記した敗戦直後の古本街のようすも描かれているので、つぎに紹介しよう。

　「日曜日、事務所でちょっとした朝の仕事をした後、ボブと神保町へはるばるでかけた。そこは神田の古本街である。…

　ほとんどすべての書店がそのまま残っていたが、さびれていて、それ程おもしろいものは何もない。かつては英語の本が並んでいた多くの棚はほとんど日本語の本だけしかない。それでもところどころに、かつてはほとんど目にすることのできなかった何冊かの本が並んでいた。特筆すべきはポンソンビ・フェーンの京都についての書物だ［R. A. B. Ponsonby-Fane, *Kyoto*, 1931、引用者註］。旅行小切手の換金が遅れていたので、散財するのに充分なだけの持ち合わせがなかった。ペーパー・カバーの子ども向けの楽しそうな本と、小さなマンガ本以外に買ったものは、いまだかつてお目にかかったことのない2冊の「小冊子」で、日本における哲学の発達について書かれたキシナミという日本人のプリンストン大学提出

博士論文［Kishinami Tsunezo, *The development of philosophy in Japan*, 1915］と、ド・ベッカーというイギリス人弁護士で日本の公娼制度の権威が書いたモンゴルの日本侵略についての覚書［J. E. De Becker, *Notes on the Mongol invasion of Japan*, 1906］であった。」（1945年12月11日付友人宛てブラウン書簡(控)）

日本の書店がこのような状況であったため、仕事上必要な図書が入手困難であることがわかったブラウンは、ニューヨークのアパートに置いてきた図書を日本に送る手配を友人につぎのように依頼した。

「本棚の一番上の棚に載っている本の山、とくにノートや辞書類を動かし始めてほしい。ここでは参考図書類が本当に不足していて、君に1トン分でも送ってくれと頼みたくなるほどだ。とはいえ、家に置いておくほうがずっと安全だということはわかっているが。」（1945年12月15日付友人宛てブラウン書簡(控)）

しかし品薄とは言え、ブラウンは古書店通いをつづけ、年鑑類を数冊購入してもいる。

「今日の昼食後、また銀座の教文館に出かけた。…教文館の外国語図書の品揃えはぱっとしないもので、シュルツ（Schulte）［店の名前か］の屋外テーブルで見つかるものよりもさえないぐらいだが、いくつかの本を掘り出すことができた。1941年版『日本キリスト教年鑑』（*The Japan Christian year book*）、これは参考文献として便利だ。…『ジャパン・マガジン』（*Japan Magazine*）1912年9月と10月号の2冊が合綴されたもの。これには明治天皇の死に関するよい資料が載っている。

日曜日の午後の神保町では、もっと大きな収穫があった。1937年版『英文日満年鑑』と、日本在住の外国人と外国の会社をリストアップした1940年版『クロニクル・ディレクトリー』（*The Japan Chronicle directory for Tokyo, Yokohama...*）。これらは事務所用だ。日本アジア協会の早い時期の紀要2冊、うち1冊は不完全なものだった。日本語の心理学についてのおもしろい論考の載っている日仏会館の会報。そして一番の宝は、ずっと長いこと探していたポンソンビ・フェーン著『京都』。ただしこれは再製本の必要があるような状態のものだ。

今のところは我慢しているが、いずれ売却して儲けるために、ニューヨークでのコレクションと同じ本を買うという誘惑にかられている。」（1945年12月18日付友人宛てブラウン書簡(控)）

個人の関心だけからでなく、CIE事務所で必要な図書も購入していたことがわかる。しかし、しだいにCIEが多忙となり、またある程度ほしい図書が入手できて古書購入数が減っていくにつれ、書簡でも図書収集の話題は少なくなっていく。

「書籍の購入は引き続き何もない。しかし、日曜の午後にトム［T・ブレイクモア］と一緒に神保町へ行く約束をとりあえずしている。彼は書店の書棚が好ましい本で埋まっていないということを信じないのだ。彼はところで、本国から参考書を大きな箱に10箱送ってもらった。もし到着にあまり時間が長くかからなければ、君に同じような、しかし、いくぶん小さめの船荷の要求をするかもしれない。」（1946年2月6日付友人宛てブラウン書簡(控)）

友人宛て書簡(控)は1946年4月半ば以降残っておらず、その後の収集活動を記録した史料はない。しかし神田の老舗古書店の一誠堂で洋書の担当であった栗田勝行氏（47年4月入社）が語ってくれたつぎのようなブラウンの思い出から、その後のブラウンの収集のようすを知ることができる。

「ブラウンはしょっちゅう店に見え、特別高いものを買うことはなく、必要なものだけを買っていたように思う。支払いはその場で現金でだった。いつも連れはなく、一人で来ていた。ブラウンは寡黙な人であり、またこちらも客である外国の人に対して失礼があってはならないので、馴れ馴れしく声をかけるようなことはなかったから、名前と顔はよく覚えているが言葉を交わしたことはなかった。」

ブラウンの図書収集の基本的姿勢は、稀覯本収集家となることではなく、その時々に必要な図書を収集することにあり、結果としてこのコレクションが形成されたと言えよう。

ブラウンの戦後の図書購入先の一つに、アメリカの書店があり、日本に支店をおいたタトル商会を通じて購入していたようだが、その他に直接購入もしていたと思われる。その一例として、1948年1月30日付、カリフォルニア州サウス・パサデナの書店P・D・アンド・I・パーキンズ（P. D. and Ione Perkins）店主からブラウン宛ての書簡を紹介しよう。

店主パーキンズは、図書の日本向け輸出の手続きでGHQの担当者と打合せのため来日し、ブラウンとも会った。その際に約束した日本関係図書販売目録（コレクションには残っていない）を帰国後、ブラウンに送付した時の書簡である。ブラウンの希望する日本関係文学書があまりないことを詫びるとともに、戦後の海外古書市場の状況をつぎのように伝えた。

「ここの東洋関係古書市場の状況は、日本関係図書であればどんなものでも言い値で即座に売れた戦時中の状況とまったく様変わりした。今やこのような類の図書は以前に購入した人びとから業者に投げ売りされており、結果として我々の元に売り込まれる。ご存じのように我々の店はアメリカの書店や図書館とだけでなく、イギリス・フランス・オランダ・スイス・スウェーデンそしてまた上海と、広範な販売・購入網を持っており、それらの国や地域では反日感情が未だに根強いため、日本関係図書は格段に安い。中国や日本関係図書に高値がついた時期は、すでに過去のものとなり、それはあらゆる分野の図書について言えることが『出版週報』（*Publishers Weekly*）でも確認されている。」

戦時下のアメリカでは、日本と異なり、敵国日本や中国に関する関心が高まり、それに応えて関係図書の供給がさかんにおこなわれたことがわかる。

また海外の古書市場での日本関係図書の需要が戦時期と戦後で格段に開きがあること、その間隙を縫ってブラウンなどの日本関係図書収集家に古書を提供する営業活動をおこなっているようすが記されていて興味深い。なお戦前、パーキンズのラフカディオ・ハーンに関する研究書は市河三喜によって翻訳された。

18　E・H・ノーマン（『ハーバート・ノーマン全集』第1巻より）

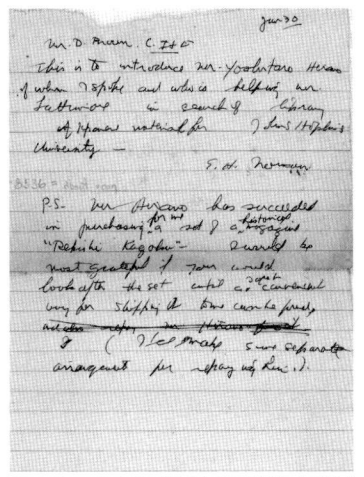

19　ノーマンからブラウン宛て自筆メモ書き[1946年]1月30日

3　日本アジア協会での活動

①　E・H・ノーマンとの交流

　前述したようにコレクション中にE・H・ノーマン（図版18）との戦後の交流を記した友人宛てブラウン書簡（控）がある[6]。

　ノーマンはカナダの外交官であると同時に、戦後日本の歴史学界に大きな影響をあたえた歴史家としても知られる。日本近代史を専門とし『日本における近代国家の成立』（1940年、翻訳1947年刊）や『日本における兵士と農民』（1943年、翻訳1947年）などを著した。宣教師の子どもとして日本に生まれ育ったノーマンは、トロント大学、ケンブリッジ大学、ハーヴァード大学で歴史学を学び、1939年カナダ外務省に入省した。翌40年に駐日公使館勤務となるが、開戦のため42年に帰国した。戦後は45年9月にカナダ民間人抑留者帰国促進代表団主任としてマニラに赴き、さらにアメリカ軍とともに再来日し、翌10月、カナダ外務省派遣としてGHQのCIS調査分析課長となった[7]。

　ブラウンは、再来日直後の1945年12月からノーマンが極東委員会カナダ次席代表就任のため離日する翌46年1月末まで、約2ヵ月足らずの間であったが宿舎が同じであったためであろう、いっしょに食事をし、書店にも出かけた。また時にはブラウンの部屋で政治顧問部のエマーソン（J. K. Emmerson）や岩松淳らと日本各地を巡ってえた日本の印象を夜遅くまで語り合うなど、親しく交流したようすが書簡につづられている。

　1946年1月14日、極東諮問委員会日本視察団とCIEとの会議にダイク局長らと参加したブラウンはつぎのように記した。

　「この委員会はあまり強力ではなく、とくに日本についての専門知識に関する限り、強力な委員会ではないという印象を受けた。昨日[14日]の会議には出席していなかったジョージ・サンソム（George Sansom）卿とカナダ代表ハーブ・ノーマン以外のメンバーたちは、この国に関して浅い知識しか持っていない。」（1946年1月15日付友人宛てブラウン書簡（控））

　サンソムはイギリスの外交官であり日本学者としても知られた人物で、明治末から長く日本に在勤した経験をもち、この当時は極東委員会のイギリス代表として来日していた。ノーマンの経験と研究に裏付けられた日本に対する知識と理解は、このイギリスのベテラン外交官で日本研究の大家と遜色ないくらい確かなものがあると、ブラウンは見なした。1月16日、帰国を控えたラティモアやノーマンらと昼食をともにしたブラウンは「いわゆる『知的な仲間』にかなりな穴が空いてしまう」（1947年1月18日付友人宛てブラウン書簡（控））と、ノーマンの離日を惜しんだ。

　そのノーマンのブラウン宛て自筆メモ書き（図版19）がブラウン・コレクション中に残されていた。[1946年]1月30日付とあり、帰国直前に書いたことがわかる。法学者の平野義太郎を紹介する内容である。

　「以前、彼の話をしたことがあったが、平野義太郎氏を紹介する。彼は現在、O・ラティモア氏がおこなっているジョンズ・ホプキンス大学のための日本関係図書収集の仕事を手伝っている。」

　また追伸として、平野がノーマンのために見つけてきてくれた『歴史科学』1セットをノーマンの元に送るため、その手続きなどの手助けをしてほしいと記した。

　ブラウンも同年2月1日付友人宛て書簡（控）で、紹介を受けた平野についてつぎのように記した。

　「ハーブ[・ノーマン]のおかげで、東京の代表的な若い学者数人と知り合うことができた。とくに都留[重人]という名前の経済学者と平野[義太郎]という歴史家には、状況が許せばもっと会いたいと思う。過去15年間、警察の思想弾圧で発禁処分を受けてきた日本の学者らの書いたより啓発的な著作20冊ほどの再版を、日本の出版社に働きかける際、彼らに助けてもらえるかもしれない。」

　ノーマンから、学者仲間である都留重人や平野義太郎を紹介されたことは、ブラウンがGHQでの仕事を進める上でも助けになったことがわかる。

　ブリティッシュ・コロンビア大学所蔵「ハーバート・ノーマン文書」にノーマンのブラウン言及書簡（1947年1月30日付、家族宛て）が残っている[8]。1946年1月末に極東委員会カナダ次席代表となるため離日したノーマンは、同年8月、駐日カナダ代表部首席として再来日を果たした。そして民間の日本研究団体である日本アジア協会の戦後第1回の総会に出席し、同協会第31代（戦後初代）会長にも選ばれた。書簡はそのことを知らせたものであるが、その中で理事のひとりに選ばれたブラウンについての短いコメントも記した。ブラウンは1945年12月から翌46年1月にかけて歴史家としてのノーマンとの交流を楽しんだことが友人宛て書簡（控）で窺い知ることができたが、一方ノーマンの方ではブラウンをどのように見ていたかがわかる史料である。以下、紹介する。

　「先週の土曜日[25日]に日本アジア協会の戦後初の会合が、ここカナダ公使館で開催された。およそ80名が集まり、多くは委員会と連絡がとれた古参会員であった。私[ノーマン]は会長に選出された、と言っても他に誰も立候補しなかったことを付け加えなければならないが。そして私の理事会仲間として、レッドマン（Redman）とアーネスト・ボット（Ernest Bott）、ハワード・ハナフォード（Howard Hannaford）、ドン・ブラウン（Don Brown）という気の合う人びとが選ばれた。ドン・ブラウンはかつてアドヴァタイザー[『ジャパン・アド

ヴァタイザー』]記者をしており、現在は民間情報教育局に勤務している。」（1947年1月30日付家族宛てノーマン書簡）

家族宛て書簡であるためか、戦後直ぐに占領軍スタッフとして同じ宿舎で過ごしたことには触れていないが、旧知のブラウンを「気の合う人びと」の一人と見ていたことがわかる。

残念ながらブラウン・コレクションにはこの頃の日記や書簡が残っていないため、この再会がブラウンにとりどのようなものであったかはわからない。しかし46年1月末のノーマン離日の際、ブラウンは「いわゆる『知的な仲間』にかなりな穴が空いてしまう」と惜しむ気持ちを友人宛て書簡に記していることから、この47年1月の日本アジア協会での再会は知日家知識人としてのブラウンにとり、嬉しいことであったに違いない。とは言え、この頃は両者とも公務で多忙であったと思われ、同協会活動でどれ程の時間を共有できたかはわからない。

その後、ノーマンは1948年に会長職を退いたが、ブラウンは理事会のメンバーでありつづけた。

②　日本アジア協会での活動

日本アジア協会は1872年に横浜の外国人居留民らによって設立された民間の日本研究団体である。初期会員には多数の先駆的日本研究書を著したイギリスの外交官で日本学者のアーネスト・サトウやW・G・アストン、またB・H・チェンバレンらが名を連ねる。その研究報告は『日本アジア協会紀要』（Transactions of the Asiatic Society of Japan）上で発表されてきた。1980年5月に病死したブラウンに対し、当時の日本アジア協会長D・ケンリックが同年の協会紀要に追悼文を寄せた。ブラウンの同協会での活動を簡潔に記しているので、少し長いが以下に引用する。

「1980年3月、ドン・ブラウンは長い会員生活の中で初めて、協会の会合に欠席した。彼はすべての協会活動の柱であったので友人らは驚いた。数日後、彼から手紙が来て、名古屋の病院に入院しなければならなくなったこと、病床にあっても紀要第15巻の編集作業はやり遂げるつもりだと書かれてあった。1980年5月17日、彼はその約束を果たすことなく亡くなった。

ドンは第2次世界大戦の始まる10年前に［1930年］初来日し、『ジャパン・アドヴァタイザー』の有能な編集者となった。彼が亡くなる前に『ジャパン・タイムズ』（『ジャパン・アドヴァタイザー』の後継紙）に彼の死亡記事を載せないように頼んだという話は、彼らしい話だ。しかし、もし彼が1950年以来、亡くなるまで名前が載ることはなかったが事実上の編集長として携わってきたこの紀要に何の記録も載らないとしたら、それは許されないことである。

彼は1947年に開かれた協会の戦後初の理事会メンバーに選出された。1954年から1964年までの11年間、副会長をつとめ、それ以後、もっとも活動的な理事会メンバーのひとりであった。彼はいつも会合に出席し、またその合間には定期的な作業に多くの時間を費やした。彼の作業がなければ、ボランティア組織は機能停止におちいってしまったであろう。まず理事会メンバーとして3年間つとめた後、出版委員会委員長となって紀要の編集を担当し、それは31年間という前例のない長期のものになった。

戦時中、ドンは帰国し、ニューヨークで国務省［OWIの誤り］の仕事に就いた。そして連合国総司令部民間情報教育局（CIE, GHQ/SCAP）所属のあらゆる情報メディアを取り扱う係官として占領下の日本にもどってきた。彼は人生の後半をほとんどずっと東京で暮らした。図書を収集したり、何かを教えたりして過ごしたが、もっとも多くの時間を捧げたのは協会活動であった。

ドンは「英語世界への日本文学の紹介」（The introduction of Japanese literature to the English-reading world）という研究報告を協会でおこない、1964年に出版された紀要第1期復刻版の序文に載せた。編集者としての彼は完全主義者であり、質の高い出版を維持しようとしたので、紀要の発行は遅れた。彼の徹底した仕事ぶりは、協会の仕事に時間を割いたことのある人びとの誰もがよく知るところであった。

協会の長い歴史の中で、彼よりも長く会員であった人が二人いる。二人とも日本人である。1907年から1945年まで理事であった姉崎正治教授と、1941年から1979年まで同じく理事であった殖栗文夫である。ドンの34年間の会員歴は外国人会員としてはもっとも長く、その次はB・H・チェンバレンで、31年間理事をつとめた。…」[9]

ブラウンは戦後復興された同協会に入会し理事となり、その後、紀要編集を中心に協会の活動に生涯携わったことがわかる。自ら発表した研究は少ないが、あらゆる分野にわたる図書コレクションとその豊富な日本についての知識を、内外の研究者に対して直接・間接的に提供した。

戦前・戦中・戦後に見せた「3つの顔」の他に、この日本関係図書の収集家としての顔もまた、ブラウンと日本との関わりを理解するために欠かせない要素である。

【註】
1　拙稿「横浜開港資料館所蔵「ドン・ブラウン・コレクション」——その概要と整理状況」（20世紀メディア研究所編『インテリジェンス Intelligence』第2号、2003年）に加筆訂正した。
2　週刊朝日編『値段史年表』1988年、107頁。
3　同上『値段史年表』91頁。
4　ワイオミング大学アメリカン・ヘリテイジ・センター所蔵「ウィルフレッド・フライシャー・コレクション」。2004年に横浜国際関係史研究会が調査した（天川晃先生と大西比呂志氏）。また小林さやか氏より、同コレクション目録の提供を受けた。
5　前掲『値段史年表』148頁。
6　拙稿「ドン・ブラウンとE・H・ノーマン——ドン・ブラウン書簡（控）から」（『横浜開港資料館紀要』第19号、2001年）を参照されたい。
7　大窪愿二編訳『ハーバート・ノーマン全集』第4巻、544頁。
8　天川晃先生から当該書簡のコピーの提供を受けた。
9　Transactions of the Asiatic Society of Japan, 3rd Series, vol.15, p.1〜2.

ドン・ブラウン年譜 (年月日の［　］は推定。事項の［　］は補足と引用文献)

西暦	和暦	事項
1905年 6月24日	明治38年	オハイオ州クリーヴランドで、父ジェシー・リー・ブラウン(Jesse Lee Brown)と母マーサ(Martha、旧姓ベックマン)の長男として生まれる。
190?年 2月 3日		弟ジェシー・アラン(Jesse Alan Brown)がペンシルバニア州ピッツバーグで生まれる。
1914年 7月	大正 3年	第1次世界大戦はじまる(～1918年11月)。
［1922年］		ピッツバーグ大学に入学。
1925年 5月 6日付	大正14年	成績優秀により、ピッツバーグ大学の学位授与式と卒業式での先導役の一人に任命される(3年生)。
11月 4日		『ピット・ウィークリー』(The Pitt Weekly)で、論説「荒れ野で呼ばわる者の声」(A Voice in the Wilderness)を発表。
12月16日		『ピット・ウィークリー』で、大学当局の新しい人事を歓迎する内容の論説を発表。翌日、当事者の学部長ジークス(Sieg)がブラウン宛てに礼状を書いた。ブラウンが学生間の世論形成に大きな影響力を持っている、と高く評価した。
		『ピット・ウィークリー』の編集長となる(4年生)。
1926年 1月 8日	大正15年	マクミラン社から、アイルランドの詩人・小説家のジェームズ・スティーヴンズ(James Stephens)に関するブラウンの問い合わせへの返事をもらう。
5月19日		ピッツバーグ大学英語学部の院生助手に任命される。
6月		ピッツバーグ大学を卒業し、同大学院に進学。学部生時代、ジャーナリスト友愛会会員、YMCA幹事・会長、『ピット・ウィークリー』編集員・ニュース担当部長、学生自治会役員などをつとめる。
11月10日		『ピット・ウィークリー』に署名入り［D.B.］書評記事を発表。
1929年	昭和 4年	世界大恐慌はじまる。
［1930年 1月］	昭和 5年	ピッツバーグ大学大学院を中退。
1930年 1月		イギリス留学に向かう途中、中国を旅行。上海まで行き、その後、アメリカ人経営の英字新聞『ジャパン・アドヴァタイザー』に雇用されるため東京へ戻る。
4月 1日		『ジャパン・アドヴァタイザー』神戸支局に主任として入社。
7月		『ジャパン・アドヴァタイザー』東京本社に探訪記者として転任。
1931年春	昭和 6年	陸奥陽之助に『ジャパン・アドヴァタイザー』入社を勧める。
4月10日		『クリスチャン・サイエンス・モニター』通信員の肩書きで、4月20日の新宿御苑での観桜会に招待される。
8月26日		リンドバーグが霞ヶ浦に飛来した際、小型飛行機をチャーターし、出迎えに行く。
9月19日ヵ		ブラウンが避暑で上高地に出かけていたため、陸奥陽之助が9月18日に勃発した満州事変の記事をブラウンに代わって書く。ブラウンは「小僧のくせによくやった」との電報を陸奥におくり、褒める。
11月16日		11月26日の新宿御苑での観菊会に招待される。
1932年 2月27日付	昭和 7年	『シカゴ・デイリー・ニューズ』東京特派員。肉弾三勇士について、外国人記者3人の一人として「彼等の行為は当然英雄のそれに価すべく、しかもこれこそ日本の持つ犠牲的精神の極致であろう」と語った記事が『大阪朝日』に掲載。
4月11日		『クリスチャン・サイエンス・モニター』通信員の肩書きで、4月19日の新宿御苑での観桜会に招待される。
5月31日		中国東北部への旅行に先立ち、外務省情報部から現地の諸領事館宛てに『クリスチャン・サイエンス・モニター』通信員の肩書で紹介状をもらう。
6月24日		27歳の誕生日。「これまで何事も成就できていないと思うと、私の27年の人生は一体何だったのだろうと考えさせられる」と日記に記す。
7月20日		白鳥敏夫外務省情報部長が会見を開き、ブラウンら外国人記者たちに満州国承認問題の覚書を発表。
7月21日		第2回リットン-内田会談を傍聴。
7月22日		『ジャパン・アドヴァタイザー』のウィルフレド・フライシャー(Wilfrid Fleisher)がグルー(Joseph C. Grew)駐日アメリカ大使を訪ね、2週間軽井沢に行って留守の間、ブラウンが代わって外務省の記者会見の報告をしに来ると約束。
8月31日		茅ヶ崎館で、玄洋社社員の横山雄偉、横山の息子の研一、早大のバード(H.I.Bird)夫妻らと会い、記念写真を撮る。
［1933年 3月27日］	昭和 8年	［『シカゴ・デイリー・ニューズ』］に東京発特別外電として日本の国際連盟脱退の署名記事を送る。
1933年 4月25日		グルー大使の娘、エルシー(Elsie)の誕生会に出席。
6月12日		『インターナショナル・ニューズ・サーヴィス』(International News Service)記者を兼ねる。
7月25日		前年11月に芝公園弁天池のほとりで助けた益田藤松に金時計を盗まれ、新聞記事となる。
9月 6日		ヨコヤマ［横山雄偉ヵ］が、もう政党制はおわった、これからは選挙もないだろうと言った。またケン［研一ヵ］と親しくしていることでブラウンに感謝しているとも言った。
10月12日		グルー大使が新外相の広田弘毅を紹介するために、アメリカ人記者たちを招いて非公式な食事会を開き、APのバップ、UPのヴォーン、『ニューヨーク・タイムズ』のバイアス、『ニューヨーク・ヘラルド・トリビューン』のW・フライシャー［『ジャパン・アドヴァタイザー』編集長］が出席。広田が国際主義者寄りであり、軍部に非難されているため、グルーはこの食事会が知れ渡ることを避けた。しかしブラウンは食事会開催の情報を知り『シカゴ・デイリー・ニューズ』に配信。
1934年 5月16日	昭和 9年	『ジャパン・アドヴァタイザー』社主ベンジャミン・W・フライシャー(Benjamin Wilfrid Fleisher)に、白内障を患っているW・フライシャー編集長の代わりに毎週、月曜日に社説を担当するようにと言われる。
6月 5日		東郷平八郎の国葬を見に行く。
6月 6日		紅葉館に長谷川［清ヵ］海軍中将と海軍次官が、報道関係者を招待した集まりに出席。関根群平海軍大佐と海軍省副官の岩村清一海軍大佐も出席したが、長谷川も関根も、ほとんどの質問にぼやかした回答をするのみ、と日記に記す。
6月24日		誕生日。「今年も祝うことなしに過ぎていった。思えば、人生は浮き草の如く成就されたものはほとんど無し。機会はいろいろあっても、活用する術に恵まれない」と日記に記す。
7月31日		岡田啓介首相記者会見に『ニューヨーク・タイムズ』記者として出席。
8月 1日		海軍軍縮問題についての岡田首相見解を『ジャパン・アドヴァタイザー』で記事にするが、外務省寄りの『ジャパン・タイムズ』から社説で、報道が不正確だと批判される。

西暦	和暦	事項
1934年 8月 4日	昭和 9年	天羽英二外務省情報部長からレッドマン(H. Vere Redman)が書いたヒトラー批判の社説に対して呼び出しがあり、W・フライシャーも問題の記事を書いたレッドマンも留守だったためブラウンが出向くと、ドイツ大使から広田外相に抗議があり、新聞紙法違反と言われた。
11月 1日		『ニューヨーク・タイムズ』通信員の肩書きで、11月8日の新宿御苑での観菊会に招待される。
[1934年]		記者仲間のJ・R・ヤング(James R. Young)の結婚式で、第1番目の花婿介添人をつとめる。
1935年 4月12日	昭和10年	『シカゴ・デイリー・ニューズ』通信員の肩書きで、4月23日の新宿御苑での観桜会に招待される。
6月25日		『ジャパン・アドヴァタイザー』に'European talking'と'Enlightening America'の2本の社説を書く。
6月26日		軽井沢滞在中のフライシャー[B.W.ヵ]から社説を讃辞する電報をもらう。
8月21日		松岡洋右満鉄総裁主催の外国報道陣招待昼食会に出席。
8月29日		1週間の上高地滞在から戻る。「これが実に日本で初めての本当の休暇だった」と日記に記す。
9月 2日		B・W・フライシャーと『ジャパン・アドヴァタイザー』編集室問題を話し合う。
1936年 2月26日	昭和11年	2・26事件がおこる。
		『コンテンポラリー・ジャパン』副編集長の福田市平の著作 The Japanese at homeに序文を寄せる。
1937年 7月 7日	昭和12年	日中戦争はじまる。
1938年 6月 3日	昭和13年	グルー大使が米国ラジオ組合の委員長のために開いた昼食会に出席。
12月19日		午後、アリタ[有田八郎外相ヵ]が、公邸に外国人通信員を呼び、東アジアの新体制下の経済的局面に関する声明を発表する集まりに出席。
12月27日		夏に取らなかった休暇をとる。歌舞伎座でローゼンストック指揮のベートーベンの第9を聴く。
1939年 1月20日	昭和14年	W・フライシャーに航空便による上海からの『ロイター』ニュース入手を相談する。また、あるイギリス人からの『ジャパン・アドヴァタイザー』買収話と、さらにイギリス大使からも同様の話があり、フライシャーはこれを断ったことを知らされる。
9月 1日		第2次世界大戦はじまる。
10月19日		W・フライシャー不在中の『ジャパン・アドヴァタイザー』編集長のブラウンは、グルー大使が日米協会でおこなった重要な演説の原稿をすぐに公表しないとして、批判する記事を書く。
		東京帝国大学に留学したブレイクモア(Thomas L. Blakemore、在日期間は1939年10月～1941年9月)と知り合い、1カ月に2回くらいの頻度で会う。
1940年 1月 8日	昭和15年	『ジャパン・タイムズ』の郷敏に昼食に招待され、『ジャパン・タイムズ』移籍を打診されたが、断る。
3月26日		『ジャパン・アドヴァタイザー』にブラウンがグルー辞任説を掲載したため、グルーはすぐにW・フライシャーを呼び、訂正文を掲載させる。
7月 9日		W・フライシャーが外務省に呼び出され、ブラウンも同伴か。ヨコヤマから、前日の一面記事と今朝の社説に対してドイツ大使館から抗議があり、論調を和らげるようにと言われる。
7月29日		ロイター通信記者のコックス(M.J.Cox)がスパイ容疑で逮捕され、取調中に謎の飛び降り自殺を遂げる(コックス事件)。
7月30日		日記に「枢軸国以外の国民は諜報活動の対象となっていることに恐怖心を感じている」、と不安な心情を記す。
9月27日		日独伊三国同盟調印。
10月10日		『ジャパン・アドヴァタイザー』が『ジャパン・タイムズ』に吸収合併され、『ジャパン・タイムズ・アンド・アドヴァタイザー』と改称。ブラウンはその後退社し、帰国。
1941年 9月	昭和16年	UP(United Press)入社。
12月 8日		日米開戦。
1942年 2月 9日	昭和17年	CBSの番組"Spotlight on Asia"に出演し、'The People of Japan'というタイトルで話す。
9月		UPを退社し、戦時情報局(Office of War Information－OWI)ニューヨーク支部(マンハッタン)に、デニス・マッケヴォイ(Dennis McEvoy)に請われて入局。ブラウンのたった一人の部下は藤井周而(OWI勤務期間は1942年7月～9月30日)。対日心理戦の日本兵向け宣伝ビラ作成に携わる。
1943年12月 9日	昭和18年	OWIニューヨーク支部海外部門編集委員会(Overseas Branch, Editorial Board, N.Y)の会合で、出版部(Publications Bureau)のブラウンが、極東地域担当責任者(Regional Editor for the Far East)に任命されたと紹介される。
		エール大学で、海外地域研究の客員講師をつとめる(～1944年)。
[1943年]		OWIにいた八島太郎[岩松淳]が、著書『新らしき太陽 The new sun』(1943年)をブラウンへ献呈。「To Mr. Don Brown, 同じ時代に生きる歓喜をもって」と自筆献辞を記す。
1944年 7月20日	昭和19年	OWIワシントン本部のオーエン・ラティモア(Owen Lattimore)から秘密書簡を受け取り、オーストラリアに出張を命じられる。OWIブリスベーン事務所でのビラ作成の補佐と現地事情調査が目的。
1944年頃		ニューヨークで開かれた極東問題専門家たちの集まりで、マーク・ゲイン(Mark Gayn)に初めて会う。その後、ニューヨークのOWI海外部門でも会う。
1945年 3月 1日	昭和20年	この頃、OWIニューヨーク検閲部 (New York Review Board)部長代理を兼任し、戦後の対日映画政策立案に携わる。
7月26日		ニューヨークのOWIで健康診断を受ける。新任務地はホノルルのOWI海外部門。
8月14日		日本が無条件降伏・ポツダム宣言受諾を決定。
8月15日		天皇の戦争終結の詔書を放送。第2次世界大戦終結。
8月28日		連合軍先遣隊が厚木に到着。
8月30日		連合国最高司令官ダグラス・マッカーサーが厚木に進駐、総司令部が横浜税関ビルにおかれる。日本占領開始。
9月 2日		米戦艦ミズーリ上で降伏文書調印式がおこなわれる。
9月17日		連合国総司令部が東京・日比谷の第一生命ビルに移転する。
9月21日		9月23日付で、OWI局内の宣伝ビラ担当課長から出版課長へ異動を命じられる。
10月11日		マッカーサー、5大改革(婦人解放・労働組合結成奨励・学校教育民主化・秘密審問司法制度撤廃・経済機構民主化)を指令。
10月		OWIが国務省と合併し、ブラウンは臨時国際情報局(Interim International Information Service－IIIS)に属す。
12月 1日		GHQ民間情報教育局(Civil Information & Education Section－CIE)の一員として再来日。宿舎は新橋の第一ホテル。IIISからGHQへの出向で、OWIで準備してきた映写への相談や援助などができたのでCIEに配置される。

西暦	和暦	事項
1945年12月12日	昭和20年	CIEのフィッシャー(B. Fischer)と、ベアストック、バーコフ(R. Berkov)とともに、ポーレー使節団として来日したO・ラティモアと日本における教育と思想統制、とくに教育勅語について討論。
12月13日		CIE事務所に、ポーレー使節団スタッフとの会議を終えたO・ラティモアが立ち寄る。
12月19/20日		CIE事務所で志賀義雄に会う。
12月25日		帝国ホテルで開かれたダイクCIE局長の催しに出席。いろいろな誘いを受けたが、より魅力的と思われるE・H・ノーマン(E. H. Norman)の誘いに乗り、出かける。
1945年12月か1946年1月		日本出版協会長の石井満と初めて会う。
1946年 1月 2日	昭和21年	政治顧問部のエマーソン(J. K. Emmerson)とE・H・ノーマンが遅くに訪ねてきて、2ヵ月間にえた日本の印象を語る。
[1946年 1月 3日]		CIEの事務所で陸奥陽之助に再会。陸奥によると、ブラウンの最初の言葉は「I managed not to get into the fighting(日本人を殺す役目から逃れることができた)」。映画の指導がおもな仕事だと言う。
1月 6日		帝国ホテルで民政局(GS)のC・ホイットニー(C.Whitney)局長と昼食をとっていたO・ラティモアに会う。ジョンズ・ホプキンス大学に日本関係図書を購入して送ることなどについて話したかったが、ホイットニーが話題を戦争裁判の方に変えてしまう。
1月 7日		E・H・ノーマンの部屋でハイボールを飲んでから、夕食を一緒にとる。
1月16日		離日予定の友人O・ラティモアとノーマン、ジャック・サーヴィス(Jack Service)とで昼食をとる。「ノーマンがいなくなると、知的交流と呼ぶべきものに大きな穴があく」と友人に書き送る。
[1946年] 1月30日付		E・H・ノーマンから平野義太郎を紹介される。平野は、ジョンズ・ホプキンス大学の意向を受けて日本関係文献を収集するというO・ラティモアの仕事を手伝っているとのこと。
[1946年 1月〜6月]		国務省のOIC(Office of Information Corpsヵ)に所属。
2月 1日		ベアストックが課長をつとめる政策・企画課(Plans and Operations Division)内の特別プログラム(Special Programs)の責任者となる。
2月 1日		ダイクCIE局長が一時帰米するにあたり、不在時はニュージェント(D. R. Nugent)が局長代理となって、グリーン(J. Woodall Greene)、ヘンダーソン(Harold G. Henderson)、ドッド(Edwin D. Dodd)とブラウンの4人の運営委員会体制をとることになり、ブラウンは政策・企画と、ラジオ、新聞・出版、映画部門担当となる。
2月か3月		解雇されたバーコフの後任にインボデン(D.C. Imboden)が就いたが、新聞社対応で忙しくなり、日本出版協会との渉外をブラウンが担当することになる。
4月 8日付		バーコフの後任として、新聞・出版課(Press and Publications Division)の課長代理に任命される。
4月10日		ニューヨークの石垣綾子(マツイ・ハル)から、GHQに勤務できるよう支援をしてほしい旨の書簡を受け取る。
[1946年 5月〜1949年 9月]		「ドン・ブラウンという検閲の大将(ボス)がいて、ここがイカン、あそこが違っているといじめられ、何度も原稿を書き直した。たとえば民草—それはどんな草だ、と文句をつける。立ち会いの2世がいるのだが、僕は英語で直接にドン・ブラウンと何十回も話した」(総合風刺雑誌『VAN』創刊者の伊藤逸平の回想)。[木本至『雑誌で読む戦後史』]
[6月]		マーク・ゲインが読売争議[第2次]初期段階、CIEが経営陣側に立ったことの確証をえようと電話をしてきたが、取材の材料を与えず。
6月30日付		東京新聞社長から東京新聞復興計画検討懇願書をもらう。
7月 1日付		陸軍省からCIEの課長職を任命され、19日にGHQ人事部からCIE情報課長に任じられる。すでにこの時、国務省から陸軍省へ異動済み。
7月 2日		ニュージェントCIE局長宛てメモランダムで、日本自由出版協会に属する主婦之友社など4社に対して、戦争責任を認める声明を出し、民主的改組をおこなうことを条件に、用紙割当復活を認める。
9月13日		朝香宮邸での総理の招宴で、芦田均と会食。[『芦田均日記1』]
[9月以降]		「連合国に対する批判」を掲載した『真相』6号の検閲に関わる。[木本至『雑誌で読む戦後史』]
11月 3日		日本国憲法公布。
1947年 1月24日付	昭和22年	日本出版協会著作課から、同協会代表とブラウンとの間でおこなわれた外国語図書の著作権に関する会議の確認書が送付されてくる。
1月25日		日本アジア協会(The Asiatic Society of Japan)の戦後初の理事会で理事の一人に選ばれる(戦後初代会長はE・H・ノーマン)。以後、死去するまで34年間その任にあたる。[『日本アジア協会100年史』]
1月28日		芦田均が、ラジオ東京ビル(東京放送会館)に訪ねてきて新刊の検閲の件を話する。[『芦田均日記1』]
2月 1日		前年春に来日した米国教育使節団から絵本、雑誌、教科書など621冊が文部省に寄贈され、伝達式が午前10時から三越で開催。ニュージェントCIE局長、高橋新文相らと列席。
2月11日		有光次郎文部次官が、オア(Mark T. Orr)教育課長の取りはからいでニュージェントCIE局長とブラウン情報課長に挨拶したところ、新教育綱領実現に邁進するよう激励を受ける。[『有光次郎日記』]
4月 1日		芦田均が往訪。[『芦田均日記1』]
5月22日付		『マッカーサー元帥』の著者、山崎一芳から同書の寄贈を受ける。山崎はさらに1万部追加発行を要望。
5月23日		鶴見俊輔が『思想の科学』に風早八十二論文"Critical study of Keynes' theory by American Marxians"を掲載したいが、同論文が差し止められたままになっているのでCIE出身の友人を伴ってブラウンを訪ね、差し止めは解除となる。ブラウンはこの論文を通したくないので起案箱の一番下にしておいたが、鶴見の友人が内情を知っていたため、解除となったもの。
1948年 2月 4日	昭和23年	有光次郎文部次官に、帝国ホテルでの昼食に招待される。[『有光次郎日記』]
5月30日		経済科学局(ESS)反独占・カルテル課宛てチェック・ノートで、日本出版協会の解散に反対の意見を記す。
6月22日		松本文教委員長との会見で、有光文部次官はブラウンが教育委員会法案に注文をつけた件を話す。[『有光次郎日記』]
9月		『アカハタ』が日刊紙に移行しようとして用紙割当増加を申請したが、用紙割当委員会を動かして申請を棚上げさせる。
10月13日		イギリス大使館で開かれた日本アジア協会員とアメリカ社会文化科学使節団との討論会に出席。
11月 9日		明治大学で開催された日本出版協会創立3周年記念大会で講演をおこなう。
1948年〜1952年		マーク・ゲイン著『日本日記』(Japan Diary、1948年、1952年邦訳)が、占領の諸目的と一致しないとして邦訳出版のための輸入を許可せず。

西暦	和暦	事項
1949年 5月17日	昭和24年	吉田茂首相からの用紙割当委員会批判書簡(1949年5月13日付)に対する返答ノートを起草。吉田は言論出版の自由を保障する憲法第21条を理解していない、と批判。
7月12日〜10月4日		CIEが東京放送会館で計13回、日本政府および民間の広報関係者を対象とした広報講習会を開催し、ブラウンも2回、講師をつとめる。1951年にこの講習会の記録を編纂して『広報の原理と実際』が出版され、ブラウンの報告2編「政府広報部存在の意義」('Why have Government Information Services?')と「職業としての広報」('The information profession')も収録される。
7月25日		参謀第2部(G2)宛てチェック・ノート草稿を作成。2月の総選挙で共産党が議席を拡大したのは、機関紙『アカハタ』の発行部数増大によるものだとするG2の報告に対して、因果関係を示す証拠はないと反論。
7月29日		ヘレン・ミアーズ著『アメリカの鏡・日本』(Helen Mears, *Mirror for Americans: Japan*)に対して暁書房から出された日本語翻訳版出版申請について、許可しない旨のGHQ回答書の草稿を作成。
8月17日付		ピッツバーグの地元紙に、東京でピッツバーグ大学1927年度卒業生のデーヴィス(Bernard C. Davis)と、1926年度卒業生のブラウンが偶然に出会った時の写真が掲載される。
10月1日		中華人民共和国成立。
11月30日		ケアから国会図書館に贈られた167冊の図書の贈呈式が、午後2時から赤坂の同図書館エジプトの間でおこなわれ、ニュージェントCIE局長代理として贈呈者で出席。ケア・ブック計画による第1回分で、主として自然科学、応用化学に関するもの。
1949年頃		参謀第2部(G2)から、しばしばゾルゲスパイ団について何か知っているのではないかとの質問を受ける。
1950年[2月10日]付	昭和25年	この当時、アメリカ極東軍司令部におけるブラウンの役職は情報編集専門官(長)(Information and Editorial Specialist (General))であった。おもな職務はCIE局長の下で、情報任務に関してアドバイスをすること、情報メディアを通じて日本国民の再順応に関する政策立案と実施に当たって進言すること。
2月29日		GHQのカイザー(G.V.Keyser)副参謀長から、D・マッケヴォイが、CIE情報課が提案したアメリカ視察の出版社代表3名の内の1名、日本評論社の鈴木理貞が共産党シンパであると告発したとの連絡を受ける。マッケヴォイはブラウンをOWIに就けた人物で、当時は『リーダーズ・ダイジェスト』(*Reader's Digest*)の日本語版マネージャー。『リーダーズ・ダイジェスト』社長で日本自由出版協会長でもある鈴木文四郎に煽動されたもの、とブラウンは推測。
6月25日		朝鮮戦争はじまる(〜1953年7月)。
7月8日		マッカーサー、警察予備隊創設を指令。8月、創設される。
秋頃		「ドン・ブラウン事件」がおこる(「小出版社または社長や編集者全員が共産党とみられる出版社29社の全追放を狙った」—当時、改造社勤務の松浦総三の回想)。29社は、安芸書房・青木書店・永美書房・婦人民主新聞出版部・暁明社・平和出版社・伊藤書店・日本共産党出版部・クラルテ・民主評論社・民青新聞社・ナウカ社・農民の友・黄土社・大月書店・三一書房・五月書房・社会主義著作刊行会・社会書館・新日本文学会・世紀社・冬芽書房・飯塚書店・新興出版社・日本出版株式会社・人民社・真理社・河童書房・二十世紀文学研究会。[松浦総三『戦中・占領下のマスコミ』]
12月23日		来日したアメリカ図書館協会のギトラー(Robert L. Gitler)と会う。川奈で23県のアメリカ人図書館員が集まってセミナーを開くので、ギトラーの参加を手配し、また通訳の紹介もする。「ブラウンは図書館プログラムの責任者で、…アメリカ図書館協会の計画にとても協力的であるばかりでなく、奨励もしてくれた。…ブラウンは何でもよく知っていたが、実に控えめな男だった」とギトラーは回想。[R. L. Gitler, Michael Buckland ed., *Robert Gitler and the Japan Library School*]
		日本アジア協会紀要の編集担当となる。以後、死去するまで事実上の編集長をつとめる。
1951年 2月16日	昭和26年	芦田均とパーティーの席で政談をし、日本の言論機関や鳩山の政治責任について持論を話す。[『芦田均日記3』]
8月29日付		サンフランシスコ講和条約調印式の記者会見時に提出される「占領に貢献した人物と功績一覧」に掲載される。
9月8日		サンフランシスコ講和条約・日米安全保障条約調印。
12月21日		同年6月に帰国した石垣綾子が、同日付の献辞を記して『二十五年目の日本』(同年11月刊)をブラウンに献呈。
1952年 4月27日	昭和27年	GHQ廃止を控えてアメリカ極東軍司令部渉外局(Public Information Office, GHQ, Far East Command)に移り、日本にとどまる。地位はInformation & Editorial Specialist (General)、週40時間勤務で年俸1万1800ドル。
4月28日		サンフランシスコ講和条約・日米安全保障条約発効。GHQ廃止。
		石井満『日本鉄道創設史話』(1952年)に序文を寄せる。
[1952年]		ブレイクモアが、米国陸軍省の調査官から国家安全保障の観点からブラウンの性格、能力、評判についてのインタビューを受ける。
1952年頃		鈴木理貞が訪ねてきて、『日本評論』再興のため資金提供してくれるアメリカ人がいるかどうか相談を受け、関係部署を紹介するが、実現せず。
1954年 1月11日付	昭和29年	陸軍省国家安全保障審査委員会から、情報課長時代の新聞出版用紙割当政策において共産主義出版物に対して好意的であったこと、共産党員やそのシンパと親交があったなどの理由で共産主義者の疑いをかけられ、潔白が証明されなければ解雇するとの通知を受ける。
2月5日		この日付で、アメリカ極東軍を解雇される。
[2月後半]		極東軍国家安全保障査問委員会に、解雇通知に異議を唱え、自分にかけられた告訴は虚偽であるとする弁明書を提出。
4月24日		1954年4月27日、キャンプ座間で予定されている国家安全保障査問委員会での弁護を依頼したブレイクモアに、陸軍省からの告発状や弁明書の写しを提供し、ブレイクモアが受け取る。
4月26日付		ブレイクモアが、ブラウンの同意を得て、国家安全保障査問委員会にブラウンが共産主義に好意的であった事実はないという内容の声明書を提出。
4月27日		キャンプ座間でブラウンに対するアメリカ極東軍司令部国家安全保障査問委員会が開かれ、証言。ブレイクモアが弁護人として同席。
7月20日付		ブラウンの復職と賃金の遡及支払いが決定。
8月5日付		1954年2月6日付で停職取り消しを実施する旨の通知書がブラウンに出される。
		日本アジア協会の副理事長となり、1964年までつとめる。
1955年 5月	昭和30年	ブラウン編『日本についてのQ&A』(*Japan queries & answers*)創刊(1964年6月刊の29号まで確認されている)。

西暦	和暦	事項
1955年～1965年代		一誠堂洋書部の栗田勝行の回想によると「昭和三十年代、四十年代にはドン・ブラウンさん、ブルーム(Paul C. Blum)さんといった日本通のお客様もよく通ってくださっていました」。[一誠堂書店発行『古書肆100年』]
1956年 7月27日	昭和31年	第一ホテルから港区赤坂溜池町1番地へ引っ越す。
10月19日		新宿区市ヶ谷富久町4番地15の宅地を購入。
10月		港区赤坂溜池町から新宿区市ヶ谷富久町に引っ越す。
1957年 5月29日付	昭和32年	第1騎兵師団司令部(HQ,1st Cavalry Division, Civilian Personnel Section)から再雇用保留名簿登録の通知が出される。下位の職務への移動の権利はあるが、現在欠員がないため30日後に解雇予定であること、この決定に異議申し立ての権利を有すること、就職斡旋の申し出も受けるとの内容。この時点で、年俸は1万2690ドル。
6月 5日付		第1騎兵師団司令部からの申し出を承諾し、就職斡旋を依頼する旨の同日付書簡を送る[就職は不成功ヵ]。
6月 7日付		離任に向けて7月1日から45日間の休暇を要請。
11月		鈴木哲子が、訳書『大草原の小さな町』の後書で「私のこまかい質問に親切に答えてくださったブラウン先生」と謝辞を記す。
[1957年]		アメリカ極東軍を引退。
1958年 4月27日	昭和33年	ニューヨーク滞在中、チャールズ・ワーグマンなどについて調査。
4月28日		ゴーブル(Goble)と仙太郎について調査。
4月29日		バートン・クレーン(Burton Crane、『ジャパン・アドヴァタイザー』の元同僚)の代わりに天皇誕生日祝賀会場のニューヨーク総領事館のレインボー・ルームに行き、ヘンダーソン(元CIE教育課長か)や元OWIのシェリル(Allan Chellis)らに会う。
4月30日		コロンビア大学でシャンハイ・マーキュリー社(Shanghai Mercury)発行のThe Far Eastに尾崎紅葉の小説を発見。
5月 1日		ニューヨーク・パブリック・ライブラリーでワーグマンの調査をおこなう。
5月 2日		コロンビア大学で調査。レイン(R. Lane)の西鶴に関する学術論文(のコピー)が終わる。
5月 4日		図書館(ニューヨーク・パブリック・ライブラリーヵ)でゴーブル、ワーグマン、日米間の翻訳文学作品について調査。ゴーブルの伝記の草稿を書き始める。
5月13日		総領事館が3年間有効のビザを確証してくれる。
5月14日		総領事館にパスポートを受け取りに行く。その後、ニューヨーク・パブリック・ライブラリー別館に行き『ジャパン・アドヴァタイザー』所蔵号についての一般目録掲載情報が不正確であることが分かる。
5月20日		ピッツバーグから戻る。
5月22日		アメリカ聖書協会(American Bible Society)でゴーブルとその妻の写真を見つけ、コピーを頼む。
[1958年]		岩生成一が、ブラウンへ論文'Jan Joosten'(1958年)を献呈。自筆献辞を記す。
1959年 6月 3日	昭和34年	東京を出発してシアトル着。翌4日ピッツバーグ着。7月14日に東京へ戻る。
1960年 3月	昭和35年	坂西志保が、著書Japanese folk-playsをブラウンに献呈。自筆献辞を記す。
4月28日付		東京倶楽部の1960年度選挙管理委員をつとめる。
1960年頃から		引退後、ビザ取得のためにブレイクモアの法律事務所に勤務(週2日、午後)。図書収集と書誌学に専念。
1961年 2月28日	昭和36年	東京倶楽部の総会で、1961年度の図書担当分科委員会の委員、および選挙管理委員に任命される。
1962年 3月22日	昭和37年	『ジャパン・タイムズ』に、ブラウン署名記事'The Japan Times, pioneer of cultural exchange'が掲載される。[『The Japan Timesものがたり』]
1963年 2月11日	昭和38年	オリバー・スタットラー(Oliver Statler)が、著書『黒船絵巻』(The black ship scroll、1963年)をブラウンに献呈。「ドン・ブラウンへ この小さな本をより正確で完璧なものとする手助けをしてくれたことに感謝して」と自筆献辞を記す。
1964年	昭和39年	『日本アジア協会紀要』(Transactions of the Asiatic Society of Japan)の第1期(明治5年～大正11年 全50巻)を雄松堂から復刻。
9月14日		『週刊読書人』が、『日本アジア協会紀要』第1期(明治5～大正11年、全50巻)の再版を報じる特集として、ブラウン、久松潜一、洞富雄、雄松堂書店社長の座談会記事を掲載。
[1965年]	昭和40年	石井満が、著書『大統領リンカン』(1965年)をブラウンに献呈。石井満、夫人の道子、道子の妹で翻訳家の鈴木哲子が自筆献辞を記す。
[1967年]	昭和42年	論稿 James Summers, editor and professorを発表。
1968年 2月 5日	昭和43年	日本アジア協会の出版委員長に選出される。
1970年 7月	昭和45年	論稿「S・W・ウィリアムズと日本」を『新異国叢書 ペリー日本遠征随行記 月報14』(1970年7月発行)に掲載。
11月 9日		松本重治が、編著『世界の名著 33 フランクリン』をブラウンに献呈。「ドン・ブラウンへ、感謝の念をこめて シゲ・マツモト(サイン)」と自筆献辞を記す。
[1975年]	昭和50年	ブレイクモア夫人のフランシス(Frances Blakemore)が、著書Who's who in modern Japanese prints(1975年)をブラウンに献呈。「この本をドン・ブラウン・コレクションへ謹呈」と自筆献辞を記す。
[1979年]	昭和54年	日本国際地図学会に所属。
1980年 5月17日	昭和55年	肺ガンのため、名古屋の友人であるアサカワ(東京ローン・テニスクラブ会員の朝川晃ヵ)医院で死去。74歳。遺骨は分骨され、アメリカ在住の甥が持ち帰り、半分はアサカワ家の墓地に埋葬される。
12月		日本アジア協会長ダクラス・ケンリックが『日本アジア協会紀要』第3シリーズ、第15巻にブラウンへの追悼文を寄稿。
1981年	昭和56年	ドン・ブラウン・コレクションがブレイクモア法律事務所を通じて、横浜開港資料館に譲渡される。

あとがき

　本書が出来上がるまでには、実に多くの方々からご協力をえた。

　私がドン・ブラウン・コレクションの担当となったのはずいぶん前のことである。その時にはすでに新聞・雑誌は整理を終えており、残る図書と文書類の整理を任された。

　まず図書の整理にとりかかった。ほとんどが英文図書であり、その頃はまだ、今のようなコンピュータの普及を見ていなかったので、アメリカ議会図書館発行の膨大な冊子目録にあたったり、国会図書館に出かけるなどして書誌データを集めた。一人、一人のお名前を記すことはできないが、たくさんの方々にこの作業に加わってもらった。後半からはコンピュータのめざましい進歩の恩恵をこうむり、2004年にNDC分類にもとづく約1万点の図書の冊子目録を刊行した。

　文書類の整理にあたっては、横山學氏（ノートルダム清心女子大学）から多大なご協力をえたことを記しておきたい。横山氏には遠方からお出でいただき、文書類の整理とともに、コンピュータを使ってのデータベース化の方法もご教示いただいた。おかげで無事に第1次整理を終えることができた。さらに上田美和、太田久美子、白戸満喜子、淵邉朋広、森本祥子、吉田和子各氏のご協力をえて、整理を充実させ、また、おもな英文史料の翻訳などをおこなった。

　1999年度から横浜開港資料館は、横浜国際関係史研究会にコレクションとブラウンについての総合研究を委託した。それまでぼんやりとした像でしかなかったブラウンが、しだいに明瞭な線で描かれるようになり、ブラウンの果たした歴史的役割が小さくないことも判ってきた。

　まだ不明な点は残っているが、これまでの研究の成果を一般にわかりやすく紹介するために当館での企画展示「ドン・ブラウンと戦後の日本 ― 知日派ジャーナリストのコレクションから」開催にあわせて、同研究会と当館とが共同で編んだのが本書である。研究会の先生方には、正確で、かつ平易な解説文やコラムを執筆していただいた。ブラウンという人物の軌跡をとおして、アメリカの戦時・占領政策の一端を具体的に紹介できたと自負している。

　なお、コレクションは、一般公開に向けた手当をして一日も早く全面公開したいと思っている。閲覧を希望される方々には今しばらくお待ちいただきたい。

　末尾になったが、出版事情の厳しい折にもかかわらず本書の出版をご快諾いただいた有隣堂社長松信裕氏、編集を助けてくださった同社出版部の椎野佳宏氏と山本友子氏、またわかりやすいレイアウトを心がけてくださったデザイナーの小林しおり氏にも心からの謝意を表したい。

　　　　　　　　　　　　　　　　　　　　　　　　　　　　　　　　　　　　（中武香奈美）

［図説］
ドン・ブラウンと昭和の日本
コレクションで見る戦時・占領政策

平成17年8月15日　初版第1刷発行
定価はカバーに表示してあります。

［編　集］
横浜国際関係史研究会
横浜開港資料館
〒231-0021　横浜市中区日本大通3

［発行者］
松信　裕

［発行所］
株式会社　有隣堂
本　社　〒231-8623　横浜市中区伊勢佐木町 1-4-1
出版部　〒244-8585　横浜市戸塚区品濃町 881-16
（電話）045-825-5563　（振替）00230-3-203

［印刷所］
図書印刷株式会社

［装幀・レイアウト］
小林しおり

© YOKOHAMA ARCHIVES OF HISTORY 2005, Printed in Japan
ISBN4-89660-191-2